Christian Jakob

DIE BLEIBENDEN

Christian Jakob

DIE BLEIBENDEN

Wie Flüchtlinge Deutschland seit 20 Jahren verändern

Ch. Links Verlag, Berlin

Aus Gründen der besseren Lesbarkeit wird in der Regel auf die gleichzeitige Verwendung männlicher und weiblicher Sprachformen verzichtet. Sämtliche Personenbezeichnungen gelten, sofern sie sich nicht auf eine konkrete Person beziehen, gleichwohl für beide Geschlechter.

Die Deutsche Nationalbibliothek verzeichnet diese Publikation in der Deutschen Nationalbibliografie; detaillierte bibliografische Daten sind im Internet über www.dnb.de abrufbar.

1. Auflage, März 2016

Schönhauser Allee 36, 10435 Berlin, Tel.: (030) 44 02 32-0
www.christoph-links-verlag.de; mail@christoph-links-verlag.de
Gestaltung von Einband und S. 3: Stephanie Raubach, Ch. Links Verlag, unter Verwendung mehrerer Grafiken von Thinkstock
Karten: Peter Palm, Berlin
Satz: Stephanie Raubach, Ch. Links Verlag
Druck und Bindung: Druckerei F. Pustet, Regensburg

ISBN 978-3-86153-884-4

Inhalt

Vorwort: Von Hoyerswerda zu den »Trains of Hope«

Je öfter eine Geschichte weitererzählt werden soll, desto schöner muss sie sein, vor allem am Ende. Die Geschichte von Deutschland und den Flüchtlingen, die sich im letzten Jahr auf der ganzen Welt erzählt wurde, geht so: Ein Land, dem es besser geht als allen anderen, hat lange nur an sich gedacht. Ans Sparen und an Disziplin. Es ist erfolgreich, aber egoistisch und hart. Doch als das Elend der Welt immer größer wird und alle anderen sich abwenden von den Sterbenden und Leidenden, da entdeckt dieses Land sein Herz. Vielleicht ist auch etwas Eigennutz im Spiel, vor allem aber Verantwortungsgefühl und Vertrauen in die eigene Kraft, die es so groß gemacht hat. Es nimmt die Verfolgten auf, zu Hunderttausenden. Die Menschen in den »Trains of Hope« werden beklatscht und begrüßt, mit Brezeln und Schokolade und schwarz-rot-goldenen Fähnchen. Die Frau, die Deutschland mit nur einem Satz in diesen offenen Ort voll Zuversicht und Großmut verwandelt hat, heißt Angela Merkel. Die Welt liebt sie dafür, von China bis nach Argentinien. Sie soll den Friedensnobelpreis bekommen und wird zur »Frau des Jahres«. Der amerikanische Präsident feiert sie, und die Menschen, auf die der Diktator Assad seine Fassbomben wirft, halten ihr Foto hoch, als Zeichen der Hoffnung.

Diese Geschichte ist ein Märchen.

Kein Märchen ist, dass sich die Art und Weise verändert hat, wie dieses Land mit Migranten und Flüchtlingen umgeht. Es hat sich modernisiert. Diese Transformation hat ökonomische Ursachen, aber sie ist vor allem auch das Werk der Migranten und Flüchtlinge selbst. Sie haben nicht akzeptiert, dass Deutschland kein Einwanderungsland sein wollte und dass es auch keine Flüchtlinge wollte. Sie haben dieses Dogma herausgefordert, den Zugang zu Deutschland freigekämpft und dabei die Gesellschaft verändert. Diese Geschichte handelt von selbstbestimmter Migration und Ungehorsam, von Abschottung und von Auflehnung, von Kontaktaufnahme mit der Mehrheitsgesellschaft und von Konfrontation mit dem Staat. Sie wird in diesem Buch erzählt.

Oktober 2014. Die Katastrophe von Lampedusa – etwa 390 Flüchtlinge waren am 3. Oktober 2013 vor der Insel ertrunken – war genau ein Jahr her. Ein Artikel reichte da nicht, fand die Redaktion. Ein Dossier sollte es sein, eine kleine Sonderausgabe. Als alle Texte da sind, sitze ich mit einer Kollegin bei der *taz* zusammen, wir sollen das Vorwort schreiben. Die Lage ist unübersichtlich: Es gibt immer mehr Tote im Mittelmeer, in der Region herrscht Chaos, die EU ist deshalb zerstritten. Die Umfragewerte der rechten »Alternative für Deutschland« (AfD) steigen, auch in anderen EU-Staaten sind rechtspopulistische Parteien auf dem Vormarsch. Die Innenminister in Deutschland und der EU machen ständig neue Vorschläge, um Flüchtlinge aufzuhalten, und es gibt Flüchtlingsproteste, überall. Zu viel für 65 Zeilen. Was ist das Wichtigste über diese Zeit?

»Wir müssen schreiben, dass die Stimmung besser ist als in den 1990er Jahren, obwohl fast wieder so viele Flüchtlinge kommen«, sage ich.

Meine Kollegin ist skeptisch. »Damals waren es 400 000, jetzt sind es gerade mal die Hälfte«, sagt sie. »Was glaubst du, was passiert, wenn es 400 000 werden? Dann ist hier die Hölle los.«

Ich war sicher, dass sie recht hatte.

Ein Jahr später kommen eine Million Flüchtlinge.

Unbekannte schießen auf Flüchtling oder ihre Heime, im April in Leipzig[1] und Hofheim[2], im Juli in Böhlen[3], im Oktober in Merseburg[4], im November in Berlin[5], dazu kommen 126 Brandanschläge[6]. 2015 zählt das Bundeskriminalamt 1005 Angriffe auf Flüchtlingsunterkünfte[7], mehr als je zuvor. Es ist ein Wunder, dass niemand stirbt. Pegida (»Patriotische Europäer gegen die Islamisierung des Abendlandes«) ist die größte fremdenfeindliche Mobilisierung in Deutschland seit dem Ende des Zweiten Weltkrieges. Die AfD wird radikaler, völkischer und stärker. Im asylpolitischen Rollback setzt die CSU unter anderem neue Lager für Schnellverfahren durch und schränkt das Recht ein, Angehörige nachzuholen. Sie feiert sich deshalb für das »schärfste Asylrecht aller Zeiten«[8] und ist dabei mit ihren sogenannten Reformen noch längst nicht am Ende. Flüchtlinge müssen tagelang völlig unversorgt vor Aufnahmeeinrichtungen warten, Kommunen bringen viele Asylsuchende auch im Winter nur in Zelten unter.

Und trotzdem ist alles anders als in den 1990er Jahren. Rostock-Lichtenhagen, Hoyerswerda und Mölln fanden unter entgegengesetzten Vorzeichen statt wie Tröglitz, Heidenau und Freital. Die früheren Pogrome und Brandanschläge waren der radikalste Ausdruck eines gesellschaftlichen Konsenses, dass Deutschland kein Einwanderungsland sei.

Die Bevölkerung und die Politik waren der Meinung, dies durchsetzen zu können. Diesen Konsens gibt es nicht mehr. Der rechte Terror im Jahr 2015 spielt sich in einem Land ab, das Migration und die Migranten letztlich akzeptiert hat. Einen echten Einwanderungsstopp will auch die CDU nicht mehr, das Einwanderungsgesetz, gegen das sie sich so lange gesperrt hat, soll kommen. Die Medien sind auf Promigrationslinie, Flüchtlingssolidarität ist eine breite soziale Bewegung.

1992 töten Neonazis in Deutschland 34 Menschen[9], unter anderem bei einem Brandanschlag auf das Haus von zwei türkischen Familien in Mölln. Bundesinnenminister Manfred Kanther und Kanzler Helmut Kohl (beide CDU) nehmen an keiner einzigen Trauerfeier für diese Toten teil. Auf eine Nachfrage erklärt Kohls Sprecher, die Regierung wolle »nicht in einen Beileidstourismus ausfallen«.[10] 2012 veranstaltet die CDU-Kanzlerin Angela Merkel für die Opfer des »Nationalsozialistischen Untergrund« (NSU) einen Staatsakt. Als am Karsamstag 2015 im sachsen-anhaltinischen Tröglitz ein noch unbewohntes Flüchtlingsheim angezündet wird, steht acht Stunden später der CDU-Ministerpräsident Reiner Haseloff mit einem Megafon auf dem Dorfplatz. Im August 2015 greifen Hunderte Nazis zwei Nächte lang ein Flüchtlingsheim in Heidenau an. Danach fährt Merkel in die sächsische Kleinstadt. Sie wird als »Volksverräterin« beschimpft, aber sie besucht das Heim.

1991 titelt der *Spiegel*: »Ansturm der Armen« und zeigt eine schwarz-rot-goldene, von Menschenmassen überschwemmte Arche. Die *Bild*-Zeitung macht am 2. April 1992 auf mit der Zeile: »Fast jede Minute ein neuer Asylant. Die Flut steigt – wann sinkt das Boot?« Drei Tage später stimmen 10,9 Prozent der baden-württembergischen Wähler für die Republikaner. Die Partei hatte den Slogan »Das Boot ist voll« und das Bild einer vollen Arche auf ihre Plakate gedruckt.

2015 hat die *Bild* an der Pegida-Bewegung kein gutes Haar gelassen, ebenso wenig wie fast alle anderen Medien. Als die Bundesregierung im Sommer 2015 verkündet, dass sie mit 800 000 Asylanträgen im laufenden Jahr rechnet – fast doppelt so viele wie im bisherigen Rekordjahr 1992 –, »entlarvt« die *Bild* »die sieben größten Lügen über Asylbewerber«. Sie weist darauf hin, dass diese niemandem einen Job wegnehmen, nicht besonders häufig kriminell seien und Deutschland sich »diese Art der Zuwanderung nicht nur finanziell leisten kann, wir brauchen sie sogar!«.[11] Einen Tag später heißt die *Bild*-Titelschlagzeile:

»Flüchtlingen helfen! Was ich jetzt tun kann«, ihr Chefredakteur ersetzt sein eigenes Twitter-Profilbild mit einem »Refugees Welcome!«-Logo. Viele wundern sich über den Sinneswandel. Doch nicht die Zeitung hatte sich geändert. Geändert hatte sich die Gesellschaft, die *Bild* hatte die Stimmung bloß erspürt und gespiegelt, wie es ihr Geschäft ist.

Nach dem Pogrom von Hoyerswerda darf die damals bei Nazis hochbeliebte Rechtsrock-Band »Störkraft« (»Blut und Ehre«) zu dritt bei der wichtigsten *Sat1*-Polit-Talkshow, »Einspruch«, auftreten und erklären, dass »nur deutsch sein kann, wer deutschstämmig ist«. 2015 wird die Facebook-Seite des Senders *Sat1* von Rechten attackiert, nachdem dessen Morgenprogramm einen Song »für alle Kinder, die in unser Land kommen«, aufnehmen lässt.

Im April 2000 schlägt die damalige grüne EU-Abgeordnete Ilka Schröder vor, die Schleuser an der EU-Ostgrenze zu subventionieren. Deren Dienstleistungen seien für Flüchtlinge die einzige Möglichkeit, nach Europa zu kommen, schrieb Schröder. Doch die »Gebühren sind für Flüchtlinge oftmals zu hoch«.[12] Der Grünen-Bundesvorstand lässt erklären, die damals 23-Jährige sei ein »Kind, das nichts von praktischer Politik versteht«[13], ein Schiedsgericht berät über einen Parteiausschluss, Schröder verlässt die Grünen.

Im August 2015 ruft die Aktionskünstlergruppe »Peng Kollektiv« mit einem Werbeclip Urlauber dazu auf, auf der Rückreise vom Mittelmeer Flüchtlinge im Auto mitzunehmen. »Unterstütze Menschen auf ihrem Weg in eine bessere Zukunft!«[14], fordern die Aktivisten – juristisch gesehen ist das Beihilfe zur illegalen Einreise. *Spiegel Online* postet das Werbevideo zu der Aktion auf seiner Seite; die *Zeit* lässt einen Strafrechtsprofessor erklären, wie Touristen, die einen Flüchtling mitnehmen, Strafen vermeiden, und selbst der *Bayerische Rundfunk* erinnert daran, dass die Fluchthelfer an der DDR-Grenze schließlich auch »im Nachhinein für ihren Mut geehrt«[15] wurden. Kurz darauf veranstalten die kommunalen Münchner Kammerspiele einen »Schlepper- und Schleuserkongress« zur »Image-Aufwertung« und »Neubewertung der Dienstleistungen Schleppen und Schleusen«.[16] Der Versuch der rechten Zeitung *Junge Freiheit,* die öffentliche Förderung dieser durchaus ernstgemeinten Kunstaktion zu skandalisieren, floppt.

1996 verteilt der Bundesgrenzschutz (BGS) an der deutschen Ostgrenze Flugblätter an Taxifahrer, damit diese keine Flüchtlinge befördern. »Das in Deutschland bestehende Asylrecht für politisch Verfolgte wird durch illegal eingereiste Personen, die aus rein wirtschaftlichen oder sonstigen – einschließlich krimineller Absichten – Gründen einreisen, missbraucht«[17], schreibt der BGS. 2015 stellt der Bund Deutscher Kriminalbeamter fest, es gebe »überhaupt keine legale Möglichkeit für Flüchtlinge nach Deutschland einzureisen und ihr Recht auf Asyl in Anspruch zu nehmen«. Es sei »höchste Zeit, die fortgesetzte Kriminalisierung von Flüchtlingen zu beenden«. Die derzeitige Rechtspraxis sei »schizophren« und sie diskriminiere die Betroffenen. »Auf der einen Seite wollen wir Menschen in Deutschland vor Krieg und Verfolgung schützen, auf der anderen Seite machen wir sie zugleich zu Straftätern.«[18] Antirassistische Gruppen in der linken Szene sind fassungslos: Exakt das Gleiche hatten sie seit Jahren gesagt. Die Formulierungen glichen sich aufs Wort.

In den letzten zwei Jahren habe ich an über einem Dutzend Podiumsdiskussionen zum Thema Asyl teilgenommen. Fast jedes Mal mussten sich die Moderatoren zu Beginn für das einseitig besetzte Podium entschuldigen. Nie war es den Veranstaltern gelungen, konservative Politiker, die Flüchtlingsrechte einschränken wollen, als Diskutanten zu gewinnen, obwohl es die natürlich gibt. War ich selbst der Moderator und stellte Flüchtlingen kritische Fragen, etwa wegen widersprüchlicher Forderungen, gab es meist hörbaren Unmut im Publikum. Einmal stellten sich nach einer Veranstaltung zwei Mitarbeiter einer Unternehmensberatung vor. Sie wollten mich als »Experten« für eine Studie gewinnen, um für einen großen Wirtschaftsverband »wirksame« Flüchtlingsinitiativen zu finden. Ihre Auftraggeber suchten nach Spendenempfängern in dem Bereich.

Noch vor einigen Jahren hatten die Flüchtlingsräte Mühe, die Öffentlichkeit auch nur für die allerhärtesten Abschiebeschicksale zu interessieren. Ihr Verhältnis zu Journalisten war das von Bittstellern. Heute werden Flüchtlingsinitiativen mit so vielen Anfragen von Festivals, Theatern, Kunstprojekten, Filmschaffenden, Autorinnen, Fotografen, Publizisten, Journalisten, Akademien, Schulen, Unternehmen, Studenten, Wissenschaftlern, Werbeagenturen, Vereinen und NGOs (Non-Governmental Organization) bestürmt, die alle irgendwas mit Flüchtlingen machen wollen, dass manche es nicht mal mehr schaffen, auch nur Mails mit Absagen zu verschicken.

Die *taz* vergibt jedes Jahr den Panter Preis für zivilgesellschaftliche Initiativen. 2015 bezog sich die Hälfte aller eingesandten Vorschläge auf Gruppen, die sich um Flüchtlinge kümmern. Unter den Praktikanten in der *taz* und unter den Teilnehmern von Journalismus-Seminaren, die ich gegeben habe, war zuletzt kaum jemand, der auf die Frage, über welche Themen er oder sie schreiben wolle, nicht auch »Flüchtlinge« genannt hätte.

Flüchtlingssolidarität ist nicht nur eine dominierende soziale Bewegung und boomender Wirtschaftszweig, sondern auch ein popkultureller Hype geworden. Seit einigen Jahren gehen in Städten wie Berlin und Hamburg in manchen Clubs und Kulturzentren Teile der Einnahmen von praktisch jeder Party an Flüchtlingsprojekte. Und das liegt nicht nur am sozialen Gewissen der Veranstalter, sondern auch daran, dass diese Ankündigung Gäste anzieht. Im ganzen Jahr 2015 habe ich kein Konzert besucht, bei dem die Band nicht ihre Solidarität mit den Flüchtlingen bekundet hätte. Wenn die Sänger mit belegter Stimme und ernster Miene ankündigten, dass sie nun eine ganz besonders wichtige Message loswerden wollten, war immer schon klar, was kommt. Hätten sich die Schöpfer des »kein mensch ist illegal«- und des »Refugees welcome«-Logos diese einst schützen lassen, sie würden sich heute eine goldene Nase an all den T-Shirts, Pullovern, Taschen und Aufklebern verdienen. Flüchtlingssolidarität ist auch Modeaccessoire und Bekenntnisformel geworden.

Wie ist das passiert?

Da gibt es die Folgen des Konflikts in Syrien. Er ist eine der größten humanitären Krisen seit dem Zweiten Weltkrieg und spielt sich direkt vor den Toren Europas ab. Auch den Hartgesottensten ist klar, dass dessen Opfern Hilfe kaum zu versagen ist. Syrien hat es fast unmöglich gemacht, Asyl als solches zu delegitimieren.

Deutschland ist Gewinner der Eurokrise, mit Rekord-Steuereinnahmen, niedriger Arbeitslosigkeit, schwarzer Null im Haushalt, einem demografischen Problem und Arbeitskräftemangel. Seit langem treiben die Wirtschaftsverbände die Union mit ihren Forderungen nach mehr Zuwanderung vor sich her. Als sich Ende 2015 abzeichnet, dass im Laufe des Jahres wohl eine Million Flüchtlinge nach Deutschland gekommen sind, sagt der Chefvolkswirt der Deutschen Bank, David Folkerts-Landau, dies sei »das Beste, was 2015 passiert ist«.[19] Kurz danach erneuert die Bundesvereinigung der Deutschen Arbeitgeberverbände ihre Forderung, *noch* mehr Zuwanderung zu ermöglichen.[20]

Doch es gibt auch eine gesellschaftliche Dimension. Sie geht zurück in die Zeit von Rot-Grün, ab 1998. Es war die erste Bundesregierung, die sich zum Einwanderungsland bekannte. Eines ihrer zentralen Projekte war die Reform des Staatsbürgerschaftsrechts, mit beschleunigter Einbürgerung und einer Abkehr vom starren, anachronistischen Blutsprinzip bei der Staatsangehörigkeit. In den folgenden Jahren wurde heftig um ein Einwanderungsgesetz gerungen. Das am Ende stehende Zuwanderungsgesetz von 2004 brachte zwar keineswegs den Durchbruch – der steht bis heute aus –, aber die jahrzehntelange bleierne Verleugnung der Einwanderungsrealität war gebrochen.

In diesem Zusammenhang spielte eine Gruppe von Menschen eine wichtige Rolle, die heute als »postmigrantisches Milieu« bezeichnet wird – die zweite bis dritte Einwanderergeneration, die den Bildungsrückstand aufgeholt hatte und mit großer Kraft in wichtige gesellschaftliche Schaltstellen wie Wissenschaft, Politik, Journalismus und Kunst drängte. Nun tauchten Deutsche mit anderen Namen und anderem Aussehen auf – als Abgeordnete oder Nachrichtensprecher, sie saßen in Talkshows und hielten Vorträge. Selbstbewusst forderten Gruppen wie das Netzwerk Kanak Attak die Dominanzkultur der Mehrheitsgesellschaft heraus[21] und formten den Einwanderungsdiskurs. Auch wenn es Konkurrenzen gab, waren sie ein faktisches Bindeglied zwischen der Mehrheitsgesellschaft und der marginalisierten Flüchtlingscommunity, für die der Weg zu gleichen Rechten und Teilhabe am weitesten war.

Vor zwei Jahrzehnten haben Flüchtlinge begonnen diesen Weg zu gehen. Sie erkämpften substanzielle Verbesserungen ihrer Lebensbedingungen: Das Arbeitsverbot und die Residenzpflicht (→ S. 247 f.) wurden gelockert, die Sozialleistungen erhöht. Es war nicht ihre Absicht, aber sie haben dabei dieses Land verändert. Ein Land, in dem sich vor zehn Jahren fast alle, die sich mit Flüchtlingspolitik befassten, persönlich kannten, während es heute schwierig ist, alle Initiativen in manchem Stadtteil zu überblicken. Von der hinter diesem Wandel stehenden Geschichte von Widerstand und von Zivilisierung handelt dieses Buch.

Nach der Wende werden Flüchtlinge in leerstehenden Kasernen von NVA und sowjetischer Armee sowie in alten DDR-Ferienheimen in den neuen Bundesländern untergebracht. Sie leben dort viel isolierter als in den West-Bundesländern. Deshalb – und weil rassistische Über- und Angriffe stärker ausgeprägt sind – entsteht die Flüchtlingsbewegung in Ostdeutschland und behält dort bis 2012 auch ihren Schwerpunkt.

1994 gründen im Flüchtlingsheim Mühlhausen in Thüringen fünf afrikanische Asylbewerber das bis heute aktive The Voice Refugee Forum. Sie sind der vollen Härte des da gerade verschärften Asylrechts unterworfen: drastisch reduzierte Sozialleistungen, Lagerleben, Arbeits- und Studierverbot, Residenzpflicht, hohes Abschieberisiko, jahrelange Asylverfahren. Vor allem aber sind sie isoliert. Isoliert von der Mehrheitsgesellschaft und isoliert von anderen Asylbewerbern. Das war der tiefere Sinn der Restriktionen für Flüchtlinge: die Unterdrückung sozialer Beziehungen. Die Lager separieren und stigmatisieren die Bewohner, sie machen sie zur Projektionsfläche für Ängste. Die staatlich erzwungenen Parallelgesellschaften der Lager waren ein Programm bewusster Antiintegration. Das gab es sogar schriftlich: »Die Sammelunterbringung soll die Bereitschaft zur Rückkehr in das Heimatland fördern«[22], hieß es im bayerischen Asylrecht. Erst kürzlich wurde dieser Halbsatz gestrichen. Kollegen, Nachbarn oder Freunde können sich querstellen, wenn eine Abschiebung ansteht. Sozialer Ausschluss war deshalb das Ziel der Lagerunterbringung und Programm des sogenannten Asylkompromisses (→ S. 246 f.). Die Flüchtlinge sollten der Bevölkerung fremd und somit gleichgültig bleiben.

Das erkannten die Gründer von The Voice. Sie nannten die Asylpolitik Deutschlands »Apartheidsregime« und verglichen sie mit der europäischen Kolonialherrschaft in Afrika. Vor der Bundestagswahl 1998 zogen sie durch 44 deutsche Städte. Sie wollten sichtbar werden. Das Netzwerk Karawane für die Rechte der Flüchtlinge und MigrantInnen war geboren. Es ist als Schwesterorganisation von The Voice bis heute aktiv. Niemand sonst gelang es über einen so langen Zeitraum, Flüchtlinge bundesweit zu organisieren. »Wir sind hier, weil ihr unsere Länder zerstört«, so ihr Tenor. Es sei die seit der Kolonialzeit fortdauernde Ausplünderung, die die Menschen zur Flucht zwinge. Eine Welt, die die reichen Länder so eingerichtet hätten, dass sie fast alles bekommen und die meisten anderen fast nichts.

The Voice und die Karawane kämpften gegen Residenzpflicht und Abschiebungen, vor allem aber erboste sie, dass Deutschland die Regime ihrer Herkunftsländer wie Syrien, Togo, Kamerun, Nigeria, Iran, Sri Lanka oder Türkei hofierte. Über Jahre protestierten sie vor Heimen, Abschiebegefängnissen, Ausländerbehörden, Innenministerien und Botschaften. Immer wieder traten sie in Hungerstreik. Aktivisten wurden verprügelt, misshandelt, eingesperrt und abgeschoben. Die Öffentlichkeit nahm nur wenig Notiz.

Von dieser Phase, den Jahren 1994 bis 2011, handelt der erste Teil dieses Buches. Es ist eine Sammlung von zwölf Porträts. Jedes erzählt exemplarisch die Geschichte einer wichtigen Auseinandersetzung in einer Zeit, in der sich kaum jemand dafür interessiert hat.

Erst nach der Besetzung des Berliner Oranienplatzes im Oktober 2012 durchbrachen die Protestaktionen die Wahrnehmungsschwelle der Öffentlichkeit. Es gab den ersten Bericht über Flüchtlingsproteste in der Tagesschau, es gab die erste Flüchtlingsdemo mit über 10 000 Menschen, »#refugeeswelcome« war ein Top-Hashtag bei Twitter. Menschen, die sich vorher nie politisch engagiert hatten, standen plötzlich nachts bei Minusgraden am Hungerstreiklager und buhten Polizisten aus, die kontrollierten, dass die Flüchtlinge nicht schliefen, wie es die Auflagen verlangten. Flüchtlingsselbstorganisationen, die vorher nie Geld hatten, bekamen Spenden im sechsstelligen Bereich und wussten nicht, wie solche Summen zu verwalten sind.

Die Kämpfe, die nun so viel Interesse weckten, gab es schon seit vielen Jahren. Die Forderungen waren dieselben: bleiben und arbeiten dürfen, nicht im Lager leben müssen, Bargeld statt Essenspakete, sich frei bewegen dürfen.

Zum Durchbruch fehlte ihnen aber ein entscheidender Faktor: Es war der Wille zur Eskalation, den vor allem eine Gruppe junger Iraner mitbrachte, die in ihrer Heimat gegen das dortige Regime gekämpft hatten. Als Mahmud Ahmadinedschad 2009 in Teheran als Präsident wiedergewählt wurde, eskalierten die Proteste. Die Repression nahm zu, viele Oppositionelle mussten fliehen. Am 29. Januar 2012 machte der Iraner Mohammed Rahsepar in einem Asylbewerberheim in Würzburg seine Ankündigung wahr, sich zu erhängen (→ S. 106). Zuvor hatten seine Ärzte erfolglos darauf gedrängt, ihm einen Auszug aus dem Heim zu erlauben. Für seine Freunde war klar: Das Leben im Lager hatte Rahsepar in den Tod getrieben. Sie errichteten ein Protestcamp in Würzburg. Sie traten in Hungerstreik, nähten sich die Münder zu und erstritten vor Gericht das Recht, so in der Fußgängerzone sitzen zu dürfen. Die jungen Iraner ließen sich über Monate nicht vertreiben. Dauermahnwachen mit Zelten in immer mehr deutschen Innenstädten entstanden. Sie nahmen an einem Camp der Karawane für die Rechte der Flüchtlinge und MigrantInnen teil. Die Idee eines Marsches gegen Abschiebungen und Residenzpflicht wurde geboren, sie knüpften ein Netz von Unterstützern und liefen los, 500 Kilometer, quer durch Deutschland (→ S. 116 f.).

Ihre Aktionen fielen in eine Zeit, in der flüchtlingspolitisch Tauwetter herrschte: Das Bundesverfassungsgericht in Karlsruhe entschied am 18. Juli 2012, dass Asylbewerbern bei den Sozialleistungen das Existenzminimum nicht vorenthalten werden darf, um Migration abzuwehren. In einigen Ländern bröckelten da bereits Residenzpflicht und Heimunterbringung; andere wollten das Asylbewerberleistungsgesetz (AsylbLG; → S. 246 f.) ganz abschaffen. Lange Kampagnen entfalteten Wirkung.

Dennoch erreichten die Proteste jetzt eine Intensität wie nie zuvor. Die Gruppe der Iraner hatte die Protestkultur aus dem Kampf gegen die Mullahs mit in die fränkischen Sammelunterkünfte gebracht. Ihre Kompromisslosigkeit, ihre Bereitschaft zur Selbstzerstörung durch lebensgefährliche Durststreiks wirkten wie ein Katalysator und strahlten über die nordbayerischen Städte hinaus. Die gesamte Flüchtlingsszene in Deutschland gewann durch die »Tent Action«, wie die Protestierenden ihre Aktion nannten, den Marsch nach Berlin und die folgende, 17 Monate währende Besetzung des Oranienplatzes im Berliner Stadtteil Kreuzberg einen gemeinsamen Bezugspunkt.

Fast 20 Jahre hatten The Voice und ähnliche, später entstandene Gruppen, ohne Beachtung der breiten Öffentlichkeit agiert, ohne Geld und von Sanktionen der Ausländerbehörden bedroht. Der neue Protestzyklus machte Flüchtlinge zum Mainstream-Thema. Die jungen Iraner gingen offensiver zu Werk, doch der Boden für sie war bereitet worden durch die vielen Vorläufer, die stabile Fäden in die Zivilgesellschaft geknüpft hatten. Mehr Flüchtlinge als je zuvor traten jetzt aus der Isolation, die der Asylkompromiss ihnen zugewiesen hatte. Sie wurden greifbar, sichtbar für die Mehrheitsgesellschaft.

Das ist die Grundlage für die Solidarität, die sie heute in Deutschland erfahren, und hiervon handelt der zweite Teil dieses Buches zu den Jahren 2012 bis 2015. Es ist die Geschichte einer Zeit nie da gewesener Dynamik im deutschen Migrationsgeschehen. Deshalb ist dieser Teil, anders als der erste, in der Form einer Chronologie gehalten.

Der Wandel, von dem hier die Rede ist, ist keine Selbstverständlichkeit. Es hätte ganz anders kommen können, andere EU-Staaten zeigen das.

Und nicht erst nach den Übergriffen in der Silvesternacht am Kölner Hauptbahnhof fürchten viele, dass auch in Deutschland die Stimmung kippt. Die Atemlosigkeit, mit der seit dem Herbst 2015 Asylrechtsverschärfungen diskutiert wurden, spricht dafür.

Einwanderung in großer Zahl hat fast immer Gegenreaktionen ausgelöst. Pegida und die AfD waren bereits zu einem Zeitpunkt aufgestiegen – Ende 2014 –, als die Asylzahlen noch auf sehr moderatem Niveau waren. Niemand konnte damit rechnen, dass ein solcher Anstieg der Einwanderung wie 2015 keine Konflikte auslöst. Die Geschwindigkeit aber, mit der Gewalt, Bedrohungen und Hetze eskaliert sind, hat viele erstaunt. Es gibt die sogenannten besorgten Bürger (→ S. 198) und ihre neuen Nazifreunde; ein fremdenfeindliches Kontinuum zwischen Pegida und Parteienverdruss, Neuer Rechter und entfremdeter Unions-Klientel, AfD, NPD und Autonomen Kameradschaften. Einerseits halten sie sich für das Sprachrohr einer schweigenden Mehrheit, gleichzeitig fühlen sie sich verraten von den etablierten Parteien und Medien und halluzinieren von sich als verfolgter Minderheit im eigenen Land. Der Herausgeber des rechten *Compact*-Magazins, Jürgen Elsässer, beklagt »totalitären Asyl-Jubel«[23], der AfD-Rechtsaußen Björn Höcke warnt, die Deutschen könnten bald »keine Heimat mehr«[24] haben.

Es ist offen, wie weit diese Polarisierung zunimmt, wie sehr sich die gesellschaftliche Spaltung entlang der Migrationsfrage vertieft. Die Verwerfungen werden erheblich sein. Und es ist unklar, wie viel nach den »Asylpaketen«, die noch kommen werden, vom Asylrecht übrig sein wird. Insgesamt aber wird sich das Rad nicht zurückdrehen lassen. Wer den Zugang zu diesem Land wieder verschließen will, wird scheitern: weil sich mit Fremdenfeindlichkeit allein keine Wahlen mehr gewinnen lassen. Und weil die Realität der Migration es nicht zulassen wird.

Der lange Aufstand:
Die Flüchtlingsbewegung
von 1994 bis 2011

»Wir sind hier, weil ihr unsere Länder zerstört.«

SELBSTORGANISIERUNG: *Osaren Igbinoba aus Nigeria war der Erste, der in den Asylheimen Ostdeutschlands eine Protestbewegung aufgebaut hat. Sie existiert bis heute. Nur wenn die Flüchtlinge ethnische Grenzen überwinden, können sie ihre Lebensbedingungen verbessern, sagt er.*

Manche sehen die Welt als einen Ort, der immer komplizierter wird, so sehr, dass sich kaum noch erklären lässt, was auf ihr geschieht. Osaren Igbinoba nicht. »Es gibt keinen Hunger. Es gibt nur Ausplünderung«, sagt er. Die westliche Zivilisation werde als »die grausamste, die zerstörerischste Macht«[25] in die Geschichte eingehen. Wegen solcher Sätze haben sie ihn heute hergeholt.

Es ist der 19. Juli 2001, und kurz vor dem Treffen der mächtigsten Männer der Welt fällt der Hafen von Genua in orange-blaues Licht. Gewerkschafter, Kommunisten, Autonome, Parteileute, linke Intellektuelle aus vielen Ländern sind seit dem Nachmittag durch die Straßen gezogen. Der Gastgeber des G8-Gipfels 2001, Italiens Präsident Silvio Berlusconi, hatte von den Bewohnern der Stadt verlangt, ihre Wäsche nicht zum Trocknen herauszuhängen. Die Präsidenten sollten ein makelloses Genua sehen. Johlend schwenken die Demonstranten Unterhosen und BHs, winken den Leuten an den Fenstern zu, rütteln am schwarzen Gitter, das die Polizei am Kongresszentrum in den Beton eingelassen hat, laufen vorbei am provisorischen Quartier der Carabinieri, die am nächsten Tag einen der Demonstranten erschießen werden, und Osaren Igbinoba läuft vorn mit, denn dieser erste Tag des Protests ist den Migranten gewidmet.

300 000 Menschen kommen in diesen Tagen nach Genua. Die Antiglobalisierungsbewegung ist auf ihrem Zenit, und für viele Demonstranten ist ausgemacht, dass sie hier die Welt verändern. Der erste Marsch ist vorbei, sie sitzen auf dem Beton, auf Bänken, trinken Bier, rauchen Joints, Blaskapellen und Sambagruppen laufen umher, Reporter und Kameraleute. Transparente und Schilder liegen herum, Flugblätter werden verteilt und weggeworfen. Die Italiener klopfen mit Flaschen auf die Bänke und besingen schon jetzt den Sieg, den sie am

nächsten Tag über den Kapitalismus erringen wollen. Seit über einem Jahr wurde zu den Protesten aufgerufen, das Nein zur Ordnung der Welt soll unüberhörbar werden. Diese Tage sind der Kristallisationspunkt für eine ganze Generation von NGOs, aber jetzt, kurz bevor es losgeht, ist es Osaren Igbinoba, der sprechen darf.

Die Dämmerung zieht über dem Ligurischen Meer heran, und Igbinoba, ein massiger Mann von 40 Jahren, betritt die Bühne, die die Demonstranten auf dem Platz am Hafen aufgebaut haben. Seine Stimme ist heiser, er spricht Englisch mit starkem nigerianischem Akzent, die Soundanlage ist nicht die beste. Ein Jahrzehnt hat er in Nigeria gegen die Militärdiktatur gekämpft, die ihre Gegner tötet, an der Macht gehalten auch von den Milliarden, die britische, holländische und US-amerikanische Ölkonzerne überweisen – nie vergisst Igbinoba das zu erwähnen.

Weg wollte er nie. Er wollte, dass sein Land eines würde, in dem er leben kann.

Wie so oft sind es Künstler und Intellektuelle, die den Kampf um Bürgerrechte in Nigeria anführen. Der Schriftsteller Wole Soyinka etwa, der Arzt Beko Kuti oder sein Bruder, der berühmte Afrobeat-Musiker Fela Kuti. Ihre Anhänger sammeln sich in der Campaign for Democracy, sie wird zur politischen Heimat Igbinobas. 1993 übernimmt der General Sani Abacha die Macht. Er annulliert die Wahl, die der Oppositionskandidat Moshood Abiola gewonnen hatte, schwere Unruhen sind die Folge.

Abacha wurde an der Mons Officer Cadet School in Aldershot nahe London ausgebildet, er macht Geschäfte mit British Petrol, Shell und Exxon und stiehlt Milliarden aus der nigerianischen Staatskasse. Abacha verbietet Parteien und alle anderen politischen Gruppen. Igbinoba flieht nach Deutschland.

Das Ende des Kalten Krieges liegt da erst kurz zurück, es hat die Flüchtlingspolitik verändert. In der alten Bundesrepublik wollten jahrzehntelang weniger als 10 000 Menschen im Jahr Asyl, viele davon aus Osteuropa. Für den Westen sind sie Verfolgte sozialistischer Diktaturen und verdienen Zuflucht. In den 1980er Jahren stiegen die Zahlen an, vollends dann nach dem Mauerfall: 1992 kommen 430 000 Asylsuchende in das vereinigte Deutschland, die Mehrheit aus Osteuropa. Jetzt sind sie »nicht mehr Erfolgsnachweis in der globalen Systemkonkurrenz, sondern Zusatzbelastung in der Krise des nationalen Sozialstaats«[26], so der Migrationsforscher Klaus J. Bade. Der Bundestag beschließt den sogenannten Asylkompromiss, um aus Deutschland einen Ort zu machen, den Flüchtlinge meiden.

Igbinoba kommt trotzdem. Er landet in Mühlhausen im Westen Thüringens. Das Flüchtlingsheim dort ist eine alte russische Kaserne. Mit vier anderen Männern lebt er in einem Zimmer, »wie Sardinen in Fischbüchsen«, schreibt er. Keine Arbeit, keine Möglichkeit zu kochen, keine Ausbildung. Strafen für jeden, der den Landkreis verlässt.

Er fühlt sich wie in einem »leisen Krieg, den die Bürokratie gegen uns führt«, sagt er später, keine Perspektive, nur Stillstand, eine »langsame, aber ständige Vergeudung des Lebens. Nur essen und schlafen, essen und schlafen«, schreibt er, ein »Dahinvegetieren«, bis »wir entweder deportiert werden oder, wenn unser Lebenswille gebrochen ist, wir ›freiwillig‹ in unsere Länder zurückkehren.« Den Flüchtlingen würden die Fingerabdrücke abgenommen, sie würden ins Lager gesteckt »verhört und absichtlich Misshandlungen unterworfen. Dabei werden wir oft ausgelacht, angeschrien, gedemütigt«. Wer nicht nützlich sei, müsse in »Militärbaracken verfaulen, weitab von normalen Menschen«.[27] Diese Isolation soll es möglich machen, die Flüchtlinge zu kontrollieren, sagt Igbinoba.

Er sieht historische Kontinuitäten, vor allem bei der Residenzpflicht: Die deutschen Kolonialherren verboten den Menschen in Togo, bestimmte Gebiete zu verlassen, um die Zwangsarbeit besser durchsetzen zu können. Auch die Ausländerpolizeiverfügung der Nazis von 1938 verbot Ausländern das freie Reisen innerhalb Deutschlands.[28] Igbinoba recherchiert dies, ebenso wie die Geschichte der DDR, in »der du als kasernierter Ausländer nur hier warst, um wie vom Staat bestellt zu arbeiten, oder du hattest zu gehen«. Durch all diese Zeiten, sagt Igbinoba, habe sich eine »Kontrollmentalität« erhalten, die Lager sollen dich »stigmatisieren, deinen Willen zerstören zu leben und dich zu wehren«.

Es ist ein düsterer, radikaler Befund. Viele Menschen, die nie in dieser Lage waren, können ihn nur schwer nachvollziehen. Igbinoba gibt er Kraft für zwei Jahrzehnte Kampf.

Zwei Monate nach seiner Ankunft, im Oktober 1994, gründet er mit drei anderen Männern aus Nigeria und Liberia das The Voice Africa Forum. Die Gruppe zieht durch die Flüchtlingsheime in Thüringen, beruft Versammlungen ein, immer wieder. So müsst ihr nicht leben, sagen sie den Flüchtlingen. Keine Angst! Doch ihre Anstiftung zu Aufruhr – manche empfinden sie als Bedrohung. »Sie dachten, wenn wir uns beschweren, schieben sie uns ab«, sagt Igbinoba. Einige Flüchtlinge gehen mit Stühlen auf ihn los, zerreißen seine Flugblätter. Nachts läuft er heimlich zurück und sucht im Kerzenschein nach Exemplaren, die heil geblieben sind. Jeder versuche »mit seinen Problemen allein fertig zu werden, immer in dem Glauben, dass wir in Ruhe gelassen werden, wenn wir uns ruhig verhalten«, sagt Igbinoba. »Am Ende aber sind die Probleme nur noch größer, einfach weil wir Angst gehabt haben, uns selber als machtvoll zu begreifen.« Immer wieder sagt er das bei den Versammlungen in den Asylheimen.

Igbinobas Asylverfahren läuft schlecht. Er zeigt seinen Führerschein, Zeitungsartikel aus Nigeria. Alles gefälscht, sagen die deutschen Behörden. Sie lehnen seinen Asylantrag ab. 1995 dokumentiert Amnesty International Hunderte tote Regimegegner, Tausende Verhaftungen in Nigeria.[29] Die Bundesregierung lobt derweil ein »Demokratisierungsprogramm«[30] des Diktators Abacha. Kritik am nigerianischen Regime sei »möglich und bleibt in der Regel ohne Folgen«.[31] Einmal wird Igbinoba auf der Ausländerbehörde von Sicherheitsleuten mit Handschellen an den Stuhl gefesselt, weil er in Abschiebehaft kommen soll. Er fühlt sich gedemütigt, entwürdigt, ausgeliefert. Sein Anwalt kann Aufschub aushandeln. An einem Morgen im April 1995 kommen zwei Polizisten in das Heim in Rothenstein, südlich von Jena, wo Igbinoba jetzt lebt. Die Ausländerbehörde in Eisenberg hat sie geschickt, angekündigt hatten sie sich nicht. Sie sollen Igbinoba zum Flughafen Düsseldorf bringen. Doch jetzt wollen die anderen Flüchtlinge im Heim ihn nicht kampflos aufgeben. Einer weckt ihn, andere sammeln in aller Eile 200 D-Mark und drücken sie ihm in die Hand, andere stellen sich in den Flur, der zu seinem Zimmer führt. »Warum« ist eines der wenigen deutschen Wörter, das viele von ihnen kennen. Immer wieder fragen sie das die Polizisten: »Warum wollt ihr ihn holen?« Es ist ein Vorwand, um sie nicht vorbei zu lassen. Igbinoba kann den Tumult hören, er öffnet das Fenster und springt hinaus. Er läuft durch den Wald, schlägt sich durch in die nächste Stadt. Nach einer Weile versteckt ihn eine befreundete Sozialarbeiterin bei Leuten, die ein autonomes Zentrum in Oldenburg betreiben. Unter ihnen ist ein Architekt, in seinem Haus findet Igbinoba Platz.

In der Zwischenzeit sind in Nigeria immer mehr Oppositionelle im Gefängnis gelandet. Schon vorher hatte Igbinoba auf ihr Schicksal aufmerksam gemacht, jetzt, in Oldenburg, setzt er sich gleichsam in

Vollzeit für ihre Freilassung ein, obwohl dies keine besonders unauffällige Tätigkeit ist. »Das hat mir Kraft gegeben«, sagt Igbinoba, »Was aus mir wurde, war mir egal.« Am 10. November 1995 hängt Nigeria den Schriftsteller Ken Saro-Wiwa. Weltweit wächst die Kritik am Regime. Igbinoba organisiert ein Symposium nigerianischer Oppositioneller im Exil, aus vielen Ländern reisen sie nach Oldenburg, es ist das größte Treffen dieser Art. Irgendwie muss Igbinoba dabei auf sich aufmerksam gemacht haben. Polizisten kommen zu dem Haus, in dem er sich versteckt. Igbinoba kann fliehen, er stellt einen neuen Asylantrag. Nach einiger Zeit vereinbart ein Anwalt einen Termin für eine neue Anhörung beim Bundesamt für die Anerkennung ausländischer Flüchtlinge. Er stellt sich.

1996 wird er als politischer Flüchtling anerkannt (Anerkennung, → S. 246). Er ist kein Asylsuchender mehr, aber The Voice ist sein Lebensinhalt. Igbinoba bezieht ein kleines Büro unter dem Dach eines alternativen Zentrums, hinter dem städtischen Theater in Jena. Von hier aus koordiniert er Hungerstreiks, Blockaden und immer wieder Kundgebungen. Nach und nach schließt Thüringen abgelegene, besonders heruntergekommene Flüchtlingsheime wie Mühlhausen, Saalfeld, Jena-Forst oder Tambach-Dietharz.

Es gibt schon vor The Voice migrantische Selbstorganisationen in Deutschland: Vereine der Gastarbeiter-Communitys, Frauengruppen wie Agisra in Köln, migrantische Antifagruppen wie Kandil in Berlin, parteinahe Exilorganisationen wie die kurdischen Vereine oder Gruppen aus der zweiten Generation der Arbeitsmigranten wie Kanak Attak. Aber es gibt keine Organisation der Flüchtlinge in den Heimen. Auch andere versuchen später diese zusammenzubringen, etwa die African Refugee Organisation in Hamburg, die Flüchtlingsinitiative Brandenburg (→ S. 66), Refugee Emancipation e. V. oder Women in Exile (→ S. 64). Aber Igbinoba ist der Erste, dem dies dauerhaft und über ethnische Grenzen hinweg gelingt. Die Strukturen der Selbstorganisation, die er schafft, sind die ältesten, die sich dauerhaft halten, bis heute.

Die Nacht, in der die Polizei ihn holen will, macht Igbinoba klar, dass die Flüchtlinge verlieren, wenn sie in ihren ethnischen Communitys bleiben. Solidarität soll die Enge der Exilorganisationen überwinden. »Die Gesetze betreffen alle Flüchtlinge gleichermaßen«, sagt er. Gemeinsam ungehorsam zu sein, das sei »ein Schrei nach Freiheit, aber schon ein Teil der Freiheit selbst«. Die Gruppe benennt sich in The

Voice Refugee Forum um, will offen sein für Menschen aus anderen Kontinenten, fusioniert mit Gruppen aus Westdeutschland zur Karawane für die Rechte der Flüchtlinge und MigrantInnen. »Große Ideen ohne Selbstorganisierung sind leer«, sagt Igbinoba.

Im Oktober 1998 scheidet der Kanzler Helmut Kohl aus dem Amt, vor der Bundestagswahl im September zieht die Karawane durch 44 deutsche Städte, »We have no vote but a voice« – »Wir haben kein Wahlrecht, aber eine Stimme«, ist ihr Slogan. In Flüchtlingsheimen, in die sonst kein Besucher einen Fuß setzt, berufen sie Versammlungen ein. Wir wollen gleiche Rechte, sagt Igbinoba. Keine Unterordnung. Die Bewohner sollen sich der Disziplinierung nicht länger beugen. Nicht alle folgen dem Aufruf, aber einigen gibt The Voice bei diesen Treffen zum ersten Mal das Gefühl, wieder etwas für ihr Schicksal in Deutschland tun zu können, den Ämtern und Gesetzen, die sie so wenig durchschauen, nicht nur hilflos gegenüberzustehen.

1999 besetzen von Abschiebung bedrohte Flüchtlinge das Büro der Grünen in Köln (→ S. 48) Ihr Hungerstreik dauert 16 Tage. Im Mai 2000 lädt The Voice Flüchtlinge und Aktivisten aus der ganzen Welt zu einem Kongress in die Jenaer Universität ein. Es ist das erste Treffen dieser Art in Deutschland. In Thüringen gilt die Residenzpflicht. Flüchtlinge, die kommen wollen, müssen die Ausländerbehörden um Erlaubnis bitten. Die damalige Ausländerbeauftragte der Bundesregierung Marieluise Beck (Bündnis 90/Die Grünen) fordert die Ämter auf, die Erlaubnisse zu erteilen. Auch Brandenburgs Innenminister Jörg Schönbohm (CDU) schreibt den Ausländerbehörden. Doch er verlangt, die Flüchtlinge sollen nicht nach Jena reisen dürfen. Die Beamten hören auf Schönbohm. Wer fährt, dem drohen sie mit Haft.

Es versammeln sich 600 Menschen in Jena. Viele sollen bald abgeschoben werden. Es kommen Papierlose und geflüchtete Frauen, Togoer und Nigerianer, alevitische Syrer und kommunistische Türken, nepalesische Maoisten und tamilische Exguerilleros, Tschetschenen und Kongolesen, Kameruner, Sierra Leoner und Sudanesen, Nordafrikaner, Palästinenser, ehemalige politische Gefangene aus Lateinamerika, iranische Frauen, Kurden aus einem Kirchenasyl. Manche haben politische Erfahrungen, andere nicht; aber bei einer solchen Zusammenkunft war noch keiner von ihnen.

Ihre Selbstermächtigung geht nicht ohne Friktionen ab. Damals beginnen die Ausländerbehörden in Bremen, Hamburg, München und anderen Städten, Flüchtlinge ohne Pass zu Botschaften von Ländern wie Guinea oder Nigeria zu bringen. Die Konsulatsmitarbeiter dort stellen gegen Gebühren – viele sagen: Bestechungsgelder – einmalige Reisepapiere aus. Deutschland kann die Flüchtlinge so abschieben, ohne geklärt zu haben, aus welchem Land sie stammen. Die Flüchtlinge in Jena planen, die nächste dieser Vorführungen zu blockieren. Bei ihnen handele es sich um »Blackmail«, soll im Aufruf stehen, Erpressung, denn wer sich diesen Terminen verweigert, dem streichen die Ausländerbehörden das Geld und führen ihn dann zwangsweise vor.

Eine Gruppe Afrikaner beschwert sich: »Blackmail«, das sei rassistisch. »Alles Schlechte ist immer schwarz«, sagen sie. Das Wort soll raus. »Kindisch«, sagen die Tamilen. Die Deutschen sagen lieber nichts.

Zehn Tage debattieren die Flüchtlinge in Jena. Abschiebungen, Ausländerbehörden, Residenzpflicht, Polizeiübergriffe, politische Gefangene überall in der Welt, alles kommt auf den Tisch. Sie beschließen zu demonstrieren, Faxe zu schreiben, zu blockieren. Die Abschlusserklärung ihres Kongresses ist viele Seiten lang.[32] »Wir werden eine »friedliche, würdevolle, aber dennoch kräftige Kampagne« beginnen, schreiben sie.

Sie haben keinen Verein für Steuerabzugsquittungen, keine Mitgliedsbeiträge, keinen Vorstand, keinen Presseverteiler, keine Satzung. Der harte Kern besteht aus weniger als 40 Aktivisten aus 20 Ländern, verstreut in Heimen in ganz Deutschland. Sie sprechen keine gemeinsame Sprache. Wer zu den Treffen fährt, gibt für die Zugfahrt das halbe Monats-Taschengeld von 80 D-Mark aus, muss Polizeikontrollen und Gefängnis befürchten. Aber sie haben Ideen. Der Singhalese Viraj Mendis schart eine Gruppe von Informatikern um sich, sie programmieren eine mehrsprachige Webseite für Kampagnen gegen Abschiebungen, *www.humanrights.de*. Mit ihr landet Mendis in der Ausgabe vom 10. Juli 2000 des US-Magazins *Fortune* – als »ein menschliches Gesicht der Internetrevolution«.[33] Ein Kommunist in einer der wichtigsten Wirtschaftszeitungen der Welt. In Jena baut nadir, ein Hamburger Informatiker-Kollektiv, Computer auf, mit denen die Flüchtlinge in Echtzeit von ihrem Kongress bloggen können. Sie sind eine kleine Avantgarde des Netzaktivismus.

Monate bevor es bei der WTO-Konferenz in Seattle schwere Auseinandersetzungen gibt, tun sich die Flüchtlinge von The Voice mit Hunderten indischen Bauern zusammen. Die sind zum G7-Gipfel im Juni 1999 nach Köln unterwegs, um gegen die Liberalisierung des Agrarmarktes zu demonstrieren, die sie in den Ruin treibt. Die Flüchtlinge reihen sich bei den Bauern vor deren Ankunft in Köln ein – eine kleine Avantgarde der Gipfelproteste.

Dabei ist Globalisierung für Igbinoba nur ein Modewort. Er kann damit nichts anfangen. Die britischen Offiziere, die Abacha das Töten beigebracht hatten, die BP-Manager, die das Öl aus dem Niger-Delta abpumpen ohne dem Volk dafür etwas zu geben, die Sachbearbeiter des Bundesamtes für Migration und Flüchtlinge (BAMF), die Flüchtlinge »in nützliche und unnütze einteilen«, wie er sagt; die deutschen Polizisten, die in der Nacht kommen, um ihn zu holen und in das Flugzeug nach Lagos zu setzen – für Igbinoba sind es Facetten »koloniale[r] Ungerechtigkeit«, er sieht eine »Kontinuität der immer gleichen Macht«. Immer gleich, aber anpassungsfähig: »Die vor Senegal gelegene Insel Gorée war während der Sklaverei eines der großen Tore zur Hölle, von hier wurden Millionen AfrikanerInnen als Sklaven nach Amerika und Europa verschifft.«[34] Heute benutze die EU-Grenzschutzagentur Frontex (→ S. 247) die Insel, um die afrikanischen Küstengewässer zu überwachen.

Für Igbinoba ist seine Flucht Mittel zum Zweck. »Wir sind hier, um den Kampf weiterzuführen, den wir in unseren Ländern begonnen haben«, sagt er. Es gehe nicht nur um Abschiebungen, es gehe auch um »die furchtbaren Probleme unserer Brüder und Schwestern, die wir zurücklassen mussten«. Niemand komme freiwillig. Jeder wisse, dass die EU und die USA die Diktatoren Afrikas bewaffneten und ihre Armeen trainierten, Kriege führten und Ressourcen raubten, seit der Kolonialzeit.

Am Abend des 19. Juli 2001 ist er es, der die Rede vor dem Großkampftag der globalen Protestbewegung halten darf. Für die Ausbeutung der Armen, die Verwüstung des globalen Südens, den Neokolonialismus, für alles, was die Demonstranten hier den G8 vorwerfen, ist Igbinoba der Kronzeuge; anders als die meisten von ihnen spricht er in der ersten Person, er ist Opfer wie Kämpfer gleichermaßen, seine Anklage nicht verhandelbar, »wir werden es immer so sagen, wie wir es fühlen, es kann darüber keinen Kompromiss geben«, sagt er. Deswegen haben sie ihn hierher gerufen, auf die Bühne im Hafen von Genua, auf die jetzt Zehntausende schauen, die hier die Ordnung der Welt schlagen wollen, und oben steht Igbinoba in seinem zerschlissenen Pullover und seiner Basketballmütze und sagt, was die Flüchtlinge auf dem reichsten Kontinent der Erde die G8 wissen lassen wollen:

»Wir sind hier, weil ihr unsere Länder zerstört.«

Die Schmach des Diktators

NACHFLUCHTGRÜNDE: *Oft können Asylbewerber nicht beweisen, dass sie in ihrer Heimat politisch aktiv waren – wohl aber, dass sie es in Deutschland sind. 2000 kommt Togos Präsident Gnassingbé Eyadéma auf Staatsbesuch zur EXPO 2000 in Hannover. Der geflohene Regimegegner Leonard Attoh organisiert eine große Protestaktion gegen den Auftritt des Generals, der Tausende Oppositionelle ermordet haben soll. Es ist eine unerhörte Provokation für den Diktator. Nach einer Abschiebung könnte das lebensgefährlich für Attoh werden – aber es ist seine einzige Chance auf Asyl.*

Er ist kein Typ wie all die anderen aus den ganzen afrikanischen Exilparteien, mit ihren Anzügen und ihren vielen Titeln, »Generalsekretär«, »Exekutivdirektor« oder »1. Vizepräsident«, die sich so gern die Aktentaschen von den einfachen Mitgliedern hinterhertragen lassen, selbst wenn ihre Splittergrüppchen nur aus zehn Leuten bestehen. Leonard Attoh, geflohener Oppositioneller aus Togo, ist still und zurückhaltend, er ist klein, seine Locken sind auf minimale Länge rasiert, und er trägt eine Brille mit Goldrand. Später, als ihm erlaubt wird, in Deutschland zu bleiben, wird er Hausmeister in einem Bremer Gymnasium, und für die Schüler dort ist er »ein Mysterium«, sagen sie, immer habe er nur still gelächelt, wenn er ihnen den Kaffeeautomaten aufgeschlossen hat, weil der wieder die Münzen verschluckt hatte, ohne Kaffee auszugeben, und sie haben ein wenig Mitleid mit Attoh, weil der Chef-Hausmeister ihn immer so herumkommandiert.

Aber heute ist Attoh, 40 Jahre, nicht still, und herumkommandieren lässt er sich auch nicht.

Es ist der 25. Oktober 2000, der 147. Tag der Weltausstellung EXPO in Hannover. Sie ist fast vorbei, noch sechs Tage bis zum Ende, und bis auf die Diskussionen um die dürftigen Besucherzahlen und den Bratwurstpreis von neun Mark war sie ohne große Aufregung abgelaufen. Aber heute, so wird es am nächsten Tag die EXPO-eigene Zeitung schreiben, wird die milliardenteure Werbeshow »von der Wirklichkeit eingeholt«.

Die Wirklichkeit kommt am Morgen aus Bremen nach Hannover gefahren. Das EXPO-Gelände hat mehrere Eingänge, aber irgendwer hat gesagt, die Staatsgäste kämen immer von der Ostseite, also fährt Attoh dorthin. Die niedrigen Besucherzahlen sind ein Glück für ihn und seine Freunde: Die EXPO hatte die Eintrittspreise deshalb auf 49 Mark gesenkt, noch immer viel Geld für Asylbewerber, aber sie müssen rein. Sie kaufen Tickets, warten auf der Schräge vor dem Eingangsbereich, die ein wenig aussieht wie ein Amphitheater, und schauen auf die Bratwurstverkäufer, die ihre Würstchen auch billiger hatten machen müssen.

»›To‹ heißt Gewässer und ›Go‹ Ufer«, hatte die EXPO-Gesellschaft in ihren Katalog geschrieben. »Nach einem Lagunendorf« sei die kleine Republik benannt. Und deshalb drehe sich am EXPO-Stand des kleinen Landes in Westafrika »alles ums Wasser«. Togo, die einstige deutsche Kolonie, werde in Hannover Geräte zur Wassergewinnung vorstellen.[35] »Selbstproduzierte« Technik für Bohrbrunnen, vielleicht ja von Interesse für die Sahel-Staaten, die gleich nebenan ihre Stände haben.

Nichts an diesem Stand zeigt die Realität Togos, sagt Leonard Attoh. 4000 politische Morde habe es dort in den zehn Jahren vor der EXPO gegeben, das macht 400 ermordete Menschen pro Jahr oder mehr als einer pro Tag, *das* sei die Realität, sagt Attoh.

Deshalb ist er aus Togo geflohen, wie Zehntausende andere auch, und 200 von ihnen sind heute nach Hannover gekommen, an den Osteingang des Messegeländes, denn hier muss er vorbei, und hier kann er sie nicht zum Schweigen bringen, das müssen sie nutzen, das sind sie denen schuldig, die diese Freiheit nicht haben.

»Vater der Nation« lässt Togos Präsident, General Gnassingbé Eyadéma, sich nennen. Ansonsten ist er nicht so wie der schrullige Diktator Mobuto im Kongo mit seiner Leopardenmütze oder Libyens Gaddafi, den ohnehin alle für verrückt halten. Nur wenige in Europa kennen Eyadéma, dabei ist er länger an der Macht als alle anderen Herrscher Afrikas: 1967 führt Eyadéma einen Putsch gegen Sylvanius Olympio, den ersten Präsidenten des unabhängigen Togo, an. Olympio wird getötet. Die Macht gibt Eyadéma bis zu seinem Tod 2005 nicht wieder ab, stets hofiert von Frankreich, aber auch von deutschen Politikern, allen voran der mit Eyadéma befreundete Franz Josef Strauß. Oppositionelle werden »eingeschüchtert, bedroht, geschlagen, von ihrem Wohnsitz vertrieben, gefoltert, ermordet oder auf grausame Weise hingerichtet«[36], schreibt das Auswärtige Amt 1997. Danach übernimmt Eyadémas Sohn die Macht. Er regiert bis heute.

Noch immer gebe es »exzessive Gewalt« gegen Oppositionelle und Journalisten würden »gezielt misshandelt«, schreibt Amnesty International 2014.[37]

127 Präsidenten und Regierungschefs reisen zur EXPO an, fast jeder Tag der Messe ist ein sogenannter Nationentag, gewidmet einem der teilnehmenden Staaten. Die Nationentage sind gedacht zur »Intensivierung der politischen bilateralen Beziehungen«[38], sagt die Bundesregierung, die für den Protokoll-Marathon eine eigene Außenstelle in Hannover aufmacht.

Und so darf Eyadéma an diesem Mittwoch seine Hand als Porzellanabdruck im EXPO-Pavillon des Gastgebers Deutschland hinterlassen, in einer Reihe mit den Führern der Welt. Er will den Stand Togos besuchen, wird vom Bundespräsidenten Johannes Rau empfangen und trifft den Außenminister Joseph Fischer.

1500 Togoer haben 1999 in Deutschland Asyl beantragt. 136 wurden im gleichen Zeitraum anerkannt. In den Monaten vor Eyedémas Besuch führen Ausländerbehörden und Bundesgrenzschutz Togoer zwangsweise bei der togoischen Botschaft in Bonn vor, um für sie Abschiebepapiere zu beschaffen. Vielleicht ist Attoh bald dran.

Jeder Togoer, der Asyl will, behaupte, gegen das Regime aktiv gewesen zu sein, sagen die Behörden in Deutschland.

Attoh hat Papiere vorgelegt, auf denen steht, dass er Mitglied der größten Oppositionspartei, der UFC (Union des Forces de Changement; Vereinte Kräfte für Veränderung), ist.

Das reicht nicht für Asyl, sagen die Behörden. Einfache Mitglieder lasse das Regime in Ruhe.

Hunderte Oppositionelle hat Eyadéma allein 1999 hinrichten und ihre Leichen ins Meer werfen lassen, schreibt Amnesty International wenige Monate vor der Eröffnung der EXPO.

Eyadéma zeigt den Amnesty-Generalsekretär Pierre Sané deshalb wegen »Angriff auf die Ehre, Verbreitung falscher Nachrichten, Aufruf zur Rebellion und Angriff auf die äußere Sicherheit des Staates«[39] an. Kritik, offenen Widerspruch, Konfrontation, das gibt es in Togo nicht. Politische Organisierung und Diskussionen finden hinter verschlossenen Haustüren statt, doch selbst der »Unauffälligste kann sich Eyadémas Sicherheitskräften nicht entziehen«, sagt Attoh.

So wie er.

Seine Geschichte erzählt er so: In Togos Hauptstadt Lomé arbeitet er in einem Krankenhaus, es liegt an einer Straße, die Eyadéma täglich benutzt. Zwei Stunden bevor der Präsident kommt vertreiben Soldaten alle Passanten, jeden Tag. Einmal sei ein Mann nicht schnell genug verschwunden. Die Soldaten hätten ihn mit einem Bajonett niedergestochen. Nachdem der Präsident die Straße passiert habe, hätten sie den blutenden Mann zur Klinik geschleppt. Dort sei er gestorben.

Attoh habe gekündigt, sei Taxifahrer geworden. Eines Tages habe er in einer Zeitung gelesen, dass ein Sohn Eyadémas wegen einer Nichtigkeit zwei Menschen erschossen habe und nicht belangt wurde. »Wie der Vater, so der Sohn« – dieser Satz, den Attoh zu Kollegen sagte, habe genügt. Eyadémas Spitzel seien überall. Soldaten seien gekommen, um ihn zu holen. Attoh verlässt das Land.

In Deutschland schließt er sich der Karawane für die Rechte der Flüchtlinge und MigrantInnen an und versucht, darin die vielen togoischen Exilgruppen zusammenzubringen. Sie sind zerstritten, aber als sie hören, dass Eyadéma nach Deutschland kommt, legen sie ihre Streitigkeiten beiseite. Sie müssen die Gelegenheit nutzen, um der Welt zu zeigen, was für ein Despot er ist. Attoh schreibt das Flugblatt, das die Togoer in Hannover verteilen wollen.

Alle die an diesem Morgen vor dem Messegelände stehen, haben ähnliche Geschichten zu erzählen wie er. Sie haben nur eine Erklärung dafür, warum der Diktator in Deutschland einen glanzvollen Auftritt bekommt, während sie selber jede Nacht Angst haben, dass die Polizei sie holt und nach Lomé zurückschickt: Deutschland wolle die togoische Regierung reinwaschen, um die Flüchtlinge leichter abschieben zu können.

Sie haben Bilder von Eyadéma mitgebracht, auf denen »Je suis voleur et dictateur« steht, »Ich bin ein Dieb und Diktator«, und Fotos von Gilchrist Olympio, dem Oppositionsführer von der UFC, und Bilder von Leichen; sie sollen tote Oppositionelle zeigen, die an der Küste des Nachbarlandes Benin angeschwemmt wurden. Dass die Flüchtlinge heute überhaupt in Hannover sind, ist eine unerhörte Provokation für den Präsidenten und ein Akt der Befreiung und Selbstbehauptung für sie selbst. In Togo wäre es undenkbar, Eyadéma derart bloßzustellen.

Reporter sind da. Sie wollen nicht, dass Eyadéma sich als »Weltmann« zeigen kann, sagen die Flüchtlinge ihnen. Sie wollen nicht, dass er in Deutschland über den Frieden redet, den er angeblich in der krisengeplagten Elfenbeinküste schaffen will, während er im eigenen Land Krieg gegen das Volk führt.

Attoh verteilt seine Flugblätter, Polizisten stellen Absperrgitter auf, Personenschützer sind da, Protokollbeamte. Passanten bleiben stehen, die Togoer skandieren. Am späten Vormittag kommt Eyadémas Autokorso. Schon als die ersten Motorräder der Polizei auftauchen, rufen die Togoer »Mörder«, sie stehen auf der Straße, über die Eyadéma fahren soll, die Polizei drängt sie mit Pferden und Schildern ab, der Autokorso kommt langsam näher, die Flüchtlinge werfen Steine, Tomaten, Kartoffeln, Eier, die sie in großen Taschen mitgebracht haben. Eyadéma steigt aus, umringt von Personenschützern, er beugt sich hinunter, läuft gebückt, seine Wachen halten ihre Arme schützend über ihn, sie sehen aus wie Basketballspieler, die sich vor dem Anpfiff aufeinander einschwören. In einer Art Schildkrötenformation bringen sie Eyadéma zum Eingang. Immer wieder fliegen Gegenstände. Dann ist er nicht mehr zu sehen. Die Polizei nimmt 20 Menschen fest, Attoh ist nicht dabei. Der Osteingang bleibt stundenlang gesperrt, die Besucher werden mit Bussen zum Westeingang gebracht.

Die als »traditionell togoisch« angekündigte Tanzgruppe »Sojaf« auf der Hauptbühne der EXPO sieht aus, als stamme sie aus der Staffage eines Tarzan-Films. Als sie fertig ist, tritt Eyadéma im blauen Anzug, mit Sonnenbrille, umringt von uniformierten togoischen Militärs auf die Bühne. Etwa 20 der Togoer haben es ins Publikum geschafft, wieder rufen sie »Mörder«, die Polizei und Sicherheitsleute drängen sie ab. Sie verlangen Ausweise und erteilen den Flüchtlingen Hausverbote.

Eyadéma wird zum deutschen Pavillon geführt, und irgendwie scheinen Attoh und seine Leute durchgedrungen zu sein mit ihrer Botschaft, dass der hohe Besuch nicht ganz sauber ist. Nachdem Eyadéma seine Hand in die Porzellanmasse gedrückt hat, um sich als Ehrengast zu verewigen, ist ein Reporter der EXPO-Zeitung dabei, als der Vizechef der Weltausstellung, Norbert Bergmann, Eyadéma eine Wasserschüssel reicht und dabei sagt, er könne nun seine »Hände in Unschuld waschen«.[40]

50 Togoer werden derweil an den Eingängen der Messe aufgehalten. Sie dürfen nicht auf das Gelände, immerhin kriegen sie ihre 49 Mark zurück.

Die Übrigen sammeln sich auf der »Allee der vereinigten Bäume«, was immer der Name bedeuten soll. Sie führt zur Messehalle 12, in der sich Afrika präsentiert. Die Halle ist außen mit hohen Platten verziert, aus unerfindlichen Gründen in der Form von Haifischflossen, bedruckt wie Ethno-Badetücher. Togo teilt sich eine kleine Insel mit Ghana und der Elfenbeinküste, gegenüber ist der Stand Ruandas. Hier treffen sich die Flüchtlinge, halten wieder die Bilder von Gilchrist Olympio hoch, die »Mörder«-Schilder, die Leichenbilder. Polizei ist da, die Leute vom Ruanda-Stand wissen nicht, was sie tun sollen.

Und dann, es ist 14.30 Uhr, heißt es, er kommt nicht mehr.

Nicht die Demonstranten seien der Grund, sondern die Krise in der Elfenbeinküste, richtet die togoische Botschaft der Presse aus. Eyadéma habe »diplomatische Gespräche« führen müssen. Ein Reporter der EXPO-Zeitung hat mit den Flüchtlingen gewartet, ein Freund Attohs diktiert ihm in den Block, was alle hier denken: »Er hat Angst.« Der mächtige Mann, der Tausende getötet und sie alle vertrieben hat, der keine Widerworte duldet, er hat an diesem Tag Angst davor, seine Gegner zu treffen, sich beschimpfen oder gar bewerfen lassen zu müssen. Er hat Angst vor dem Bild der Schwäche, das er dabei abgeben würde; so viel, dass er es vorzieht, sich zu verstecken, das protokollarische Programm, das Deutschland zu seinen Ehren organisiert hat, abzukürzen.

Attoh verteilt vor dem Eingang seine Flugblätter. Polizisten führen die Togoer vom Messegelände. Niemand wehrt sich.

Attoh fährt zurück nach Bremen in das Flüchtlingsheim im Stadtteil Hastedt, wo er sich ein Zimmer mit zwei weiteren Afrikanern teilt.

Eyadéma fährt nach Berlin. Er trifft dort am nächsten Tag den Bundespräsidenten Johannes Rau. Er hoffe, Togo werde seinen Weg zur Demokratie fortsetzen, sagt Rau.

Später sitzt Attoh im Büro der Karawane in der Bremer Wachmannstraße, er druckt die Artikel der EXPO-Zeitung aus, »Trouble bei Togo«[41] hat sie getitelt, und die Berichte der togoischen Zeitungen, die, je nach Coleur, schreiben, dass es die »katastrophalste Auslandsreise« war, die Eyadéma je unternommen hat, oder dass die EXPO-Demonstranten »nicht ganz bei Trost« sind. Attoh macht Abzüge von den Fotos, die ihn in Hannover zeigen, und zusammen mit den Artikeln gibt er sie seinem Anwalt, der sie zum Bundesamt für die Anerkennung ausländischer Flüchtlinge schickt. Wenn die deutschen Behörden ihm nicht glauben, dass er als einfaches UFC-Mitglied in Gefahr ist, vielleicht erkennen sie an, dass er nach der Aktion in Hannover nicht mehr zurück kann, hofft Attoh. »Nachfluchtgründe« heißt dies im Amtsdeutsch.

Drei Monate später, am 31. Januar 2001, holen Mitarbeiter von Ausländerbehörden in ganz Deutschland erneut am frühen Morgen insgesamt 90 Togoer aus ihren Unterkünften und fahren sie nach Bonn. Bewacht von 50 bewaffneten Bundespolizisten, werden sie nacheinander einzeln dem Konsul Togos als abgelehnte Asylbewerber vorgeführt. Eyadéma kriegt die Liste seiner Gegner im Exil so mal wieder frei Haus. Der Konsul fragt die Menschen, warum sie Asyl beantragt haben. Dann stellt er die Reisepapiere aus, die Mitarbeiter der Ausländerbehörden nehmen sie gleich vor Ort entgegen. Mit ihnen können sie die Menschen abschieben.

Drei Wochen später schickt eine vor allem von Deutschland finanzierte Untersuchungskommission der Vereinten Nationen zu Togo ihren Bericht an das Sekretariat des UN-Wirtschafts- und Sozialrats in Genf. Nach ihren Recherchen vor Ort, heißt es darin, »sollte in Betracht gezogen werden«[42], dass die Vorwürfe, das togoische Militär und ihm nahestehende Milizen hätten Oppositionelle hingerichtet, vergewaltigt und ins Meer geworfen, zutreffend seien.

Kurz darauf schreibt das Auswärtige Amt an verschiedene Verwaltungsgerichte, dass General Eyadéma über die Aktion in Hannover »zweifellos sehr verärgert« war. Es sei davon auszugehen, dass die Demonstranten von »Regierungsanhängern und Sympathisanten gefilmt und fotografiert worden« seien. Ihnen drohten deshalb in Togo »Repressionsmaßnahmen«.[43] Einer Reihe von Flüchtlingen, darunter Attoh, wird wegen dieser Auskunft Asyl zugesprochen.

Der Tag in Hannover hat ihn gerettet.

Bei der nächsten Reform des Asylrechts im Jahr 2004 (→ S. 249) schafft Bundesinnenminister Otto Schily (SPD) die Möglichkeit, Nachfluchtgründe geltend zu machen, weitgehend ab.

Wie ein Strich durchs Leben

DULDUNG: *Abgelehnte Asylbewerber, die nicht abgeschoben werden können, führen ein Leben auf Abruf, mit stark eingeschränkten Rechten. Die kurdische Libanesin Meryem Kaymaz kommt 1988 im Alter von sechs Monaten nach Deutschland. Als sie elf ist, wirft die Ausländerbehörde ihren Eltern vor, beim Asylantrag gelogen zu haben. Die weisen das zurück, doch von nun an leben sie als Geduldete. Dann beginnt Kaymaz sich zu wehren. »Ich bin Deutsche. Die kriegen mich hier nicht weg«, sagt sie.*

In Meryem Kaymaz' Augen hat sich keine Härte eingegraben. Aber manchmal friert ihr Blick auf den Bildschirm kurz ein, dann bleiben ihre Finger in der Luft stehen, und ihr kommt nichts Tröstliches mehr in den Sinn, das sie in die Tastatur tippen könnte. Hassan_essen ist heute im Chat, jamila 03, kingahmudie und ArAb_StYIEr_2006. Alle haben das gleiche Problem, keiner ist hier, weil er sich bloß unterhalten will.

»wie lange hast du gekriegt?«, fragt Kaymaz ArAb_StYIEr_2006.

»wie immer drei monate«, erscheint in der Chatzeile.

»achso ich muss jetzt auch bald hin«, tippen Kaymaz' Finger. »voll angst#«.

Es ist ein Samstagnachmittag, Ende September 2006. Kaymaz, 19 Jahre alt, trägt ein rotes Hemd, eine Strähne fällt aus den zusammengebundenen Haaren, und das Sonnenlicht scheint durch die verbogenen Lamellen der Plastikjalousie auf den Monitor, während Kaymaz weiter tippt im Chatraum der Ausgeschlossenen. Alle im Internet-Forum von Jugendliche ohne Grenzen (JOG) haben ihr Leben in Deutschland verbracht, aber dürften gar nicht hier sein. Sie sind eine Selbsthilfegruppe im Niemandsland des Aufenthaltsrechts. Sie sind nicht illegal im Land, aber auch nicht legal.

»hoffendlich bekommst du länger«, wünscht ihr ArAb_StYIEr_2006.

Wenn sein Wunsch in Erfüllung geht, dann wären es diesmal vielleicht drei Monate, die die Bremer Ausländerbehörde Meryem Kaymaz' Abschiebung aussetzt, wie es im Amtsdeutsch heißt. Und nicht immer nur einen Tag, wie vor kurzem.

Andere Jugendliche machen den Führerschein, wenn sie volljährig werden, und gehen in Clubs, in die sie vorher nicht reingekommen sind.

Manche bekommen ein Auto. Meryem Kaymaz bekommt zum Achtzehnten von der Ausländerbehörde ihre eigene Duldung (→ S. 247). Nun kann sie auch allein abgeschoben werden. Ohne ihre Eltern. So wie ihr älterer Bruder vor drei Jahren.

Erst haben die Eltern ihr verheimlicht, wie es um die Familie steht. Aber dann drängte Kaymaz auf einen gemeinsamen Urlaub. Und dann sagten die Eltern: »Wir dürfen nicht verreisen.« Da ist sie elf.

Ihr Leben ist danach nicht mehr dasselbe.

Am Ende eines Schuljahres fuhr ihre Klasse nach Frankreich. Geduldete unterliegen der Residenzpflicht, Kaymaz braucht eine Erlaubnis. Die Ausländerbehörde lehnt ab.

Wenn ihre Freunde mal nicht mit ihr ausgehen wollen, dann sagt sie: »Es kann sein, dass ich heute den letzten Tag mit euch hier bin. Also feiern wir lieber.«

Die Bremer Filmemacherin Rebekka Schaefer hat eine grandiose Dokumentation über Kaymaz' Leben gedreht.[44] In einer Szene faltet diese ein kleines grünes Papier auf dem Wohnzimmertisch auseinander. Es ist ihre Duldung, sie trägt die Nummer FÖ1820617, ausgestellt von der Ausländerbehörde Bremen. »Das finde ich am lustigsten«, sagt sie dann. »Da ist ein dicker Strich durch«, sie deutet auf einen roten Streifen. Er zieht sich diagonal über die Seite mit den Angaben zu ihrer Person. Das soll Manipulationen erschweren. »Wie ein Strich durchs Leben«, sagt Kaymaz.

»Vielleicht können Sie beim nächsten Mal direkt ins Flugzeug steigen«, sagt ein Sachbearbeiter einmal, als sie kommt, um sich ein neues grünes Papier abzuholen.

Nach der 10. Klasse findet sie zwei Firmen, die bereit sind, ihr trotz des fehlenden Aufenthaltsrechts einen Job zu geben. Das Arbeitsamt lehnt ab.

Sie sucht weiter und findet zwei Ausbildungsbetriebe, die sie nehmen wollen. Das erste Mal lehnt das Arbeitsamt wieder ab, das zweite Mal erteilt es die Erlaubnis erst nach sechs Monaten – aber nur für acht Stunden pro Woche, Freitag, Samstag und Sonntagabend. Zu wenig für den Restaurantbetrieb. Sie bekommt die Stelle nicht.

Kaymaz gehört zu einer Arabisch sprechenden kurdischen Minderheit, den Mhallami. Ihre Großeltern wurden einst aus der Türkei vertrieben, ihre Eltern flohen vor dem Bürgerkrieg im Libanon. Als die Familie 1988 nach Deutschland kommt, ist Kaymaz sechs Monate alt.

Sie gelten als staatenlos und bekommen Asyl. Drei der sechs Kinder werden in Deutschland geboren.

Elf Jahre nach ihrer Ankunft bestellt die Bremer Ausländerbehörde die Eltern ein. Sie hat in der Türkei Melderegistereinträge kurdischer Libanesen gefunden, die nach Deutschland geflohen waren. Darunter finden sich auch Namen, die die deutschen Behörden Kaymaz' Familie zurechnen. Also, schlussfolgert die Behörde, seien Kaymaz' Eltern Türken und keine staatenlosen Libanesen. »Identitätsfälschung« sei das. Über 500 solcher Familien machen die Ausländerbehörden zu dieser Zeit bundesweit aus. »Tausendfacher Asylbetrug«, schreiben die Boulevardzeitungen, »Scheinlibanesen« sagt Bremens damaliger Innensenator Kuno Böse (CDU) 2001.[45] Er will Kaymaz' Familie in die Türkei abschieben.

Sie seien keine Türken, sagen Meryem Kaymaz' Eltern der Ausländerbehörde. Die Großeltern hätten sie einst in das türkische Geburtsregister eintragen lassen. Doch in der Türkei hätten sie nie gelebt. Vor allem den Kindern ist das Land völlig unbekannt. Niemand in der Familie spricht ein Wort Türkisch. Auch die Türkei hält die Familie nicht für türkisch. Sie will sie nicht einreisen lassen.

Das diplomatische Hin und Her zieht sich, die Bremer Ausländerbehörde macht der Familie Druck. Sie soll von allein ausreisen.

Ihren Gemüseladen müssen die Eltern schließen, nachdem ihnen die Identitätsfälschung vorgeworfen wurde. Sie müssen von 598 Euro Sozialhilfe im Monat leben, sieben Personen. Arbeiten ist verboten. Sie müssen in eine kleinere Wohnung ziehen, 3,5 Zimmer für alle. Vier Mädchen, teils volljährig, in zwei Stockbetten. Die Mutter schläft dazwischen auf einer Matratze auf dem Boden.

Man kann doch niemanden abschieben, der schon sein ganzes Leben hier ist, sagt Kaymaz.

Eines Morgens um fünf Uhr früh klingelt es an der Tür. Polizisten kommen in die Wohnung, sie machen nicht viele Worte, aber werfen alles aus den Regalen und Schränken, auf der Suche nach irgendetwas, das den Behörden nutzen könnte, um den Türken zu beweisen, dass die Familie türkisch ist. Sie finden nichts.

Sie hat gelernt zu verstecken, wie es in ihr aussieht, sagt Kaymaz. »Sonst denken die Leute, ich will Mitleid.«

Irgendwann kommen die Polizisten wieder, diesmal etwas später am Tag. Die Ausländerbehörde will die Familie jetzt mit einem Staatenlosen-Pass in die Türkei abschieben. Die Mutter ist allein zu Hause.

»Packen Sie alle Sachen«, sagen sie. »Für jeden nur 20 Kilo.« Am Abend würden sie sie abholen. Als Kaymaz nach der Schule nach Hause kommt, findet sie ihre Mutter weinend in der Küche. Ein Anwalt holt im letzten Moment etwas Aufschub heraus.

»Die Angst kommt schon hoch, wenn ich nur einen Polizisten auf der Straße sehe«, sagt Kaymaz. Als sie in der Schule erzählt, was geschehen soll, glaubt der Lehrer ihr nicht. Als sie anfängt zu weinen, vergehen seine Zweifel. Ihre Klasse sammelt Unterschriften für Kaymaz, in der ganzen Stadt, Gruppen wie die Karawane für die Rechte der Flüchtlinge und MigrantInnen oder No Lager steigen ein. Die Proteste ziehen sich über Monate, viele Medien berichten über die Lage der angeblich türkischen Familien. Schließlich ordnet Innensenator Böse an, dass die Ausländerbehörde Kindern der kurdischen Libanesen ein Bleiberecht geben darf. Die Duldung der Familie Kaymaz wird nun immerhin für jeweils sechs Monate verlängert.

Ich bin Deutsche, sagt Kaymaz. Die kriegen mich hier nicht weg. Oder?

Ein Jahr später scheidet Böse aus dem Amt. Sein Nachfolger Thomas Röwekamp (CDU) setzt den Libanesen-Erlass außer Kraft. Der Druck der Ausländerbehörde nimmt wieder zu. Im August 2005 muss die Familie fast jeden Tag zum Amt. Um halb fünf morgens anstellen, mittags um zwölf sind sie dran. Die Behörde verlängert die Duldung immer nur um einen einzigen Tag.

Keyamz schafft unter diesen Umständen den Realschulabschluss nicht. Der Vater kommt drei Mal in die Psychiatrie, nimmt fünf Sorten Tabletten, fängt an zu trinken. »Mit 59 ist man noch jung,« sagt Kaymaz. »Aber er vergisst schon so viel.« Beide Eltern leiden an Schlaflosigkeit. Manchmal stehen sie aus dem Bett auf und sitzen einfach da. Sie hören sich nicht mehr zu. Irgendwann können sie kaum noch miteinander in einem Raum sein. »Dann geht es sofort los: ›Deine Schuld‹. ›Nein, deine Schuld‹«, sagt Kaymaz.

Aber wer hätte was anders machen sollen?

2005 leben rund 120 000 Menschen schon länger als fünf Jahre mit einer Duldung in Deutschland, das sind etwa vier Mal so viele wie heute. Mehr als ein Drittel sind Kinder und Jugendliche. Viele haben Angst, sich mit den Ausländerbehörden anzulegen. Einige, die keine Angst haben, gründen 2005 Jugendliche ohne Grenzen. Ihr Logo ist ein rot durchgestrichenes startendes Flugzeug. Der Strich ist dem nachempfunden, den die Behörden auf die Duldungen drucken. Doch dieser trägt die Aufschrift »hiergeblieben«. Kaymaz stößt 2006 dazu. Sie gründet eine Lokalgruppe in Bremen.

In dem Bundesland leben da etwa 700 langjährig geduldete Minderjährige. Zu den JOG-Treffen jeden Freitag im Mädchenkulturhaus in der Heinrichstraße kommt nur eine Handvoll von ihnen. »Wir werden abgeschoben, nicht die anderen, also müssen wir uns selbst kümmern«, sagt Kaymaz. Sie treffen Grünen-Politiker, sprechen in Schulen, und wenn der Innensenator Röwekamp öffentliche Auftritte hat, dann stehen sie manchmal da und verteilen Flugblätter. In derselben Zeit besucht Kaymaz die Abendschule und versucht, ihren Realschulabschluss nachzuholen.

Integration, so heißt es bei den Innenministern immer, sei eine wesentliche Voraussetzung für die Erteilung eines Bleiberechts.

Alle sechs Monate treffen die deutschen Innenminister sich, immer in dem Land, das gerade dem Bundesrat vorsteht. Jedes Mal reisen ihnen die JOGs jetzt hinterher. Mit Geld von Kirchen und Pro Asyl veranstalten sie eine »Gegenkonferenz«, meist in einer Jugendherberge. Das erste Mal ist Kaymaz im Mai 2006 in Garmisch-Partenkirchen dabei.

Die Stadt ist voll mit Polizeiwagen, das Hotel Riessersee, der Tagungsort der Innenministerkonferenz (IMK), abgeschirmt. Erst ist der Terrorismus dran, dann der Fußball, dann die Ausländer: Tagesordnungspunkt Nummer 5 ist »Integration«, Nummer 6 »Bleiberecht für Asylbewerber mit langjährigem Aufenthalt«.

80 JOGler aus elf Bundesländern sind nach Garmisch-Partenkirchen gekommen. Sie laufen durch die Straßen, manche haben sich komplett in das rote Absperrband eingewickelt, auf dem »hiergeblieben« steht, sie sehen fast aus wie Mumien. An den Fenstern der Häuser hängen Kästen mit blühenden Geranien, an die weißen Wände sind blaue Karos, Bergpanoramen in Pastellfarben und Tänzer in Alpentrachten gemalt, als sei die Bergkulisse rund um den Ort nicht schon Idyll genug. Mannschaftswagen der Polizei fahren vor der Demo der Jugendlichen, die Deutschland verlassen sollen. Die tragen Schilder mit durchgestrichenen Flugzeugen, und aus einem Lautsprecher rappt ein Mädchen über den leeren Platz, der zurückbliebe, würde sie abgeschoben.

Am nächsten Morgen laden sie Journalisten ein, der Geschäftsführer von Pro Asyl ist gekommen, gemeinsam geben sie eine Pressekonferenz. Weil die Minister drinnen über das »Nationale Sicherheitskonzept FIFA WM 2006« reden, veranstalten die Jugendlichen draußen eine kleine Fußball-WM. Drei Mannschaften sollen teilnehmen: eine von ihnen selbst, eine aus Garmisch-Partenkirchen und eine der Innenminister. Aber die kommen nicht.

Nachdem die übrigen beiden Mannschaften fertig gespielt haben, unterschreiben alle Jugendlichen den Ball und schicken eine Delegation, die ihn den Ministern überreichen soll. Um die Sache unter Kontrolle zu halten, fährt die Polizei die Delegation zum Tagungshotel, ein Fernsehteam ist dabei, Fotografen. Der Pressesprecher des Bayerischen Innenministeriums tritt vor die Tür, das machen sie jedes Mal so, wenn die Jugendlichen kommen. Er heißt Michael Ziegler. Er nimmt den Ball entgegen und noch eine Unterschriftenliste; und, ja sicher, auch die »Rote Karte für die deutsche Abschiebepolitik«, die die Jugendlichen ihm in die Hand drücken, werde er weitergeben, versprochen. Dann geht er wieder in das Hotel.

Nach dem Mittagessen fahren die Minister zum Gruppenfoto auf die Zugspitze. Etwas unterhalb des Gipfelkreuzes befindet sich eine Plattform. Keine Wolke ist am Himmel zu sehen, der Schnee reflektiert den Sonnenschein, die Plattform ist voll mit Fotografen und Ministern und Referenten, aber nach kurzer Diskussion lassen die Sicherheitsleute auch die Jugendlichen hinauf. Sie haben ein Transparent dabei, und während die Minister für die Fotografen posieren, halten die Jugendlichen es von hinten über deren Köpfe, so dass die Minister nicht anders können, als es zu lesen. Der Berliner Staatssekretär Ulrich Freise erkennt einige der Jugendlichen von anderen Aktionen wieder und lässt sich mit ihnen fotografieren. Dann versuchen sie, dem bayerischen Minister Günther Beckstein (CSU) einen »Hier geblieben«-Schal zu schenken, doch der lehnt ab. Dann fahren die Minister nach Hause.

Zu TOP 5, »Integration«, ist ihnen viel eingefallen: Sie beschließen, dass »Integrationswillige« sich mit der »Werteordnung des Grundgesetzes befassen und identifizieren« sollten. Von »den Migranten« fordern sie dabei einen »aktiven Beitrag«. Eltern und Familien seien »in der Pflicht«, »Parallelgesellschaften zu vermeiden«. Wer in Deutschland leben wolle, müsse Ja sagen zum Gewaltmonopol des Staates, sich zu »Demokratie, Gewaltfreiheit, Gleichberechtigung und Selbstbestimmung von Mann und Frau sowie zu religiöser Toleranz« bekennen und gut Deutsch können.[46] Es ist viel von Pflichten die Rede in diesem Papier, aber wenig von Rechten. Zum TOP 6, »Bleiberecht«, fällt den

Ministern nichts ein. Sie wollen auf ihrer nächsten Konferenz über ein mögliches Bleiberecht entscheiden, heißt es, im November in Nürnberg.

Kurz davor bekommt Kaymaz einen Termin beim Bremer Innensenator Thomas Röwekamp. Er könnte ihr mit einer einzigen Unterschrift ein Bleiberecht erteilen. »Man wird sehen, entschieden wird auf der IMK«, habe er gesagt, berichtet Kaymaz später über die Begegnung. Für einige Jugendliche käme vielleicht eine Härtefallregelung in Frage. Die Eltern aber bekämen sicher kein Aufenthaltsrecht.

Im November fährt Kaymaz nach Nürnberg. 120 Jugendliche von JOG sind da, einige Tausend Menschen demonstrieren mit ihnen für ihr Bleiberecht. Am dritten Tag der Konferenz tritt Beckstein vor die Presse. »Wer für sich sorgen kann und durch Arbeit seinen eigenen Unterhalt sichert, kann ab Montag eine Aufenthaltsgenehmigung beantragen«, sagt er. Voraussetzung sei, zum Stichtag mehr als sechs Jahre (mit Kindern) oder mehr als acht Jahre (ohne Kinder) in Deutschland zu leben. Es sei eine »faire Chance für faktisch und wirtschaftlich integrierte Ausländer«.[47] Im Protokoll des Innenministertreffens in Nürnberg aber steht unter Punkt 6.6: »Von dieser Regelung ausgeschlossen sind Personen, die die Ausländerbehörde vorsätzlich über aufenthaltsrechtlich relevante Umstände getäuscht haben.« Geduldete, die die Voraussetzung für ein Bleiberecht nicht erfüllen, würden nun konsequent abgeschoben, sagt Beckstein.

Kaymaz ahnt, dass die »faire Chance« nicht für sie und ihre Familie gelten wird. Niemand von ihnen arbeitet. Die Behörden haben es ihnen verboten. Wie sollen sie »eigenen Unterhalt« sichern? »Vorsätzlich über aufenthaltsrechtlich relevante Umstände getäuscht« – genau das wirft die Ausländerbehörde ihnen ja vor.

Für die Familie Kaymaz und viele der JOGs ändert sich nichts.

Nach der Bürgerschaftswahl 2007 verliert die CDU die Regierungsbeteiligung in Bremen. Röwekamp scheidet aus dem Amt, die SPD koaliert jetzt mit den Grünen. Jahrelang hatten die in der Opposition ein Ende der Kettenduldungen verlangt, die Gruppe um Kaymaz hatte Kontakt zu ihnen gehalten. 2008 bekommt Kaymaz eine Aufenthaltsgenehmigung auf Probe. Zwei Jahre hat sie Zeit, zu beweisen, dass sie sich selbst finanzieren kann. Sie fängt eine Ausbildung zur Rechtsanwaltsfachangestellten an. Danach will sie Abitur machen und Jura studieren. Asylrecht.

80 Mark für die Freiheit

RESIDENZPFLICHT: *Sunny Omwenyeke aus Nigeria kommt 1998 nach Fallersleben. Wie alle Asylbewerber darf er seinen Landkreis nur mit einer Ausnahmegenehmigung verlassen. Doch die verweigert die Ausländerbehörde ihm immer wieder. Dann übertritt Omwenyeke das Verbot. »Ich bin deshalb kein Verbrecher«, sagt er. Er geht ins Gefängnis und klagt bis zum Europäischen Gerichtshof.*

Einen Tag hat Sunny Omwenyeke seine Wärter warten lassen. Jetzt steht er vor dem Tor des Gefängnisses in Bremen-Oslebshausen, es ist der 10. Dezember 2004. Erst heute, am Tag der Menschenrechte, will Omwenyeke seine Haftstrafe antreten und sich einsperren lassen, aber natürlich nicht einfach so. Also haben seine Freunde den kleinen Lautsprecherwagen von den Studenten an der Universität ausgeliehen, Diesel in das Stromaggregat gefüllt, das immer solche Schwierigkeiten beim Anlassen macht, den Lautsprecher auf das nasse Kopfsteinpflaster gestellt und ein Mikrofon angeschlossen. Die Wachleute schauen aus ihrem Häuschen herüber, als sie die weißen Laken mit den Parolen auffalten. Es ist dunkel und kalt, wenn auch nicht übermäßig für einen Nachmittag im Dezember. Die Feuchtigkeit ist von der nahen Weser herübergezogen, und keine 20 Menschen stehen im Halbkreis vor dem alten JVA-Gebäude, als Sunny Omwenyeke die kleine Reisetasche abstellt, das Mikrofon nimmt und erklärt, warum nicht er der Verbrecher ist, sondern die, die ihn herbestellt haben.

Seit er nach Deutschland kam sind sechs Jahre vergangen, und sieben Mal hat die Polizei ihn erwischt. Es ist eine miese Quote, in der ganzen Zeit ist kein Monat vergangen, in dem er die Residenzpflicht nicht gebrochen hätte; wie auch, es wäre für ihn gewesen, als ob er nicht erst jetzt eingesperrt würde, zum ersten Mal in seinem Leben, mit 39 Jahren, sondern es schon die ganze Zeit gewesen wäre.

1999 erhebt der Staatsanwalt in Braunschweig das erste Mal Anklage. 80 Mark Strafe soll er für zwei Verstöße gegen die Residenzpflicht bezahlen; »not one cent« würden sie kriegen, hatte er gesagt. Der Richter stellt das Verfahren ein, wegen Geringfügigkeit.

Fünf Mal ist Omwenyeke danach wieder Polizisten begegnet, die seine Papiere sehen wollen und ihm nie eine Antwort darauf geben, warum von ihm und nicht von den anderen Menschen in den Bahnhöfen und Zügen und auf den Plätzen. Polizisten, die ihm nie ins Gesicht sagen, dass der Grund ist, dass er schwarz ist und die anderen nicht; aber das weiß er auch so. In den Papieren können sie dann lesen, was sie sich schon gedacht haben, dass er nämlich gar nicht da sein darf, wo er ist, und zeigen ihn an. Selbst später, als er längst eine Aufenthaltsgenehmigung hat, picken sie ihn unter Zugreisenden raus und drohen ihm – auch, als seine kleine Tochter dabei ist. Er solle endlich die Papiere zeigen, sonst würden sie ihn mit auf die Wache nehmen.

Viele Flüchtlinge fügen sich der Residenzpflicht nicht. Manche zahlen ihre Strafen nicht, und einige müssen dafür ins Gefängnis, der Kameruner Felix Otto aus Thüringen wird 2009 zu einem ganzen Jahr Haft verurteilt. Aber kaum einer treibt den Kampf so weit wie Omwenyeke. In Nigeria hat er als Lehrer gearbeitet. Seine Heimatstadt Benin-City liegt keine drei Fahrstunden entfernt vom Delta des Flusses Niger, in dem in den 1990er Jahren Armee, Rebellen, Ölfirmen und das Volk der Ogoni miteinander kämpfen. Omwenyeke setzt sich für die Ogoni ein, die Regierung tötet damals Menschen, die das tun. 1998 kommt Omwenyeke nach Wolfsburg-Fallersleben in ein Flüchtlingsheim. In Nigeria hatte er enge Kontakte zur Campaign for Democracy für die Freilassung des verhafteten Bürgerrechtlers Beko Kuti, in der auch der Voice-Gründer Osaren Igbinoba aktiv war (→ S. 20). Auch nachdem Igbinoba 1994 nach Deutschland gekommen war, hatte Omwenyeke den Kontakt gehalten. Jetzt schließt er sich dem The Voice Refugee Forum an.

Es ist nicht so, dass er das Gesetz hatte brechen wollen. Anfangs hat er hat immer versucht, sich daran zu halten. Zum Beispiel, als er seinen Freund aus Kanada eingeladen hatte. Omwenyeke war mit ihm in Studentenzeiten politisch aktiv. Der Mann flüchtet früher als er, wird Professor für Menschenrechte und erforscht von Kanada aus die Gewalt des Regimes in Nigeria. Als die Flüchtlinge von The Voice im April 2000 in Jena einen Kongress veranstalten, schickt Omwenyeke seinem Freund eine Einladung. Als der nigerianische Professor diese im deutschen Konsulat in Kanada auf den Tisch legt, bekommt er ein Visum, um in Jena von seiner Arbeit zu erzählen.

Dann geht Omwenyeke in die Ausländerbehörde in Wolfsburg und bittet um Erlaubnis, zu der Konferenz im Jena fahren zu dürfen, die er selbst veranstaltet, aber der Beamte dort sagt, es gebe »keine zwingenden Gründe«, dass Omwenyeke in Jena sein müsse. Omwenyeke klagt beim Verwaltungsgericht Braunschweig. Der Richter lehnt den Eilantrag ab. Die Ausländerbehörde habe recht. Omwenyeke müsse nicht zwingend nach Jena reisen.

Als er trotzdem fährt, sprechen ihn Polizisten auf dem Bahnhof an. Sie wollen seinen Ausweis sehen. Dann zeigen sie ihn an.

Als die Wärter der JVA Oslebshausen am 10. Dezember 2004 das Tor hinter Omwenyeke schließen, ist es früher Abend. Er ist allein in einer Zelle. Sein Essen lässt er stehen, er hatte sich eigentlich vorgenommen, so lange nichts zu essen, bis sie ihn ins Krankenhaus bringen müssten, aber vor zwei Wochen hat ihm seine Freundin gesagt, dass sie schwanger ist, und er hatte den Plan mit dem Hungerstreik deshalb wieder aufgegeben. Aber der Teller, der ihm hineingeschoben wird, widert ihn an, und so isst er doch nichts. Schlafen kann er auch nicht, die Enge und die Dunkelheit und das Gefühl des Eingesperrtseins sind ihm fremd und bedrücken ihn, er hatte das unterschätzt.

Nach zwei Nächten bringen ihn die Wachen in eine andere Zelle, er versteht nicht warum, erklärt wird es ihm nicht. In der neuen Zelle sind drei weiße Männer, sie sitzen hier wegen Einbruchs und Körperverletzung, sie rauchen Zigaretten und hören Musik, den ganzen Tag und die ganze Nacht. Omwenyeke hasst es dort, denn er hasst Rauch, und er kann nicht schlafen und bringt das Essen immer noch nicht herunter. 30 Minuten darf er vormittags auf den Hof.

Im Mai 2000, auf dem Kongress in Jena, sind Dutzende anderer Flüchtlinge auch wegen der Residenzpflicht von der Polizei auf dem Weg kontrolliert und angezeigt worden. Sie ahnen, dass es wieder geschehen wird, wenn sie zurück in ihre Heime fahren, und sie erinnern sich an die, die gar nicht erst losgefahren sind, weil sie genau davor Angst hatten. Sie wollen jetzt nicht nur einfach im Land herumfahren können, wie alle anderen auch – sie wollen jetzt die Residenzpflicht bekämpfen, als die Voraussetzung dafür, sich überhaupt zusammentun zu können. Als Voraussetzung für alles andere. 13 Flüchtlinge schreiben in Jena eine Erklärung und kündigen zivilen Ungehorsam an.

Nach jeder Kontrolle der Polizei bekommt Omwenyeke Briefe, in denen steht, dass er etwas Verbotenes getan hat und Geld bezahlen muss, und er ignoriert sie, und seine Akte bei der Staatsanwaltschaft wächst. 245 Euro soll er bezahlen, aber er zahlt nicht, und am 1. Oktober 2003 um 9 Uhr muss er im Zimmer 551 des Amtsgerichts Bremen an der Ostertorstraße erscheinen. Er ist jetzt seit zwei Jahren mit einer Deutschen verheiratet. Er muss nicht länger im Flüchtlingsheim wohnen, sondern kann zu ihr nach Bremen ziehen, wo es eine private Universität gibt, und da studiert er dann »International Relations and Global Governance«, die Universität kassiert für das Studium über 20 000 Euro im Jahr, aber Omwenyeke hat ein Stipendium.

»Ich habe das Gesetz gebrochen, aber ich bin kein Verbrecher«, sagt Omwenyeke dem Amtsrichter in Bremen, nicht mal »nach den Maßstäbe der allerprimitivsten Gesellschaften«. Kein anderes Land in Europa hat eine Regelung wie die Residenzpflicht, nur in Deutschland werden Menschen bestraft, die durchs Land reisen, und sei es nur für einen einzigen Tag, an dem sie den Bezirk der Ausländerbehörde verlassen, denn das dürfen sie nicht, sie sollen für die Ausländerbehörden immer erreichbar sein. Aber dafür würde ein Briefkasten genügen, wie er für Deutsche genügt, die auch für die Behörden erreichbar sein müssen, aber bei Flüchtlingen ist es anders, so steht es in Paragraf 56 des Asylgesetzes, bis heute.

Er sei froh hier zu stehen, sagt Omwenyeke dem Richter, denn so könne er die Deutschen über »den tiefen Rassismus in ihrem Land aufklären«, und die Togoer und Kameruner und Tamilen und Iraner von der Karawane, die er zur Unterstützung mitgebracht hat, murmeln bekräftigend.

Der Richter fragt ihn, warum er so ein Theater mache, jetzt, wo er doch mit einer Deutschen verheiratet ist und der Residenzpflicht gar nicht mehr unterliegt, und Omwenyeke antwortet, dass so eine Frage nur stellt, wer selbst hingehen kann, wohin er will, und er sagt, dass der Richter nicht die leiseste Ahnung habe, wie es sich anfühlt, als Flüchtling in Deutschland zu leben.

Der Richter verurteilt ihn zu 15 Tagessätzen à 10 Euro.

Genug, um Berufung einzulegen.

9. Februar 2004, Landgericht Bremen: »Eine Gesellschaft wird nicht besser, wenn gehorsame Bürger schlechte Gesetze befolgen«, sagt Omwenyeke dem Richter. »Sie wird besser, wenn die Menschen aus Gewissensgründen schlechte Gesetze missachten.« Und dann erinnert er den Vorsitzenden daran, dass sich die Kriegsverbrecher beim Nürnberger

Tribunal 1946 damit gerechtfertigt haben, die geltenden Nazi-Gesetze nach bestem Gewissen angewandt zu haben.

Der Richter weist die Berufung ab.

Mai 2004: Das Bundesverfassungsgericht in Karlsruhe berät ohne mündliche Verhandlung Omwenyekes Klage. In ihrem Schriftsatz hat Omwenyekes Anwältin jeden vergeblichen Versuch aufgelistet, von dem Beamten in der Ausländerbehörde eine Erlaubnis zu bekommen, den Landkreis Wolfsburg zu verlassen. Schon nach zwei Wochen antworten Deutschlands höchste Richter. Sie sehen keinen Grundrechtsverstoß.

Oktober 2004: The Voice wird zehn Jahre alt. Die Flüchtlinge veranstalten am Abend ein Fest in einem alternativen Kulturzentrum in Berlin-Kreuzberg, dem Mehringhof. Vor dem Fest werden Pläne geschmiedet für die nächsten Aktionen, und Omwenyekes Feldzug gegen die Residenzpflicht ist die wichtigste. Er hat eine angriffslustige kleine Dame mit grauem Haar eingeladen. Ihr Name ist Nuala Mole, sie lehrt in Oxford Recht, hat das AIRE (Advice on Individual Rights in Europe) Zentrum für Grundrechte in Europa gegründet und für den Europarat Richter aus 40 Ländern in Migrationsrecht ausgebildet. Sie ist siegesgewiss, weil sie sich für Omwenyeke eine bombensichere Argumentation ausgedacht hat. Denn die Residenzpflicht, so sagt sie, verstoße gegen die europäischen Grundrechte, auf die sie spezialisiert ist, und jetzt sitzt sie neben Omwenyeke auf einer kleinen Bühne im Mehringhof, und sie probt mit den Flüchtlingen im Saal die Verhandlung beim Europäischen Gerichtshof für Menschenrechte in Straßburg, die sie plant. Die Anwesenden sollen alle Gründe sagen, die ihnen einfallen, warum Staaten verbieten könnten, dass Menschen, die legal im Land sind, einfach so herumfahren, wie Omwenyeke es gemacht hat. Arme gehen hoch, und jedes Mal, wenn jemand etwas sagt, sagt Mole »not on the list«, und sie meint, dass das europäische Recht diesen Grund nicht vorsieht, sie klingt dabei wie die Oppositionsführerin im britischen Unterhaus, die der Regierung die Leviten liest, und jedes Mal lachen die Leute, wohl 20 Minuten geht das so. Am Ende hat Mole alle im Saal davon überzeugt, dass sie den Prozess gegen Deutschland für sie alle gewinnen wird, weil das Recht Europas auf ihrer Seite ist, und dann applaudieren alle noch mehr. Sie wissen da noch nicht, dass der Verhandlungstermin in Straßenburg erst in drei Jahren ist, der Hafttermin für Omwenyeke aber schon in zwei Monaten.

Am 22. Dezember 2004 wird Sunny Omwenyeke nach zwölf Tagen Haft aus der JVA Oslebshausen entlassen, drei Tage vorzeitig. Eine Weihnachtsamnestie, sagt ihm der Wärter.

Drei Jahre später berät der Europäische Gerichtshof für Menschenrechte ohne mündliche Verhandlung über die Klage von Omwenyeke und dem kamerunischen The Voice-Aktivisten Mbolo Yufanyi, der sich angeschlossen hatte. Die Richter stellen fest, dass nach der Europäischen Menschenrechtskonvention »jede Person, die sich rechtmäßig im Hoheitsgebiet eines Staates aufhält, das Recht hat, sich dort frei zu bewegen«.[48] Aber jeder Staat könne selbst entscheiden, was genau »rechtmäßig« heißt. Deutschland sei frei darin, den Aufenthalt von Asylsuchenden, wie Omwenyeke es war, als nicht rechtmäßig einzustufen.

Sie weisen die Klage gegen die Residenzpflicht ab.

Kein Ohr für die Roma

ROMA: *Während des Krieges Ende der 1990er Jahre fliehen Tausende Menschen aus Exjugoslawien nach Deutschland. Bald darauf sollen sie wieder abgeschoben werden, doch auf dem Balkan erwarten sie Elend und Pogrome. 500 Familien errichten deshalb auf den Düsseldorfer Rheinwiesen ein Protestcamp. Dzoni Sichelschmidt versucht, ein Bleiberecht für sie durchzusetzen. Seine letzte Hoffnung sind die Grünen.*

Eigentlich müsste Dzoni Sichelschmidt jetzt im Fantasialand-Freizeitpark im Restaurant Schnitzel verkaufen; kein Job, den er sein ganzes Leben lang machen will, aber immerhin hatte der Rom, 33, es zum Assistenten des Restaurantchefs gebracht, und der hielt viel von ihm. Deswegen hatte der Chef ihm auch den unbezahlten Urlaub gegeben, obwohl Sichelschmidt, der vor zehn Jahren aus dem Kosovo nach Brühl bei Köln gekommen war, ihm nicht so genau gesagt hatte, warum er jetzt so lange Urlaub brauchte, sondern nur, dass es wichtig war. Aber länger als ein paat Wochen konnte der Chef ihn nicht weglassen. Das war jetzt acht Monate her. Sichelschmidt hatte in dieser Zeit keinen einzigen Tag arbeiten können, und so war er jetzt arbeitslos, aber das war unwichtig.

Jetzt also, an diesem Freitagnachmittag, es ist der 18. Oktober 2002, sitzt Sichelschmidt, ein großer Mann mit dunklem Haar, in einem Anzug im Hinterzimmer im obersten Stockwerk der Messehalle in Bremen. Die Granden der grünen Partei haben ihm ein paar Minuten gegeben, und darüber kann Sichelschmidt noch froh sein. Die Frau, mit der er gekommen ist, hat eine Packung Aspirin dabei, wie sie normalerweise wohl nur an Krankenhäuser verkauft wird, sie ragt aus ihrer Handtasche, und während die beiden sprechen, greift sie zwei Mal hinein, als sei es Kaugummi.

Die Parteivorsitzende Claudia Roth ist da und die Ausländerbeauftragte der Bundesregierung, Marieluise Beck, und eine Dame von der Parteibasis im Ruhrgebiet, die der Meinung ist, die Partei müsse den Roma mehr Aufmerksamkeit widmen. Sichelschmidt erzählt ihnen von den 500 Roma-Familien, die ihn geschickt haben, weil sie so dringend die Hilfe der Grünen brauchen. Der Fuß der Bundesbeauftragten wippt nervös. Es fehlt nicht viel, und die neue Bundesregierung würde stehen. Doch davor war viel zu regeln, aber diese Roma hier gehörten nicht dazu, jedenfalls nicht gleich, erst braucht es einen Koalitionsvertrag, und dem muss der Parteitag am nächsten Tag zustimmen, und dazu müssen noch eine Reihe Gespräche geführt werden. Es war schon spät am Nachmittag und der Tag war ohnehin zu kurz, und es ging mal wieder um die Trennung von Amt und Mandat. Außerdem war ja auch alles gesagt, sie würden sich der Sache annehmen, und sowieso hatte sie Sichelschmidt ja schon das Angebot gemacht, sich um die »Altfälle« unter seinen Familien zu kümmern, aber das wollten die Roma ja nicht annehmen.

Es ist nicht das erste Mal, dass Sichelschmidt es bei den Grünen versucht. Bei wem auch sonst? Niemand sonst hat Macht und interessiert sich für die Roma. In Düsseldorf hatten sie das Parteibüro besetzt, in Nordrhein-Westfalen regieren die Grünen mit der SPD, der Partei, die die Roma abschieben will. Michael Vesper war zu ihm gekommen, der für die Grünen Bauminister im größten Bundesland war. Er kannte Sichelschmidt. »Sollen wir die Koalition deswegen beenden?«, hat er ihn gefragt. »Ja«, hat Sichelschmidt gesagt. »Das wird so nicht laufen«, hat Vesper geantwortet, und das fand Sichelschmidt wenigstens ehrlich.

Sichelschmidt war vor diesem Tag schon bei Joschka Fischer und Marieluise Beck und Claudia Roth und Cem Özdemir, und immer hatten sie Interesse gezeigt und gesagt, es sei die SPD, die nicht mitziehen wolle, und Sichelschmidt hat ihnen geglaubt; Realpolitik muss schwer sein, das kann er sich gut vorstellen.

Nur war eben nie etwas Konkretes herausgekommen, und nun war bald Winter, und da waren die 500 Familien, die die Polizei holen würde. Der Innenminister würde eigens Flugzeuge chartern, die sie nach Pristina und Belgrad fliegen, aber Pristina und Belgrad waren keine Orte, an denen sie sich ein Leben vorstellen konnten, und deswegen waren sie verzweifelt und hofften darauf, dass Sichelschmidt die Sache irgendwie lösen könnte.

Und war es nicht so, dass die SPD ohne die Grünen gar nicht an der Macht bleiben könnte, jedenfalls nicht so ohne Weiteres? Und war das Bleiberecht für die Roma-Familien, aufs Ganze gesehen, nicht zu unbedeutend, als dass die SPD sich deswegen gleich mit der viel größeren CDU eine Regierung zimmern würde? Und müssten die Grünen deshalb nicht einfach nur ein bisschen nachdrücklich sein? Eine kleine politische Anstrengung, deren Lohn ein gutes Leben für 3000 Menschen sein könnte? War das zu viel verlangt von der Partei, die immer auch die Menschenrechtspartei sein will?

Die Roma hatten sich heute, am 18. Oktober 2002, in Bremen angekündigt. Seit dem frühen Morgen, als die Parteitagsdelegierten der Grünen in die Messehalle hinter dem Hauptbahnhof kamen, standen deshalb ein paar Demonstranten von der Karawane für die Rechte der Flüchtlinge und MigrantInnen vor dem Eingang, neben den Leuten von Greenpeace in ihren grünen Regenjacken. Die Greenpeaceler hatten große Schilder drucken lassen, es sah wie immer sehr professionell aus. »Die Glaubwürdigkeit der Grünen hängt am Atomausstieg«, stand darauf, darunter ein gezeichnetes Atomkraftwerk. Der Nieselregen hatte die Transparente der Roma-Demonstranten schlaff werden lassen, nach einer Weile waren sie hinüber zu den Greenpeace-Leuten gegangen und hatten ihr »Bleiberecht für Roma«-Schild unter das mit der Glaubwürdigkeit gehalten, so dass es das Wort »Atomausstieg« verdeckte, weil sie fanden, dass die sich so ergebende Aussage mindestens ebenso wahr war, »nur für ein Foto« hatten sie gesagt, »eine Minute«. Aber die Greenpeaceler hatten sie weggedrängt, »das geht nicht«, hatten sie gesagt, wieso nicht, das wollten sie nicht sagen, und die Roma-Demonstranten hätten nicht wenig Lust gehabt, ihnen mit ihrem Papp-Atomkraftwerk eins überzuziehen, aber es waren so viele Leute da und Polizei, und man war ja auch nicht hier, um sich mit Greenpeace anzulegen.

500 Roma-Familien, die meisten waren während des Kosovo-Kriegs 1999 geflohen, sollten zurückgeschickt werden. Seit dem Frühjahr 2002 wussten sie davon, und je näher der Termin rückte, desto mehr hatten sie demonstriert, und Sichelschmidt, der 1991 im Studentenalter selbst aus dem Kosovo geflohen war, hatte ihnen geholfen. Erst ein bisschen, dann immer mehr, und irgendwann war er so etwas wie ihr Sprecher, obwohl sein eigenes Bleiberecht gesichert war.

Im Sommer 2002 besetzen sie eine Wiese am Rhein im Düsseldorf. Sie errichten ein Zeltlager und wollen erst gehen, wenn sie in Deutschland bleiben dürfen, und Sichelschmidt klappert alle Politiker ab, die ihnen irgendwie behilflich sein könnten.

Die Ausländerbeauftragte Beck sagt Sichelschmidt, er solle ihr eine Liste geben mit allen Familien, die schon länger als sieben Jahre in

Deutschland waren. Sie würde sehen, was sie für die tun könne. Das wären etwa 1000 der 3000 Roma.

Die Roma waren während des Sommers ständig von den Rheinwiesen aus durchs Land gefahren, um zu demonstrieren, Ende August wollten sie dazu auch nach Neuss am Niederrhein. Zufällig melden sie ihre Demo genau da an, wo der Bundeskanzler Gerhard Schröder einen Wahlkampfauftritt plant. Aber sie waren früher dran, und man kann ihnen den Termin nicht einfach so wieder wegnehmen, nicht mal für den Kanzler, und dann meldet sich Fritz Behrens, der sozialdemokratische Innenminister von Nordrhein-Westfalen, bei Sichelschmidt. Die folgende Geschichte kann Behrens in der Rückschau nicht sicher bestätigen. Es könne so gewesen sein: Behrens bittet Sichelschmidt, die Demo in Neuss zu verschieben. Sichelschmidt fragt, ob er sich dafür mit den Roma treffen würde. Der Minister sagt ja. Sichelschmidt geht ins Camp der Roma und sagt, dass ein Termin mit dem Minister keine schlechte Gegenleistung ist. Die Menschen im Camp hören auf ihn, er ist einer von ihnen, und er lebt schon länger hier als sie.

Sie verschieben ihre Demo in Neuss. Sichelschmidt darf in das Ministerium kommen. Der Minister ist »sehr offen«, sagt Sichelschmidt. Er sagt ihnen, dass sie schon sehr viel erreicht haben, aber dass irgendwann der Winter kommt und sie jetzt nehmen sollen, was sie kriegen können, und dass das Angebot mit der Liste der Roma, die schon länger als sieben Jahren hier sind, so schlecht nicht ist.

Aber es ist Sommer, und sie denken noch, sie könnten gewinnen.

Sie sitzen zwischen ihren Zelten auf der Rheinwiese und entscheiden, dass sie keine solche Liste abgeben werden. Alle sollen bleiben dürfen, egal, wie lange sie hier sind. Sichelschmidt weiß noch genau, wie viele dabei weinen und manche sich umarmen, und später wird Sichelschmidt denken, dass diese Entscheidung ein großer Fehler war. Bei seinen späteren Reisen nach Serbien und ins Kosovo trifft er abgeschobene Jungs und Mädchen von den Rheinwiesen. Sie leben jetzt mit ihren Eltern unter Brücken und in Slums, und sie sagen ihm, dass sie die Schule vermissen und Pizzaessen und den Fußballverein. Und er sieht, wie sie mit ihren Eltern den Müll durchsuchen nach etwas Brauchbarem, und sie erzählen ihm, dass ein Junge von ihnen erstochen wurde, und Sichelschmidt denkt, dass sie wenigstens die hätten retten können, die auf der Sieben-Jahres-Liste gelandet wären.

Gegen Ende des Sommers 2002 geht es im Protestcamp auf den Rheinwiesen nicht voran. Der Herbst kommt, niemand macht den Roma Zugeständnisse, die Abschiebungen rücken näher. Sie beschließen, aus ihrem Camp nach Bremen zu fahren, zum Parteitag der Grünen, der über die Annahme des Koalitionsvertrages mit der SPD im Bund abstimmt. Sie würden einige Hundert sein bei den Grünen, die so oft gesagt hatten, dass ihnen die Roma nicht egal sind. Sie würden auf die Bühne gehen und dort bleiben, bis die Partei beschließt, dass es mit ihr nur dann eine Regierung in Deutschland gibt, wenn die Roma in diesem Land bleiben dürfen.

Die Besetzung des Parteitags ist ihre letzte Chance, glauben viele.

Sonst hatte die Polizei die Roma immer zu ihren Demonstrationen fahren gelassen. Zur Innenministerkonferenz nach Bremerhaven im Juni 2002 oder kurz darauf nach Berlin. Und die Polizei hatte sie immer gelobt »für unsere Kooperationsbereitschaft«, darauf legt Sichelschmidt Wert, und jedes Mal haben sie ihre Demos angemeldet, auch jetzt, für den 18. Oktober in Bremen, beim Grünen-Parteitag. Aber am frühen Morgen dieses Tages war die Polizei zu ihrem Camp in Düsseldorf gekommen, mit Pferden, als ob die Roma randalierende Hooligans wären, und hat sie eingekesselt, und es hatte Dzoni Sichelschmidt größte Mühe gekostet, dass sie wenigstens ihn und eine Frau als kleine Delegation gehen lassen.

Der Einsatzleiter, so berichtet es Sichelschmidt, hatte ihm gesagt, dieses Mal hätte er die ausdrückliche Anweisung bekommen, die Roma nicht fahren zu lassen. Sichelschmidt ist den Verdacht nie losgeworden, dass die Grünen, die in Nordrhein-Westfalen mitregierten, die Polizei angewiesen hatten, ihnen die Roma vom Hals zu halten, wenn sie in Bremen das Regierungsbündnis für Deutschland besiegeln.

Und so kam es, dass die Besetzung ausfällt und Dzoni Sichelschmidt nur eine kurze Audienz bei der Parteivorsitzenden und der Ausländerbeauftragten bekommt, und jetzt hat er ihnen die Lage geschildert und seine Zeit ist um. Seine Begleiterin hat immer noch Kopfschmerzen, und die Politikerinnen versprechen ihnen, die Sache im Kopf zu behalten und eine Reise zu machen, nach Exjugoslawien, um sich noch besser über die Lage der Roma dort zu informieren, und die Frau aus dem Ruhrgebiet will am nächsten Tag beantragen, dass der Parteitag die neue Regierung auffordert, die Roma in Ruhe zu lassen.

Aber der Koalitionsvertrag bleibt, wie er ist.

Wer denkt, dass er nur einen einzigen möglichen Verbündeten hat, der will manches gar nicht sehen, sagt Sichelschmidt später. »Chirurgisch«, »akkurat kalkuliert«, »strategisch« sei der Umgang der Grünen mit ihnen gewesen, sagt er.

Aber während des Sommers auf den Rheinwiesen denkt er, ja, natürlich wollen sich die Politiker nicht so sehr aus dem Fenster hängen. Es geht in der Politik ja auch um Verhandlungsstrategie. Realpolitik ist schwierig, das kann er sich denken. Die grünen Politiker kommen doch immer wieder und zeigen sich mit den Roma, und das ist für die sehr wichtig, denn viele verlässt langsam der Mut.

Aber was können sie am Ende von der Partei erhoffen?

Sichelschmidt kennt den berühmten Christian Ströbele. Bei dem Treffen am Nachmittag in der Bremer Messehalle ist er nicht dabei, aber Sichelschmidt spürt ihn auf den Fluren auf. Ströbele denkt darüber nach, was er für sie tun könnte, und er sagt, dass es abends immer informelle Runden gibt, auf denen die verschiedenen Kreise der Partei sich für den Tag der Abstimmungen beraten. Eine dieser Runden ist in einem Café in der Nähe, er werde dort sein und auch Leute, die den Roma vielleicht helfen könnten.

Und so laufen Sichelschmidt und die Frau mit den Kopfschmerzen und die Leute, die am Morgen mit den nassgeregneten Transparenten auf die Roma gewartet hatten, am Abend durch den dunklen Bremer Stadtpark. Er ist groß, und das Café am Emmasee liegt mittendrin, es ist etwas tantig, die Küche gehoben, die Grünen haben es fast komplett besetzt. Als Sichelschmidt und seine Leute kommen, erscheint Ströbele und sagt, es dauere noch ein wenig, aber dann würde er die Sache ansprechen. Irgendwann nickt er zu ihnen herüber, und Sichelschmidt und seine Begleiterin treten neben ihn und Ströbele ruft, es mögen doch bitte mal alle herhören, es sei sehr wichtig, und er erteilt Sichelschmidt das Wort. Der erzählt von den 500 Familien auf den Rheinwiesen und den Slums in Pristina und den Pogromen in Serbien und der SPD und den Abschiebeflügen, und er sagt, dass die Grünen als Koalitionspartner da doch Druck machen könnten.

Niemand sagt etwas.

Sichelschmidt steht etwas verloren da, und dann sieht er den Außenminister, mit dem er sich vor kurzem an dessen Wahlkampfbus »nett unterhalten hat«, wie er sagt, und er geht auf ihn zu, und später wird Sichelschmidt über diesen Augenblick sagen, dass er ihn ja »nur nett begrüßen wollte«, nichts weiter, weil er ja allen im Raum gerade schon gesagt hat, was er will, aber Fischer habe, so Sichelschmidt, nur gesagt »ich hab' jetzt Feierabend« und sich umgedreht.

Sichelschmidt und seine Begleiter gehen aus dem Café am Emmasee hinaus in die Nacht.

In den folgenden Wochen löst sich das Roma-Camp auf den Düsseldorfer Rheinwiesen im Streit auf. Ein Teil der Roma taucht unter. Andere holt die Polizei.

In den folgenden Jahren werden etwa 15 000 Roma, die während der Jugoslawien-Kriege nach Deutschland kamen, abgeschoben.

Viele der Familien haben in Deutschland Kinder bekommen, die in für sie völlig fremde Länder gebracht werden.

Die Wahrheit des Auswärtigen Amtes

LAGEBERICHTE: *Die deutschen Botschaften wissen um Menschenrechtsverletzungen in vielen Ländern. Doch die Gefahren für abgelehnte Asylbewerber verharmlosen sie in ihren Berichten, sagt Ali Safianou Touré, der aus Togo kam. Das ist die Grundlage für viele Abschiebungen. Er versucht die Diplomaten zu einer Korrektur zu bewegen.*

Manchmal – gar nicht so selten – ist Wahrheit eine Frage von Macht. Die Wahrheit über das, was während der letzten Jahre des Diktators Gnassingbé Eyadéma (1935–2005) in Togo geschieht, ist so ein Fall.

Da gibt es die Wahrheit, die Anwälte togoischer Asylbewerber zusammentragen. Sie besagt, dass abgeschobenen Flüchtlingen angedroht wird, sie zu »eliminieren«.[49] Dass sie deshalb gleich wieder untertauchen müssen. Dass ihre Familien dann dafür bestraft werden. Sie besagt, dass eine schwangere Frau nach einer Abschiebung nach Togo auf dem Bauch ausgepeitscht wurde.[50] Dass einem Abgeschobenen mit dem Messer der Bauch aufgeritzt und dann Chili in die Wunde gestreut wurde. Dass Abgeschobene mit Elektroschocks gefoltert wurden. Oder dass sie auf Nimmerwiedersehen verschwinden.

Und dann gibt es die Wahrheit des Auswärtigen Amtes. Diese stammt von der Deutschen Botschaft in Togos Hauptstadt Lomé. Wer sie erfahren will, muss Gerichtsakten lesen, denn die Öffentlichkeit darf die Berichte der Botschaften nicht einsehen. Richter zitieren aus den Berichten des Amtes zum Beispiel, dass in den letzten Jahren der Herrschaft Eyadémas »charakteristisch für die Repressionen in Togo [...] die Unberechenbarkeit der gegen die Opfer ergriffenen Maßnahmen«[51] sei. Dass das »Eingreifen der Sicherheitskräfte in die innenpolitische Auseinandersetzung [...] eine Hauptursache schwerer Menschenrechtsverletzungen« [52] war. Oder dass Proteste »staatliche Gewaltanwendung und Verhaftungen zur Folge hatten«.[53]

Und trotzdem bestehe für abgeschobene Asylbewerber keine konkrete Gefahr. Bei ihnen sei Togo bemüht, »weder den deutschen Behörden noch den togoischen Exilorganisationen Anlass zur Kritik zu geben«[54], so das Auswärtige Amt.

Diese Wahrheit ist die, die für gültig erklärt wird.

Ali Safianou Touré weiß, wie sich »staatliche Gewaltanwendung« in Togo anfühlt. Er stammt aus einer oppositionellen Familie, auch er schließt sich der Oppositionspartei UFC an. Als Touré 20 ist, gerät Togo in eine wirtschaftliche Krise. Die Unzufriedenheit der Bevölkerung wächst, ein Generalstreik wird vorbereitet. Am 5. Mai 1992 ist Touré dabei, als Soldaten einen Konvoi von UFC-Politikern stoppen. Die wollen zu einer Veranstaltung der Opposition in Bafilo, Tourés Heimatstadt. Die Soldaten schießen Tourés Onkel Hadji Moussa Touré drei Kugeln in die rechte Brust. Als die Familie und Weggefährten den Onkel beerdigen wollen, kommen wieder Soldaten und schießen auf die Menschen. Übergriffe des Militärs treiben Tausende Togoer ins Exil, die Opposition ist in der Defensive. Touré arbeitet in dieser Zeit als Schneider, er näht Hosen, Hemden und Anzüge. Er heiratet eine Schneiderin aus seinem Heimatdorf, sie zieht zu ihm nach Lomé. »Da hatte ich nicht mehr so viel Zeit für Politik«, sagt Touré.

Vor den Parlamentswahlen 2002 nehmen die Spannungen wieder zu. Touré besucht eine Demonstration der UFC. Die protestiert dagegen, dass die Regierung Politiker, die im Exil leben, nicht zur Wahl zulassen will. Wieder kommen Soldaten und treiben die Menschen mit Gewalt auseinander. Kurz darauf spricht Touré bei einer Veranstaltung der Opposition an der Universität von Lomé. Soldaten erscheinen, gemeinsam mit regimetreuen Studenten verprügeln sie die Zuhörer.

Noch am selben Tag ruft ein Soldat, mit dem Touré seit Kindheitstagen befreundet ist, seine Frau an. »Schlaf' nicht zu Hause, jemand wird kommen«, lässt er ihm ausrichten. Er schläft bei einem Freund. In der Nacht kommen Soldaten. In seinem Haus finden sie ein Video, auf dem zu sehen ist, wie der Diktator Eyadéma im Oktober 2000 in Hannover mit Eiern, Tomaten und Steinen beworfen wird (→ S. 28). Ein Freund Tourés hatte an der Aktion teilgenommen und ihm die Aufnahmen nach Lomé geschickt. Am nächsten Tag sind die Soldaten wieder da. Touré kehrt nie mehr zu seinem Haus zurück. »Ich konnte mich nur noch am Telefon verabschieden«, sagt er. Über Accra in Ghana flieht er nach Deutschland. Er lässt eine achtjährige und eine zweijährige Tochter und seine Frau zurück.

Er kommt in ein Heim in Tramm in Mecklenburg-Vorpommern. Bis zur nächsten Stadt sind es sieben Kilometer, nur selten fahren Busse.

Anfang der 1970er Jahre werden Kinder in Togo noch mit Spritzen gegen Kinderlähmung geimpft. Bei Touré dosiert eine Schwester den Impfstoff zu hoch. Er kann danach einen Fuß und ein Bein kaum bewegen. In Deutschland stürzt er mehrfach. Er bekommt Krücken, doch nach einiger Zeit muss er sie wieder abgeben. »Wir brauchen die Krücken für jemand anders, der sich die Beine gebrochen hat«, habe ihm der Pfleger gesagt. Ein Jahr muss er ohne die Krücken auskommen. Krankengymnastik und aufwändige Therapien gibt es für Asylbewerber und Geduldete nicht.

Das Bundesamt für die Anerkennung ausländischer Flüchtlinge glaubt ihm nicht, dass er bei der UFC war. Der Entscheider gibt ihm eine Frist von vier Wochen, um eine Bescheinigung darüber aus Togo zu beschaffen. Nach sechs Wochen ist das Papier da. Es ist zu spät. Das Bundesamt lehnt seinen Asylantrag Anfang 2004 ab. Touré klagt beim Verwaltungsgericht.

Zu jener Zeit weist das Amt etwa 90 Prozent aller Asylanträge von Togoern ab. Diesen bleibt nur der Klageweg. Und jedes Mal legt das Bundesamt dann die Lageberichte des Auswärtigen Amtes auf den Tisch. Und darin steht, dass es in Togo schlimm zugeht, aber Abgeschobenen nichts geschieht.

Immer wieder hört Ali Safianou Touré, dass andere Togoer ihre Prozesse verlieren. Er sieht, wie einige danach von der Polizei zur Abschiebung geholt werden.

Er muss die deutschen Diplomaten dazu bringen, die Wahrheit über Togo zu sagen, denkt Touré.

Er schließt sich dem The Voice Refugee Forum und der Karawane für die Rechte der Flüchtlinge und MigrantInnen an. Er trifft sich mit anderen Togoern, und sie überlegen, wie eine kleine Gruppe abgelehnter Flüchtlinge aus einem kleinen afrikanischen Land, in einem abgelegenen Heim, ohne Geld, die kein Deutsch sprechen und mit einem Bein im Abschiebeknast stehen, wie die es mit dem Auswärtigen Amt der Bundesrepublik Deutschland aufnehmen könnten. Das Netzwerk No Lager (→ S. 98, 182) unterstützt sie. Sie schreiben Erklärungen und Briefe, schicken sie an Zeitungen und an Menschenrechtsorganisationen und an den deutschen Außenminister.

Es ist das Frühjahr 2004, alle drei Tage schiebt Deutschland im Durchschnitt einen Togoer nach Lomé ab. Am 4. März schneidet sich der 33-jährige Togoer Kokou D. im Abschiebetrakt der JVA Fuhlsbüttel mit Rasierklingen die Pulsadern auf. Kurz danach sticht er sich eine Kugelschreibermine in den Hals. Am 13. April versucht ein anderer togoischer Abschiebehäftling in Fuhlsbüttel, sich mit einem Schnitt in die Kehle zu töten.

Danach gehen Touré und ein Freund in das kleine Büro der evangelischen Gemeinde im Städtchen Crivitz, nahe bei ihrem Heim. Der Pfarrer leiht den Flüchtlingen manchmal Fahrräder. Jetzt bitten sie ihn, auf seinem Computer ein Flugblatt abtippen und es auf dem Gemeindekopierer kopieren zu dürfen.

Etwa 30 Togoer leben damals in Tramm. Am 27. April 2004 laufen sie mit Flugblättern und Transparenten und Trommeln die sieben Kilometer nach Crivitz. Es dauert lang, Touré kann nur sehr langsam gehen. Sie steigen in den Zug der Ostdeutschen Eisenbahn nach Ludwigslust, von dort fahren sie zum Berliner Hauptbahnhof. Unterwegs ziehen sie sich T-Shirts über, auf die sie geschrieben haben, dass Eyadéma ein Krimineller ist.

Sie sammeln sich mit anderen Togoern und Leuten von der Karawane an der Weltzeituhr am Alexanderplatz. Etwa 100 Menschen sind da, einige haben Tafeln mitgebracht, auf denen große Fotos entsetzlich zugerichteter Körper kleben. Es seien Folteropfer in Togo, steht darunter. Unterstützer haben Megafone und einen Lautsprecherwagen besorgt. Sie laufen vorbei am Fernsehturm, wo die Touristen in einer langen Schlange stehen, dann über die Spree. Polizeiwagen fahren im Schritttempo voran, vorbei am Dom und an der Universität, und die Togoer trommeln und sprechen ins Megafon, und auf einem weißen Laken, das sie in der ersten Reihe tragen, steht in roten und grünen Buchstaben, dass das Auswärtige Amt aufhören soll, mit Eyadéma zusammenzuarbeiten.

Und dann erreichen sie das Auswärtige Amt am Werderschen Markt. Die Polizei hat Gitter aufgestellt, die Flüchtlinge trommeln und rufen, und Touré ist erschöpft von dem Marsch, er stützt sich auf die Krücken. Nach einer Weile kommt ein Mann aus dem Ministerium und bittet eine Delegation zu einem Gespräch hinein. Die Togoer werden in einen Besprechungsraum geführt. Sie zeigen den Diplomaten die Fotos der Folteropfer, und sie sagen, dass es eine Lüge ist, dass eine Abschiebung keine Gefahr bedeutet, und dass die Diplomaten aufhören sollen, diese Lüge zu verbreiten.

Zur jener Zeit werden Flüchtlinge meist in normalen Linienflügen abgeschoben. Aber immer wieder gibt es Proteste am Check-In und in den Kabinen. Manchmal müssen Abschiebungen deshalb abgebrochen werden. Die Ausländerbehörden suchen nach Wegen, dies zu verhindern. Einen Monat nach Tourés Aktion vor dem Auswärtigen Amt startet die erste europaweit organisierte sogenannte Sammelabschiebung. Bei diesen werden eigens gecharterte Flugzeuge benutzt, ohne normale Passagiere, die Schwierigkeiten machen könnten. Polizei-, Ausländer- und Innenbehörden der Bundesländer Baden-Württemberg, Sachsen-Anhalt, Berlin, Niedersachsen, Schleswig-Holstein und Hamburg sind an diesem ersten Testlauf beteiligt.

Der Hamburger Flüchtlingsrat und die *taz* haben die Geschehnisse dieser Nacht dokumentiert. Demnach sperren Polizisten den Charterbereich des Flughafens Fuhlsbüttel ab. Um 0.30 Uhr – eine halbe Stunde nach Beginn des Nachtflugverbotes – landet ein Flugzeug der niederländischen Airline KLM. Ab 1 Uhr halten in kurzen Abständen Polizeitransporter vor dem Gefangenentrakt. Die Polizei setzt Schläge, Pfefferspray, Hunde und Plastikfesseln ein, um die Widerstand leistenden Gefangenen in die Wagen zu bringen, die dann zum Rollfeld fahren. Um 2 Uhr startet das Flugzeug. Sieben Togoer und ein Kameruner sitzen darin.

Insgesamt 18 Togoer aus verschiedenen EU-Ländern werden an diesem Tag über Amsterdam nach Lomé abgeschoben. Die begleitenden BGS-Polizisten setzen mindestens einem der Gefangenen einen speziellen Helm auf. Er soll verhindern, dass Flüchtlinge ersticken, wenn Polizisten während eines Abschiebefluges ihre Köpfe mit Gewalt nach unten drücken, damit sie aufhören, sich zu wehren. Der Sudanese Aamir Ageeb war in einem Lufthansa-Flugzeug nach Khartum 1999 auf diese Weise gestorben.

Nach Recherchen des Hamburger Flüchtlingsrates werden die Menschen nach ihrer Ankunft in Lomé auf dem Flughafen verhört. Sie würden bald wieder gerufen, hätten die Polizisten gesagt. Sie hätten gewarnt: Tauchten sie unter, würden ihre Angehörigen Probleme bekommen. Dann kommen die Abgeschobenen vorerst frei. Trotzdem seien sie nicht sicher, sagt Pro Asyl. Die deutsche Botschaft könne die Menschen nicht lange im Auge behalten. Das Regime könne jederzeit später zuschlagen.

Am 7. Juni 2004 erscheint der neue Berichte des Auswärtigen Amtes über die Lage in Togo. Wieder steht darin, dass Abgeschobenen keine konkrete Gefahr droht. Woher sie das so genau weiß, erklärt die Bundesregierung etwas später in einer Antwort auf eine Anfrage der Linken-Fraktion. »In zahlreichen Fällen«[55] seien Botschaftsmitarbeiter am Flughafen in Lomé, wenn Abschiebeflüge ankommen – also keineswegs immer. Schätzungsweise »über 30 Prozent« der Rückkehrer würden dabei persönlich gebeten, sich später »bei der Botschaft zu melden«, um ihr Schicksal verfolgen zu können.[56] Was mit denen ist, die nicht angesprochen werden, dazu schreibt die Regierung nichts.

Touré und seine Freunde wollen jetzt wieder am Auswärtigen Amt demonstrieren, diesmal gleich mehrere Tage lang. Aber das wird nicht genehmigt. Am 19. Juni 2004, es ist ein Samstag, fahren sie erneut nach Berlin, zum Gendarmenmarkt. Sie wickeln sich rote Bänder um den Kopf und ziehen weiße Westen über. Sie sehen jetzt aus wie eine Sekte. Es soll »signalisieren, dass unser Leben in Gefahr ist«, sagt Touré. Sie rollen Isomatten und Schlafsäcke aus. 70 Togoer sind gekommen, alle sollen abgeschoben werden. Sie treten in Hungerstreik. Für Touré ist es leicht, sagt er. »Ich faste sowieso einmal im Jahr.« Schlimmer sind die Schmerzen in seinem Bein. Die Flüchtlinge nehmen nur Tee zu sich, rund um die Uhr sitzen sie mit ihren Stirnbändern und Transparenten auf dem Platz. Zelte dürfen sie nicht aufbauen. Manchmal regnet es, dann halten sie sich Planen über die Köpfe. Andere Flüchtlinge der Karawane sind mit ihnen gekommen. Sie trommeln und verteilen Flugblätter. Diesmal kommt niemand vom Auswärtigen Amt. Nach vier Tagen fahren die Togoer zurück in ihre Heime.

Im Februar 2005 stirbt der Diktator Eyadéma. Kurz danach lehnt das Verwaltungsgericht Schwerin Tourés Klage auf Asyl ab. Jetzt, da der Diktator tot sei, gebe es keine Gefahr mehr. Doch Touré ist mittlerweile so krank, dass strittig ist, ob er überhaupt fliegen könnte.

Die Generäle setzen Eyadémas Sohn Faure Gnassingbé als neuen Herrscher ein. Bei monatelangen Unruhen tötet das Militär bis Mai des Jahres etwa 500 Menschen.

Touré hat Angst. Er bekommt extremen Bluthochdruck, Atemnot. Im Krankenhaus befestigt ein Arzt Elektroden an seinem Körper. Er fragt Touré, ob er raucht oder trinkt. Touré, tut beides nicht. »Was haben Sie sonst für Probleme?«, habe der Arzt gefragt, sagt Touré. »Nur das Asyl-Problem«, habe er geantwortet. Der Arzt gibt ihm Sauerstoff. Tourés Herz werde unregelmäßig durchblutet. »Wenn Sie einen Anfall haben, kann ich für nichts garantieren«, sagt der Arzt. »Es sieht ziemlich schlimm aus. Wir können Ihnen nicht sicher sagen, wie es weitergeht.«

Am 2. Dezember 2005 lässt die Ausländerbehörde Ludwigslust Tourés Freund Alassane Mousbaou verhaften. Er tritt in Hungerstreik und wird acht Wochen später nach Lomé abgeschoben. Dort drohen ihm Polizisten, er werde »eliminiert«, berichtet er seiner Anwältin in Kiel am Telefon. Mousbaou versteckt sich. Solche Berichte mehren sich jetzt. Immer mehr Abgeschobene tauchen unter oder fliehen erneut.

Touré und seine Freunde demonstrieren jetzt vor dem Landtag in Schwerin. 300 Togoer sollen aus Mecklenburg abgeschoben werden. Am 30. März 2006 lädt das Parlament Sachverständige zu Togo ein. Das Auswärtige Amt schickt trotz Einladung keinen Vertreter. Menschenrechtsorganisationen schon. Sie raten dringend zu einem Abschiebestopp. Die Landesregierung willigt schließlich ein. Es ist ein großer Erfolg für die protestierenden Togoer, sie gewinnen etwas Luft.

Auch im Bundestag ist der Bericht des Auswärtigen Amtes zu Togo jetzt Thema. Dafür haben Touré und die anderen Togoer zwei Jahre gekämpft. Der Staatssekretär im Auswärtigen Amt Gernot Erler (SPD) räumt ein, dass die Regierung »gezwungen [ist], die aktuellen Sachstände zu korrigieren«.[57] Auch der SPD-Fraktionsvorsitzende Peter Struck findet, dass der Bericht überarbeitet werden sollte.

Für Touré und seine Freunde geht es um alles. Wenn das Ministerium sagt, dass Abschiebungen zu gefährlich sind, könnte er ein Bleiberecht bekommen und mit seiner Familie in Deutschland leben, die er so gern nachholen will.

Am 30. November 2006 erscheint der nächste Bericht des Auswärtigen Amtes zu Togo. Die togoischen Behörden sind bei Abgeschobenen »in der Regel um korrekte Behandlung bemüht, um weder den deutschen Behörden noch den togoischen Exilorganisationen Anlass zur Kritik zu geben«[58], steht darin. Deutschland schiebt zu dieser Zeit noch immer im Schnitt etwa alle drei Tage einen Menschen nach Togo ab.

Eine Reihe der Freunde von Touré, mit denen er in Berlin demonstriert hat, werden von der Polizei abgeholt. Andere gehen in die Illegalität, nach Frankreich oder Spanien. Touré kann nicht weg.

Durch die Beinlähmung hat er jetzt auch Probleme mit der Wirbelsäule. Dreimal muss er ins Krankenhaus. Der Arzt sagt, seine Wirbelsäule müsse wahrscheinlich operiert werden. Die Operation sei gefährlich, es sei möglich, dass er danach nicht mehr aufstehen könne. Er hat Angst. Er erleidet einen Herzinfarkt. Touré kann jetzt nur noch kurze Strecken mit Krücken zurücklegen, dabei muss er oft Pausen einlegen. Er braucht eine Behandlung für das Herz, den Blutdruck, die Beine. Nichts davon ist für Geduldete vorgesehen.

2007 stellt sein Anwalt einen Antrag auf ein Bleiberecht aus humanitären Gründen. Dann hätte er zwar nicht automatisch Anspruch auf Familiennachzug, aber immerhin auf normale Gesundheitsversorgung. In drei Monaten wird entschieden, sagt das Bundesamt für Migration und Flüchtlinge. Es entscheidet fünf Jahre lang nicht.

Seine ältere Tochter ist jetzt 14, die jüngere sechs. Er telefoniert mit ihnen. »Die eine sagt immer, dass sie hierher kommen wird, um mich zu treffen. Die andere fragt: ›Papa, wann kommst du wieder? Papa, wir brauchen dich jetzt.‹« Wenn er daran denkt, dass er nicht bei seinen Töchtern sein kann, schmerzt sein Kopf.

Er kann jetzt nicht mehr laufen, braucht einen Elektro-Rollstuhl. Das Sozialamt lehnt die Zahlung ab. Freunde sammeln privat das Geld dafür.

Mehrfach ruft die Ausländerbehörde bei seinem Arzt an. Sie fragt, wann er gesund genug sei, um nach Togo auszureisen.

Noch immer hat das Bundesamt nicht entschieden, ob er aus humanitären Gründen in Deutschland bleiben darf. Touré klagt erneut vor dem Verwaltungsgericht in Schwerin. Im Juni 2012 findet die Verhandlung statt. Vor der Tür demonstrieren seine Freunde von der Karawane.

Zehn Jahre hat Touré als Geduldeter in Asylbewerberheimen in Mecklenburg-Vorpommern gelebt. Arbeiten durfte er nie, Deutschkurse gab es für ihn nicht. Sein Gesundheitszustand ist der eines alten Mannes.

Der Richter lehnt seine Klage auf ein Aufenthaltsrecht ab. Touré sei nicht in Deutschland integriert. Sein Deutsch sei zu schlecht, seine körperliche Verfassung aber gut genug, um eine Flugreise nach Lomé zu überstehen.

Vier Wochen später demonstrieren einige Dutzend Freunde Tourés zusammen mit ihm vor der Zentrale des Bundesamtes für Migration und Flüchtlinge in Zirndorf. Noch immer hat die Behörde nicht über Tourés vor fünf Jahren gestellten Antrag entschieden. »Wir haben die Arroganz und den Rassismus solcher Personen satt bis zum Gehtnichtmehr«, steht auf dem Flugblatt, das Tourés Freunde vor der Behörde verteilen.

Kurz darauf entscheidet die, dass er aus humanitären Gründen in Deutschland bleiben darf. Touré zieht nach Hamburg in ein Pflegeheim. Das Sozialamt muss jetzt die Kosten dafür tragen. Er gilt als schwerbehindert, aber er bleibt politisch aktiv, etwa während des fast zwei Jahre währenden Protests der »Lampedusas« (→ S. 140) in Hamburg.

Sein größter Wunsch wäre, seine Frau und seine Töchter nach Deutschland zu holen. Das dürfte er, wenn er in Vollzeit arbeiten könnte, um sie zu versorgen.

Doch das kann er nicht mehr.

Der Weg der Frauen

GEFLÜCHTETE FRAUEN: *»Wir werden doppelt diskriminiert«, sagt Elizabeth Ngari aus Kenia. Im Heim wird sie Zeugin von sexuellen Übergriffen und Gewalt. Für die alleinerziehende Mutter ist das Leben dort ein ständiger Kampf. Sie schließt sich mit anderen Flüchtlingen zusammen, doch die Männer in der Gruppe interessieren sich nicht für ihre Probleme. Also gründet sie 2002 ihre eigene Organisation. Ihr Ziel: Keine Frau soll mehr im Lager leben müssen.*

1996 muss Elizabeth Ngari Kenia verlassen, ihre Flucht führt sie nach Prenzlau in der hintersten Ecke Brandenburgs. In einem kleinen Raum in einem Betonklotz hinter dem Gewerbegebiet lebt sie mit ihren beiden acht und zehn Jahre alten Töchtern. Nicht mal ein Dutzend alleinerziehende Frauen wie sie wohnen da in diesem Flüchtlingsheim, zusammen mit etwa 250 Männern. Die meisten von denen sind alleinstehend, jung. Keiner hier weiß, wie es weitergeht, da ist nur die bohrende Ahnung, dass dieses Land, in das sie gekommen sind, es nicht so gut mit ihnen meint, wie sie sich das vorgestellt hatten. Sie sitzen fest, müssen Tage und Nächte totschlagen mit Nichtstun oder, wenn es mal dafür reicht, mit Alkohol.

Es ist nicht so, dass die Männer in den Heimen gewalttätiger sind als andere, sagt Ngari. »Es ist nur so, dass die Frauen dort niemand schützt.«

Unter den Männern gibt es Schlägereien, Messerstechereien. In Ngaris Erinnerung vergeht kaum eine Nacht, in der deshalb nicht die Polizei kommt. Ihre Töchter müssen am Morgen zur Schule. Wie sollen sie schlafen bei all dem Geschrei?

Manchmal fassen die Männer fremde Frauen einfach an.

Manchmal klopfen sie an ihre Türen, mitten in der Nacht.

Manchmal schlagen sie ihre Partnerinnen so, dass sie danach voller Blut sind.

»Ich habe die Frauen dann gefragt: Warum tust du nichts?«, sagt Ngari.

Aber die haben Angst, die Polizei zu rufen. Vielleicht unternimmt die nichts. Und danach werden sie umso stärker geschlagen. Oder vielleicht nehmen die Polizisten den Mann mit, und er wird abgeschoben.

Oder, fürchten sie, sein Asyl wird abgelehnt, weil er als Straftäter bekannt ist. Das wollen sie auch nicht. Oder, auch das halten manche der verprügelten Frauen für möglich, die Polizisten nehmen am Ende sie selbst mit.

Wenn die Nächte vorbei sind, in denen diese Dinge geschehen, dann sehen Ngari und ihre Töchter die Männer morgens im Bad, das sie sich mit ihnen teilen müssen. Oder in der gemeinsamen Küche. Oder in dem Raum, in dem die vier Waschmaschinen für das ganze Heim stehen.

Manche Beziehungen überstehen das Leben im Heim nicht. Abstand zu nehmen ist nicht möglich. Manche Männer trinken, die Frauen sind ihrer Wut schutzlos ausgeliefert.

Es gibt Wachleute im Prenzlauer Heim, die Betreiberfirma hat sie eingestellt, und es gibt Sozialarbeiter. »Die hat das überhaupt nicht interessiert«, sagt Ngari.

Die Frauen in den Heimen sind abhängig von der Gunst der Mitarbeiter dort, und immer wieder, so bekommt Ngari mit, versuchen die, diese Abhängigkeit auszunutzen.

Ngaris Asylantrag lehnen die Behörden ein Jahr nach ihrer Ankunft in Deutschland ab. Einen Pass hat sie nicht, sie kann nicht abgeschoben werden. Also lebt sie im Heim, als Geduldete.

Im Heim gibt es eine Lebensmittelausgabe. Die Verkäuferinnen notieren auf einem Zettel, was die Flüchtlinge mitnehmen, die Sozialarbeiter überwachen, dass sie das Budget nicht überschreiten. Gut 600 D-Mark dürfen Ngari und die Töchter ausgeben, zu dritt. Dazu gibt es 160 D-Mark Taschengeld.

Weil sie immer wieder darauf drängt, darf Ngari in der Volkshochschule einen Deutschkurs machen. Er ist gedacht für Spätaussiedler. Die müssen nichts bezahlen, Ngari gibt das halbe Taschengeld für die Kursgebühren aus. Sie fragt, warum sie den Kurs nicht auch umsonst machen kann wie die Spätaussiedler. »Die sind hier, um zu bleiben«, ist die Antwort.

Irgendwann kommen ein paar Antifas aus der Kreisstadt Angermünde in das Heim. Sie berichten Ngari von einer Gruppe von Flüchtlingen in Rathenow. Die wollen etwas gegen die Zustände in den Brandenburger Heimen unternehmen. Nach Rathenow sind es 200 Kilometer, die Fahrt mit dem Zug dauert drei Stunden. Den Landkreis Uckermark zu verlassen – für Ngari ist es verboten. Sie fährt trotzdem. Vier Frauen, Ngari, eine Kolumbianerin und zwei Frauen aus Kamerun, sind dabei, als 1998 die Flüchtlingsinitiative Brandenburg (FIB) gegründet wird. »Die Asylgesetze berauben uns unserer Menschlichkeit«[59], steht in ihrer ersten Erklärung.

Es ist die Zeit, in der die Flüchtlingsbewegung langsam wächst, auch bundesweit. Die FIB schließt sich der Kampagne gegen die Residenzpflicht an, die die Karawane für die Rechte der Flüchtlinge und MigrantInnen betreibt. Im Jahr 2000 verleiht die Internationale Liga für Menschenrechte der FIB die Carl-von-Ossietzky-Medaille.

Aber allmählich denken die Frauen um Ngari, dass es bei der FIB nicht wirklich um sie geht. Sie haben Probleme, die die Männer nicht haben. Keine Privatsphäre, das bedeutet für die Frauen: kein Schutz. Wie soll man Kinder im Lager aufziehen? Die Männer habe das nicht interessiert. »Residenzpflicht ist wichtiger als getrennte Badezimmer«, hätten sie gesagt. Die Frauen wollen deshalb eine Frauen-Arbeitsgruppe innerhalb der FIB gründen. Da wurden die Männer wütend, sagt Ngari. »Dann sind wir ganz ausgestiegen.«

Eine Frau, die damals ein Flüchtlingsheim in Potsdam leitet, ist »eine Feministin«, sagt Ngari. Sie gibt der Gruppe einen Raum für ihre Treffen. 2002 gründen sie »Women in Exile«. Sechs Frauen sind dabei. Ein Pastor der Diakonie in Potsdam gibt ihnen Geld für die Bahntickets. Mindestens einmal im Monat fährt Ngari aus Prenzlau zu den Treffen in Potsdam. Die anderen Frauen im Heim passen auf ihre Töchter auf.

Manchmal halten Polizisten sie in Eberswalde, direkt an der Landkreisgrenze, auf. Sie schreiben Ngaris Namen auf und melden sie der Ausländerbehörde. Dann schicken sie sie zurück nach Prenzlau. »Ich habe dann immer auf dem Bahnsteig gewartet, bis sie weg waren«, sagt Ngari. Dann nimmt sie den nächsten Zug nach Potsdam.

Ngari hat genauso viel Leid in den Heimen erlebt, wie es die Männer in der Flüchtlingsbewegung erfahren haben, und sie hat genauso viel dagegen getan. Aber sie spricht anders, sie schreibt anders, sie kämpft anders. Ihre Flugblätter sind sachlicher, weniger große Worte, mehr konkrete Problem. Ihre Wut kanalisiert sie in Pragmatismus. Ihr Büro, das sie mittlerweile im Haus des Brandenburger Flüchtlingsrates am Potsdamer Griebnitzsee bezogen hat, ist hell gestrichen, es gibt sauber beschriftete Ordner statt vergilbender Papierstapel.

Am 8. März, dem Weltfrauentag, und am 20. Juni, dem Weltflüchtlingstag, treten sie bei Veranstaltungen auf. Meist sind es Gruppen aus der Frauen-Lesben-Szene, die sie einladen. Sie lesen sich ein in das deutsche Asylrecht, und sie fahren durch die Heime in Brandenburg und sprechen mit den Frauen, die oft nicht wissen, was ihnen zusteht, und die kein Geld haben für Anwälte und niemanden, der ihnen die Briefe von den Behörden erklärt. »Empowerment« nennt Ngari das. Für besonders schlimme Fälle sucht die Gruppe nach Plätzen in Frauenhäusern. Das ist schwierig, denn in Brandenburg gibt es davon nur wenige, und für einen Platz im Frauenhaus in Berlin zahlen die Sozialämter in Brandenburg nicht.

Das Leben im Lager ist für ihre Töchter in den Ferien besonders öde, wochenlang ohne Ablenkung. Aber jetzt hat Ngari Freunde in der Polit-Szene in Berlin, die laden sie manchmal ein, in den Ferien zu ihnen zu kommen. Dann beantragt Ngari einen Urlaubsschein, um den Landkreis verlassen zu dürfen. Sie will nicht, dass die Töchter in Berlin die ganze Zeit Angst vor der Polizei haben müssen. Die Ausländerbehörde will dann immer die Namen und die Telefonnummern und die Adressen ihrer Freunde, und sie ruft sie an, um zu fragen, ob sie Ngari wirklich eingeladen haben.

Die »Women in Exile« stecken viel Energie in die Arbeit, aber so viel Aufmerksamkeit wie die großen Flüchtlingsorganisationen bekommen sie nie. Fast scheint es, als würden auch viele in der Unterstützerszene die »frauenspezifischen Probleme« für weniger wichtig halten.

2004 eröffnen sich für die Women in Exile Wege aus dem Lager. Einige gehen in andere Länder, andere heiraten. Vier Jahre ist von der Gruppe wenig zu hören. Dann, 2008, entscheiden sich die, die noch in Deutschland sind, weiterzumachen. Wieder gehen sie in die Heime, sprechen mit den Frauen, schreiben auf, was sie hören. Nichts hat sich geändert. Es gibt bei sexuellen Übergriffen keine Hilfe. Die Frauen leben teils auf sechs Quadratmetern pro Person, es gibt kein Telefon, kein Internet und nach 18 Uhr oft kein warmes Wasser mehr.

Sie wollen nicht hinnehmen, dass die Gesellschaft diese Dinge ignoriert. Sie wollen, dass keine Frau in Deutschland mehr in einem Lager leben muss. Das ist ein großes Ziel.

»Wir haben uns dann entschieden, uns zu öffnen«, sagt Ngari, für Frauen, die keine Flüchtlinge sind. »Wir brauchten ihre Hilfe, schon allein wegen der Sprache.« 2010 veranstaltet die Karawane in Jena ein großes Flüchtlingsfestival. Dort treffen sich die Women in Exile mit feministischen Gruppen. Sie beschließen, sich zusammenzutun. Women in Exile and Friends heißen sie nun.

2011, zum Frauentag am 8. März, startet ihre Kampagne. Sie heißt: »Keine Lager für Flüchtlingsfrauen«. Sie geben eine Broschüre heraus, die genauso heißt, besuchen den brandenburgischen Sozialminister Günter Baaske (SPD) und drücken ihm ein Exemplar in die Hand. Er sei »bestürzt«, sagt Baaske und verspricht, etwas zu unternehmen. Kurz darauf ordnet er an, dass die Mitarbeiter der Heime die Räume der Bewohner und Bewohnerinnen nicht mehr ohne deren Erlaubnis betreten dürfen.

Langsam dringt ihre Botschaft durch. Die Bewegungsstiftung aus Verden stellt ihnen einen fünfstelligen Betrag Verfügung. »Geld bringt die Sachen manchmal in Schwung«, sagt Ngari. Sie bauen Kontakte zu Journalisten auf. 2014 begleiten sie den Künstler Heinz Ratz auf einer Tour durch Deutschland. Per Floß reisen sie von Nürnberg nach Berlin, besuchen Flüchtlingsheime. Viele Medien berichten. Zu einer Konferenz in Berlin-Wannsee im September kommen fast 100 Frauen aus ganz Deutschland. Sie wollen jetzt Gruppen in anderen Bundesländern gründen. Die Bewegungsstiftung bewilligt wieder Geld, sie können jetzt zwei Teilzeitstellen einrichten. »Jetzt kommen alle, sie stehen Schlange, wollen ständig Interviews machen oder Videos drehen«, sagt Ngari, »wir schaffen das alles gar nicht mehr.« Sie bekommt den Integrationspreis des Bistums Berlin, den Panter Preis der *taz* und den Clara-Zetkin-Frauenpreis der Linkspartei. Die regiert in Brandenburg seit 2009 mit.

Ngari ist jetzt 56, seit 18 Jahren lebt sie in Deutschland. Andere haben sich ein Leben aufgebaut, weit weg von dem, was einst war. Ngari will das nicht. Sie macht weiter.

»Seit Jahren tragen wir unsere Forderungen an die Landesregierung heran«, schreibt sie in ihrem Dankesbrief für den Clara-Zetkin-Frauenpreis 2014 an die Linkspartei. Doch heute gebe es doppelt so viele Sammelunterkünfte, noch immer müssten die Menschen auf sechs Quadratmetern leben. Noch mehr als ein Preis würde sie freuen, wenn die Linkspartei dies ändere.

Der Unabschiebbare

ABSCHIEBUNGEN: *Bis zum Äußersten treibt Akubuo Chukwudi aus Nigeria den Widerstand gegen die Ausländerbehörde und seine Abschiebung, elf Jahre lang. Am Ende sorgt sein Protest dafür, dass das Land Flüchtlingen Bargeld statt Gutscheine ausbezahlt und sie in Städten wohnen können statt in alten Kasernen im Wald. Doch die Justiz hat mit Chukwudi noch eine Rechnung offen.*

Am liebsten trägt er eine Fantasie-Soldatenuniform mit Tarnmuster, riesige Turnschuhe, dazu einen schwarzen Ledermantel, am Hals ein goldenes Kruzifix, groß wie eine Bierdose. Fremden stellt er sich vor als »Akubuo, der Dschungelfighter«, vielleicht will er den ganzen Deutschen, die sich so vor schwarzen Männern fürchten, etwas bieten, aber in das Amtsgericht von Parchim ist er heute nicht im Guerilla-Dress gekommen, sondern im schwarzen Anzug und weißen Hemd, glänzenden Schuhen und mit einem Aktenkoffer aus braunem Leder. Vielleicht hat er Angst, er sagt es nicht, er hat schließlich schon ganz anderes durchgestanden, aber es sieht nicht gut aus.

Seine Freunde haben alle angerufen, die je etwas für Akubuo Anusonwu Chukwudi getan haben, und das waren viele. »Der Krieg hat angefangen«, haben sie gesagt, manchmal reden sie etwas martialisch; aber jetzt, nach all den Jahren, in denen Chukwudi sich derart mit den Behörden und Heimleitern und dem Innenminister und den Nazis angelegt hatte, jetzt wollten diese es ihm heimzahlen, ein für alle Mal, daran ließ die Anklageschrift keinen Zweifel, glaubten seine Freunde, und da soll Chukwudi nicht allein bleiben.

Zwei Dutzend von ihnen sind gekommen, die meisten von weit her, aus großen Städten; es ist der 20. Juni 2006, ein Dienstag, und sie sitzen im Verhandlungssaal des Gerichts, der groß ist für eine Provinzstadt wie Parchim, mitten in Mecklenburg. Chukwudi hockt auf der Anklagebank, zwischen der Übersetzerin und seiner Anwältin, die berühmt ist, weil sie viele Prozesse wie diesen hier gewonnen hat, in denen es nicht nur um Recht geht, sondern auch um Politik. Der Staatsanwalt kommt durch die Tür, ein strenger Mann, und er verliest die Klageschrift.

Der erste Punkt ist die Sache im Aldi-Markt, und die Übersetzerin übersetzt, Chukwudi sei nicht »prepared« gewesen, seine Zigaretten mit Bargeld zu bezahlen statt mit dem Gutschein vom Sozialamt. Der Staatsanwalt unterbricht sie. »Prepared«, das heiße »vorbereitet«. Aber er habe nicht mit Bargeld zahlen *wollen*, und das heiße »not willing«. Die Übersetzerin wagt Widerspruch. Sie wisse, dass Chukwudi nicht mit Geld zahlen wollte, aber das ließe sich durchaus mit »not prepared« übersetzen. Sie übersetzt weiter, und er korrigiert sie wieder und schaut dabei, als wolle er sie wegen schlechten Englischs gleich mit anklagen, und einer von Chukwudis Freunden im Zuschauerraum zischt »Arschloch«, und alle denken, wenn das schon so losgeht, dann wandert Chukwudi heute direkt in den Knast.

Akubuo Chukwudi gehört dem Volk der Igbo an. Er wächst in Nigeria auf, ein Land, regiert von einer endlosen Reihe Putschgenerälen, bis am 12. Juni 1993, Chukwudi ist da 33, Moshood Abiola die Präsidentschaftswahlen gewinnt. Es sind die ersten demokratischen Wahlen, die Chukwudi erlebt, manche sagen die ersten überhaupt in Nigeria, und Chukwudi sieht nicht ein, dass Abiola nicht ins Amt kommen soll, als die Militärs die Wahl annullieren und Abiola verhaften.

Es ist ein Schicksalsjahr für viele Oppositionelle in Nigeria, unter ihnen auch der Voice-Gründer Osaren Igbinoba (→ S. 20). Doch während der sich für bereits verhaftete Bürgerrechtler einsetzt, mischt Chukwudi in dieser Zeit mit bei den Area Boys. Kriminelle Gangs, sagt die Regierung; eine soziale Bewegung, sagt Chukwudi. Es sind marginalisierte junge Männer und Frauen, die sich nichts bieten lassen, die nicht einsehen, dass die Gesellschaft keinen Platz für sie haben will. Und viele von ihnen glauben, dass sie es unter Abiola besser haben könnten. Am 27. Juli blockieren 5000 Menschen deshalb das Bankenviertel von Lagos, viele Area Boys sind dabei, unter ihnen Chukwudi.

Verbrecher und Terroristen seien auf der Straße, sagen die Generäle. Polizei und Militär schießen, 30 Menschen sterben, Hunderte werden verhaftet, Chukwudi wird am Arm getroffen. Vor den anschließenden Razzien fliehen Zehntausende aus Lagos, unter ihnen viele Igbo. Sie fürchten einen Krieg. Chukwudi versteckt sich. Nach fünf Monaten gibt ein Freund ihm seinen Pass. Ende 1993 steigt er unter falschem Namen in ein Flugzeug nach Frankfurt am Main.

Chukwudi kommt nach Peeschen, in ein ehemaliges DDR-Ferienlager für Kinder. 450 Flüchtlinge leben in den Baracken im Wald; Strom gibt es nur unregelmäßig, das Wasser kommt aus einem eigenen

Brunnen, das Abwasser fließt in einen Tümpel hinter den Baracken, immer stinkt es deshalb. Der Bus fährt zweimal am Tag, aber nicht am Wochenende oder in den Ferien; das nächste Geschäft ist zehn Kilometer weit, der Bahnhof in Güstrow 35 Kilometer entfernt.

Ein »Dschungelheim«, sagt Chukwudi. Isolation, um Menschen zu brechen, die man nicht haben will. Er sieht nicht ein, warum er hier leben soll.

Die deutschen Behörden auch nicht. Am 4. November 1994 lehnen sie seinen Asylantrag ab. Chukwudi taucht unter, versteckt sich bei einem Nigerianer in Kaltenkirchen, arbeitet ohne Papiere in einem Reifenhandel. Drei Jahre geht das gut, dann versucht sein Vermieter mit einer gestohlenen Kreditkarte Geld abzuheben. Die Polizei sucht ihn in seinem Haus, findet aber nur Chukwudi. 1997 kommt er für fünf Monate in die JVA Lübeck, Abschiebehaft. Aber abschieben, das geht nicht: Chukwudi hat keinen Pass. Die Ausländerbehörde führt ihn bei der nigerianischen Botschaft in Bonn vor. Doch der Konsul stellt keinen Pass aus, denn Chukwudis Identität sei unklar. Er kommt zurück nach Peeschen.

Alle vier Wochen gibt die Ausländerbehörde Parchim ihm eine Duldung. Arbeiten ist verboten, acht Jahre wird das so gehen. Polizisten bringen ihn wieder zur Botschaft. Ein Irrtum, sagt Chukwudi jetzt dem Konsul. Er stamme in Wahrheit aus Niger, nicht aus Nigeria. Der Konsul schickt ihn weg. Die Ausländerbehörde lässt ihn von Polizisten bei der Botschaft von Niger vorführen. Ein Irrtum, sagt Chukwudi dort. Er stamme aus Nigeria, nicht aus Niger. »Das hat sie wahnsinnig gemacht«, sagt Chukwudi.

Er sieht nicht ein, warum er nicht in Deutschland bleiben darf, wenn in Nigeria Regimegegner gehängt werden. Er schreibt Flugblätter gegen die Generäle in Lagos und gegen die Ausländerbehörde in Parchim und gegen den Leiter des Heims in Peeschen, und er schließt sich dem The Voice Refugee Forum an. Chukwudi stellt sich vor das Innenministerium in Schwerin und vor den Landtag, mit Trillerpfeife und Flugblättern. Die Gesetze für Flüchtlinge seien rassistisch, steht darauf, und die Behörden auch, und ganz besonders die in Parchim. Die Asylgesetze müssen weg, sagt er.

Chukwudi muss weg, sagt der Leiter der Parchimer Ausländerbehörde. Am 8. Oktober 1998 lässt er ihn festnehmen, Abschiebehaft JVA Bützow bei Rostock.

Chukwudi stellt im Gefängnis einen neuen Asylantrag: Weil er hier, in Deutschland, das Abacha-Regime kritisiert habe, sei eine Rückkehr für ihn jetzt zu gefährlich, sagt er.

Mittlerweile hat er in der Flüchtlingsszene einen Namen, Hunderte schicken dem SPD-Innenminister Gottfried Timm Faxe. Das Verwaltungsgericht Schwerin urteilt, Chukwudi soll raus aus dem Knast, bis über den neuen Asylantrag entschieden ist. Er kommt wieder zurück nach Peeschen.

Aber so will er nicht leben. Chukwudi macht Fotos von den Baracken und bringt sie zur *Bild*-Zeitung. Das Blatt schreibt tatsächlich von »Deutschlands schlimmstem Asylbewerberheim«[60], und über dem Text steht ein Zitat von Chukwudi: »Unsere Nachbarn sind Hasen und Rehe«.

Danach kriegt er Briefe, in denen steht, dass es nicht angehen könne, dass Schwarze wie er, die mit Drogen handeln und deutsche Frauen verführen, dafür auch noch Sozialhilfe bekommen. An einem Abend im Oktober 1999 sitzt er vor dem Fernseher. Er geht auf die Toilette, als er zurückkommt, hört er, wie ein Brandsatz auf dem Boden zerschellt. Seine Gardine fängt Feuer, mit einer Decke kann er es ersticken, die Polizei ermittelt keinen Täter.

Sommer 2000. Sein Asylantrag ist abgelehnt, die Ausländerbehörde hat ein Reisepapier bekommen. Anders als ein richtiger Pass ist es nur für einen einzigen Grenzübertritt gültig, doch das genügt für eine Abschiebung. Chukwudi tritt in Hungerstreik, 26 Tage lang, und klagt gegen die Abschiebung. Das Gericht weist die Klage ab. Er versteckt sich, monatelang.

Am Morgen des 20. November 2000 kommen Polizisten in den zweiten Stock einer Villa in der Wachmannstraße im Bremer Stadtteil Schwachhausen. Die Evangelische Studentengemeinde hat dort ihr Büro, einen Raum hat sie dem Internationalen Menschenrechtsverein überlassen, dem Koordinationsbüro der Karawane für die Rechte der Flüchtlinge und MigrantInnen. Damals ist das Büro so etwas wie die Zentrale der Flüchtlingsproteste in Deutschland. Die Leute dort haben Chukwudis Kampf mit der Ausländerbürokratie ein wenig auch zu ihrem eigenen gemacht, seit Jahren schon, aber jetzt müssen sie zusehen, wie Polizisten ihn die Treppe hinunterführen und wegbringen. Er kommt in die JVA Bützow. Abschiebehaft.

Seine Freunde setzen wieder ihre Telefonkette in Gang. Am nächsten Tag stimmen die regierenden Fraktionen von SPD und PDS im Landtag von Schwerin dafür, dass Chukwudi freigelassen wird, bis über eine Härtefallamnestie entschieden ist. Der Innenminister Timm lehnt das ab. Chukwudi tritt wieder in Hungerstreik.

Am 4. Dezember 2000 wird er einem Richter vorgeführt. Die Gefängnisärztin sagt, Chukwudi sei zu krank, um abgeschoben zu werden. Chukwudi sagt dem Richter, er werde so lange nicht essen, bis er freikommt. Der Richter verlängert die Haft um zwei Monate.

Eine Woche später kommt der PDS-Bundestagsabgeordnete Heinrich Fink ins Gefängnis von Bützow. Chukwudi sitzt jetzt im Rollstuhl. Er sterbe lieber hier, als der Polizei in Nigeria in die Hände zu fallen, sagt er. Fink ruft den Innenminister an. Chukwudi sei zu krank, sagt Fink und erinnert Timm an den Willen des Landtags. Wieder gehen Faxe bei Timm ein, auch die Schauspieler der »Lindenstraße« und sogar der gerade schwer prominente Packpapier-Virtuose Christo aus den USA schreiben ihm wegen Chukwudi. Die Gültigkeit des Reisepapieres, das die Botschaft ausgestellt hat, läuft ab. Der Minister lässt Chukwudi am 15. Dezember frei. Aber sobald er gesund sei, werde er abgeschoben, sagt Timm.

Die Freunde, die den Parlamentsbeschluss und die Faxe und die prominenten Fürsprecher organisiert haben, überreden die Evangelische Versöhnungsgemeinde in Schwerin, Chukwudi Kirchenasyl zu geben. Drei Monate schläft er dort in einem kleinen Raum auf dem Boden.

Im März 2001 kehrt Chukwudi nach Peeschen zurück. Die Ausländerbehörde lässt ihn wieder bei dem Konsul der nigerianischen Botschaft vorführen, diesmal in einer Polizeikaserne in Potsdam, zusammen mit Dutzenden anderen abgelehnten Asylbewerbern. Alle sollen abgeschoben werden. Die Reisedokumente für sie liegen auf einem Stapel auf dem Tisch des Konsuls. Als Chukwudi dran ist, greift er sich die Reisepapiere und fängt an, sie zu zerreißen. Der Konsul schreit, versucht, ihm die Papiere wieder wegzunehmen, es gibt eine Schubserei, die Polizisten, die Chukwudi hergebracht haben, stürzen herein, überwältigen ihn, aber die Papiere sind nur noch Fetzen. Der Konsul bricht die Vorführung entnervt ab. Chukwudi kommt in eine Gewahrsamszelle und danach wieder nach Peeschen.

80 D-Mark Bargeld und Gutscheine im Wert von 305 D-Mark bekommen die Flüchtlinge dort jeden Monat. Die Gutscheine können sie nur in einem bestimmten Aldi- und einem Penny-Markt einlösen, aber nicht für Zigaretten oder Bier. Wenn sie einen Gutschein nicht ganz verbrauchen, gibt es höchstens zehn Prozent des Gutscheinwertes als Wechselgeld.

Bargeld, das ist Autonomie, und Autonomie ist Freiheit. Die Flüchtlinge in Peeschen aber sollen nicht frei sein, sie sollen gar nicht hier sein, und das sollen sie auch spüren.

Manche Verkäufer in den Supermärkten nutzen das aus, sagt Chukwudi: Sie kaufen den Flüchtlingen die Gutscheine gegen Bares ab, geben ihnen aber nur zwei Drittel des Wertes.

Chukwudi schreibt der Ausländerbehörde, dem Innenminister, Abgeordneten. Er schreibt der Aldi- und der Penny-Zentrale und Zeitungsredaktionen, und irgendwann gibt es keine D-Mark mehr, sondern Euro, aber Chukwudi bekommt immer noch die Gutscheine, und eines Tages geht er wieder in den Aldi in der Goethestraße in Sternberg, und er legt seine Einkäufe auf das Kassenband, und die Kassiererin scannt die Strichcodes, und die Kasse zeigt 34,54 Euro.

Chukwudi hält ihr zwei 20-Euro-Gutscheine hin.

Die Kassiererin sagt, dass sie ihm nur vier Euro Wechselgeld zurückgeben kann. Er soll noch etwas für zwei Euro einkaufen.

Er braucht nicht mehr, sagt Chukwudi.

Die Kassiererin fängt an, Sachen aus seinem Einkaufswagen zu nehmen, um die Rechnung auf 20 Euro zu drücken, aber Chukwudi legt die Sachen zurück in den Wagen. Er wirft ihr jetzt beide Gutscheine hin, will gehen, auch ohne Wechselgeld, aber die Kassiererin hält den Einkaufswagen fest. Chukwudi wird wütend; er hat ihr ja sogar beide Gutscheine gegeben, trotzdem schimpft sie, als sei er ein Dieb. Andere Angestellte kommen dazu, Kunden, sechs Leute, so steht es später in der Gerichtsakte, halten den Einkaufswagen fest, als er versucht, den Laden zu verlassen. Chukwudi zieht noch einmal an dem Wagen, und die Kassiererin, die den Wagen nicht loslassen will, wird an die Wand der Kasse gedrückt. Dann gibt Chukwudi auf. Er hebt seine Gutscheine vom Boden auf und geht. Die Kassiererin ruft die Polizei, wie sie es schon einmal getan hat, als Chukwudi Zigaretten und Bier mit Gutscheinen bezahlen wollte. Am nächsten Tag macht ihr Sohn Fotos von blauen Flecken an ihrem Arm.

Abgelehnte Asylbewerber sind gesetzlich verpflichtet, bei ihrer Abschiebung mitzuwirken, zum Beispiel, indem sie sich Reisepapiere beschaffen. Chukwudi tut das nicht, das Sozialamt kürzt deshalb seine Bezüge. Er bekommt jetzt nur noch etwa 100 Euro – rund ein Viertel der Sozialhilfe eines Deutschen. So muss er hungern, sagt er der Beamtin im Sozialamt. Sie könne nichts tun, sagt sie. Chukwudi geht zu ihrem Chef. Er könne mit so wenig Geld nicht leben, sagt Chukwudi. Er könne nichts tun, sagt der Chef. Die Behörde sei rassistisch, sagt Chukwudi und wirft drei Computer und einen Kopierer vom Tisch. Die Frau vom Sozialamt ruft die Polizei.

Kurz darauf kommt der Leiter der Parchimer Ausländerbehörde nach Peeschen. Chukwudi sieht, wie er seinen Wagen auf dem kleinen Platz vor dem Büro des Heimleiters parkt.

Chukwudi nimmt ein Messer aus der Küchenschublade und geht hinaus. Der Chef der Ausländerbehörde und der Heimleiter sehen aus dem Fenster, wie Chukwudi alle vier Reifen des Wagens zersticht. Sie schließen die Bürotür von innen ab. Er wolle ihm nichts tun, ruft Chukwudi durch das Fenster dem Behördenleiter zu. Aber er habe so oft versucht mit ihm zu reden: darüber, dass die Flüchtlinge aus Peeschen beim Arzt immer nur Paracetamol kriegen, egal, welche Beschwerde sie haben, und dass die Ärzte sagen, jede andere Behandlung sei zu teuer, Sozialamt und Ausländerbehörde würden nicht bezahlen. Oder darüber, dass Peeschen so abgelegen sei, dass die Flüchtlinge für die vielen Termine auf der Ausländerbehörde morgens nur einen einzigen Bus nehmen können und dann sieben Stunden auf den einzigen Bus zurück warten müssen und es nicht einmal ein Wartehäuschen gegen den Regen gibt. Und nie habe der Leiter der Ausländerbehörde auf ihre Klagen reagiert. Und jetzt soll er wenigstens ein einziges Mal fühlen, wie es ist, in Peeschen festzusitzen. Er könne ja wieder die Polizei anrufen und ihn verhaften lassen wie sonst auch immer, sagt Chukwudi dann, und der Mann folgt der Empfehlung.

2002, nach Jahren des Protests in den Heimen in Mecklenburg-Vorpommern, beschließt das Parlament in Schwerin, dass Flüchtlinge von nun an in Ortschaften leben sollen. Nicht mehr im Wald. Bald darauf entscheidet der Landtag, dass die Flüchtlinge keine Gutscheine mehr bekommen sollen, sondern Bargeld.

Am 18. März 2004 holt ein Bus die letzten Flüchtlinge aus Peeschen ab und bringt sie zu einem ehemaligen Kindergarten am Rand der Kreisstadt Parchim. Elf Jahre nach seiner Ankunft in Deutschland hat Chukwudi zum ersten Mal ein Zimmer für sich allein, vom Sozialamt bekommt er nun jeden Monat 196,58 Euro – in bar.

Aber in Deutschland leben darf er immer noch nicht. Alle paar Wochen muss er zur Ausländerbehörde in Parchim und sich das kleine Papier holen, auf dem steht, dass er »vollziehbar ausreisepflichtig« ist.

Und er ist immer noch ein schwarzer Mann in einer ostdeutschen Kleinstadt.

Oktober 2004. Chukwudi und Riadh Ben Ammar, ein junger Tunesier aus dem Heim (→ S. 97), gehen in die Parchimer Disco »Nachtflug«. Eine Gruppe junger Rechter, so geben Chukwudi und Ben Ammar später zu Protokoll, lockt den Tunesier nach draußen, schlägt ihn zusammen. Chukwudi geht dazwischen, die Rechten greifen ihn an. Er rennt zu dem Auto, das er sich geliehen hat, sie prügeln weiter auf ihn ein, Chukwudi schafft es, ein Radkreuz aus dem Auto zu ziehen, er trifft einen der Angreifer damit am Kopf, dann kann er fliehen.

Die Rechten rufen die Polizei. Der Schwarze und der Araber hätten sie angegriffen, sagen sie. Chukwudi kommt in eine Gewahrsamszelle.

Nach und nach haben in den letzten Jahren fast alle Bundesländer Kommissionen eingerichtet. Sie sollen Menschen eine zweite Chance geben können, für die eine Abschiebung besonders schlimm wäre. Viele denken, dass Chukwudi so jemand ist. Am 1. Dezember 2004 berät die Härtefallkommission in Schwerin seinen Fall. Das Innenministerium muss jeder Entscheidung zustimmen, die Kommission lehnt ein Bleiberecht für Chukwudi ab. Zu viele behördliche Auffälligkeiten.

Der Rechtsweg ist ausgeschöpft. Für Chukwudi gibt es jetzt endgültig nur noch einen einzigen Weg, in Deutschland bleiben zu können.

Wenige Wochen später schickt ein Bruder aus Lagos Chukwudi den Pass, den die Ausländerbehörde in Parchim immer wollte. Eigentlich muss man dazu persönlich erscheinen, aber mit Geld lässt sich die Vorschrift umgehen. Doch das Zollamt in Köln öffnet das Päckchen. Es beschlagnahmt den Pass und schickt ihn an die Ausländerbehörde in Parchim. Damit kann die Chukwudi endgültig abschieben. Von der Post erfährt er, dass sein Pass vom Zoll zurückgehalten wurde. Er taucht unter. Aus seinem Versteck sucht er nach jemandem, der bei den Behörden in Nigeria für ihn einen neuen Pass beschafft. Den zweiten Pass bringt ein paar Wochen später ein Bekannter im Flugzeug aus Nigeria mit.

Am Morgen des 3. April 2005, es ist ein Sonntag, steigt Chukwudi mit fünf Freunden in einen silbernen Kleinbus, den sie ausgeliehen haben. Er sieht bieder aus und hat getönte Scheiben. Sie fahren durch den Elbtunnel, vorbei an Flensburg und hoffen, dass die deutsche Polizei sie an der Grenze nicht anhält. Sie fahren durch Jütland zum Kleinen Belt und hoffen, dass die dänische Polizei sie nicht herauswinkt. Als es dämmert, fahren sie über die Öresundbrücke nach Malmö.

Chukwudi sitzt in der Mitte auf dem Rücksitz. Der einzige Schwarze im Auto soll von außen nicht sofort zu sehen sein.

»Warum macht ihr das?« fragt er.

Er kennt die Antwort seit Jahren, aber vielleicht braucht er jetzt Ablenkung.

»Es sollte alles nicht so sein, wie es ist«, sagt einer seiner Freunde.

»Wie soll es denn sein?«, fragt Chukwudi.

»Es soll egal sein, wo einer herkommt. Und wie viel Geld einer hat.«

»Wie soll das gehen?«

»Du zum Beispiel sollst da leben dürfen, wo du willst. Also hier. Und jeder soll haben, was er braucht, und nicht nur, was er bezahlen kann.«

»Ihr wollt Geschäfte, in denen man nicht bezahlen muss?«

»Ja, vielleicht. In denen man bekommt, was man braucht.«

»Ihr seid verrückt«, sagt Chukwudi, und er weiß, dass sie wissen, dass er das nicht so meint.

Der Volvo der schwedischen Polizei bleibt am Straßenrand stehen, als sie vorbeifahren.

Zehn Tage später erklärt eine Standesbeamtin der Gemeinde Sjöbo Chukwudi, jetzt 44, zum Mann einer deutschen Frau.

Deutschland verlassen und nach Schweden reisen darf er nicht. Heiraten aber gilt hier als Grundrecht. Das Standesamt darf deshalb nicht nach einem Visum für Schweden fragen. Und innerhalb der EU erkennen alle Länder Eheschließungen gegenseitig an.

Nach zwölf Jahren in Deutschland und acht Monaten in Abschiebehaft muss die Ausländerbehörde in Parchim Chukwudi den Aufenthalt erlauben.

Aber die Justiz ist noch nicht fertig mit ihm.

Am Morgen des 20. Juni 2006 im Gerichtssaal von Parchim hat sich der Staatsanwalt mit der Übersetzerin abgefunden. Er liest vor, wie Chukwudi im Aldi die Verkäuferin wegstieß und sich damit des versuchten Raubs und der fahrlässigen Körperverletzung schuldig gemacht habe; und er liest vor, dass Sachbeschädigung und Hausfriedensbruch begeht, wer Computer im Sozialamt vom Tisch wirft, und Sachbeschädigung und Nötigung, wer dem Ausländerbehördenleiter die Reifen zersticht, und dass es schwere Körperverletzung war, als Chukwudi dem Nazi vor der Disco das Radkreuz an den Kopf geschlagen hat.

Dann ist seine Anwältin dran. Sie verliest ihren Schriftsatz und sagt, dass die Jahre im Lager Chukwudi in eine emotionale Ausnahmesituation gebracht haben und ein Arzt ihm eine »Anpassungsstörung mit depressiver Stimmung« attestiert habe. Es läuft darauf hinaus, dass er nicht ganz schuldfähig ist. Das gefällt nicht allen im Saal, und einer ruft »Widerstand ist keine Krankheit«. Die Richterin sagt, die Verhandlung laufe nur zwischen den Beteiligten vorn im Saal ab, und der Zwischenrufer wiederholt es noch einmal, aber diesmal reagiert niemand.

Dann ist Chukwudi dran. Auch ohne seine Guerilla-Kluft sieht er aus wie ein Fremdkörper in diesem deutschen Gerichtssaal, er braucht sich dazu gar nicht als der Dschungelfighter vorzustellen. Jetzt ist er es, der anklagt: seine Lebensverhältnisse und die Behörde, die sie ihm aufgezwungen hat, und die, die damit Geschäfte gemacht haben. Er öffnet seinen Lederkoffer und holt die Briefe heraus, die er in den letzten Jahren an deutsche Ämter geschrieben hat, jedes Mal, wenn er wieder etwas nicht eingesehen hat, und jetzt hält er die Papiere hoch und sagt, was darin steht, und dann läuft er um den Tisch herum und legt sie auf dem Gerichtsboden aus wie ein Straßenverkäufer seine Ware auf dem Gehsteig. Irgendwann ist die Reihe mehrere Meter lang, und Chukwudi beendet seinen Auftritt und sagt, dass er im Recht ist, weil die Lager und die Gutscheine Unrecht seien, und das würde ja heute selbst das Parlament von Mecklenburg-Vorpommern so sehen.

»Wer ist hier schuldig – Akubuo oder der Staat?« hatten seine Freunde auf das Flugblatt für den Prozesstag geschrieben. Aber niemals, hatten sie geglaubt, würde Chukwudi hier heil herauskommen. Niemals werde der Staat hinnehmen, dass ein Afrikaner deutschen Beamten die Computer vom Tisch wirft, weil ihm das deutsche Asylrecht nicht passt.

Doch es scheint, als sei Chukwudi an diesem Tag der überzeugendere Ankläger.

Der verletzte Nazi: Notwehr. Eingestellt.

Die Computer und der Kopierer im Sozialamt, die Autoreifen, die Zigaretten im Aldi: zu lange her. Eingestellt.

Die blauen Flecken der Kassiererin: kein Raub, sondern versuchte Nötigung plus fahrlässige Körperverletzung, schlägt die Richterin vor.

Von seiner Sammelklage ist kaum etwas übrig geblieben, der strenge Staatsanwalt stört sich daran jetzt weniger als zuvor am Englisch der Übersetzerin. Mit 30 Tagessätzen à elf Euro als Strafe für die blauen Flecken der Kassiererin wäre er zufrieden, sagt er.

Die Richterin halbiert. 15 Tagessätze à elf Euro. Für alles. Es ist fast ein Freispruch.

Ehrung eines Ausgegrenzten

FLÜCHTLINGSLAGER: *Salomon Wantchoucou stammt aus Benin, doch das nehmen ihm die Behörden nicht ab. Sie glauben, dass er lügt, um Asyl zu bekommen. Wantchoucou muss als Geduldeter in einer abgelegenen ehemaligen Kaserne leben. Dagegen kämpft er so lange, bis ihn 2011 sogar der Ministerpräsident von Sachsen-Anhalt dafür ehrt. Doch an seinen Lebensumständen ändert sich nichts.*

Auf dem Platz vor dem Palais am Magdeburger Fürstenwall regnet es, und der Wind bläst kalt an diesem 3. Dezember 2011. Normalerweise trägt Salomon Wantchoucou keine Krawatten. Aber heute ist ein besonderer Tag. Denn heute ist Wantchoucou, 38 Jahre alt, zweifach abgelehnter Asylbewerber aus Benin in Westafrika, beim Ministerpräsidenten von Sachsen-Anhalt eingeladen. Und so steht Wantchoucou an diesem Samstagvormittag im Wind vor der Staatskanzlei, und ein Freund bindet ihm eine Krawatte mit kleinen aufgedruckten Napoleonfiguren um den Hals.

Vor vier Wochen schickte die Staatskanzlei einen Brief. Er habe sich in den letzten Jahren »hervorragend um das Ehrenamt verdient gemacht«, schrieb ihm der Ministerpräsident Reiner Haseloff (CDU). Und das soll nun gewürdigt werden. »Politik sagt Danke« heißt der Festakt, rund 100 Ehrenamtliche hat Haseloff eingeladen, sie strömen jetzt an Wantchoucou vorbei in den Festsaal. Im Eingang liegt die *Magdeburger Volksstimme* aus, die heute eine Fotogalerie der Geehrten auf ihrer Titelseite abgedruckt hat. Aber Wantchoucou ist nicht hier, um sich danken zu lassen. »Ich möchte unsere politischen Positionen darstellen«, sagt er, nestelt an seinem Anzug herum und geht hinein.

Sein Ehrenamt ist anders als das der anderen Gäste. Seit Jahren lebt er in einer völlig heruntergekommenen ehemaligen NVA-Kaserne in Möhlau im Landkreis Wittenberg, weit weg von der nächsten Stadt, bei reduzierten Sozialleistungen, unter der Residenzpflicht. Zu arbeiten ist verboten. Das Schlimmste, sagt Wantchoucou, sei die Isolation. »So können wir uns niemals integrieren.« Sein Ehrenamt, das ist die Initiative der Flüchtlinge aus Möhlau, die eine Arbeitserlaubnis und in Wohnungen leben wollen. Sie machen Kundgebungen, reden mit Journalisten, mit Abgeordneten, demonstrieren, seit Jahren. Ohne Erfolg.

Im Palais reichen livrierte Kellner des Maritim-Hotels Sektgläser. Leise Pianomusik ist zu hören, der Protokollchef läuft mit einem Klemmblock umher. Die Geehrten mögen sich zu einem Gruppenbild auf der Treppe aufstellen. »Das Foto lassen wir Ihnen dann als Adventsgeschenk zukommen«, sagt er.

Dann ergreift Haseloff, der Ministerpräsident, das Wort. »Das Ehrenamt ist das Lebenselixier einer Gesellschaft«, sagt er. Ohne Ehrenamt gebe es »keine Nächstenliebe, keine Hilfe, kein Füreinandereinstehen. Wir brauchen Sie.«

Auch der Landtagspräsident Detlef Gürth (CDU) hat sich ein paar Sätze zurechtgelegt. Kaum ein Wort der deutschen Sprache sei »so schön wie ›Danke‹«, sagt Gürth. Dann möchte er den Ehrenamtlichen »zwei Zahlen vorstellen, die die Leute, die selbst nichts machen, aber immer meckern, kennen sollten«. Die erste Zahl: Wer sich 30 Jahre lang ehrenamtlich engagiere, komme »schnell auf 20 000 Stunden geleistete Arbeit«. Die zweite: Beim derzeitigen Durchschnittslohn und dem aktuellen Goldpreis könne sich das Land »allein von der Arbeit, die Sie hier geleistet haben, zwei Zentner Gold kaufen«, sagt er.

Auch Wantchoucou applaudiert.

Zum Mittagessen sind die Gäste im Festsaal auf 14 Tische verteilt, gemeinsam mit Politikern. Wantchoucou sitzt neben einem uniformierten Pfadfinderleiter und einem ebenfalls uniformierten Mann von der Freiwilligen Feuerwehr. Es gibt Gemüseterrine, Saale-Unstrut-Wein und zum Nachtisch Absinth-Panna-Cotta.

Vor dem zweiten Gang werden einzelne Geehrte von der Pressesprecherin des Landtags vorgestellt. Sie präsentiert einen Mann, der hilft, eine Talsperre im Harz zu erhalten, und den Vertreter eines Literaturclubs, der sich dem Gedenken an den Magdeburger Autor Heinrich Zschokke verschrieben hat. »Wir machen alle zwei Jahre eine Veranstaltung mit Zschokke«, sagt er, und es gibt Applaus. Wantchoucou bekommt das Mikrofon nicht.

Die sogenannte Gastgeberin an seinem Tisch ist die sachsen-anhaltinische Grünen-Fraktionsvorsitzende Claudia Dalbert. Zwei Ehrenamtliche durfte ihre Fraktion für den Empfang vorschlagen, einer war Wantchoucou. »Wir wollten die Unkonventionellen. Das ist eben unser Politikstil«, sagt sie. »Unwürdig« sei die Unterbringung der Flüchtlinge in Möhlau. Ihre Partei fordere seit langem, dass die Flüchtlinge Wohnungen bekommen. Aber die Regierung sei dagegen.

Als Geduldeter lebt Wantchoucou in einem Raum im vierten Stock eines großen, abgelegenen Betonkomplexes in Möhlau, östlich von Dessau. 1990 hinterließ die NVA die einstige Kaserne, verändert hat sich an dem Bau seither kaum etwas.

1992 beginnt der Landkreis Wittenberg, hier Flüchtlinge unterzubringen. Jetzt steht ein Wachmann am Eingang des Geländes, eine afrikanische Frau mit vier Kindern bricht zu einem Spaziergang auf. Die Kinder grüßen in akzentfreiem Deutsch. Sie haben fast ihr ganzes Leben hier verbracht. Jahrelang fordern die Bewohner, angeführt von Wantchoucou, die Schließung des Heims. 2011 verlängert der Landkreis den Vertrag mit der privaten KVW Beherbergungsbetriebe GmbH (→ S. 195).

»Es gibt hier nichts, keinen Laden, niemand. Mit wem sollen die Kinder spielen, wie sollen wir Erwachsenen Deutsch lernen?«, fragt Wantchoucou. »Das hier war eine militärische Einrichtung, das war nicht zum Leben gedacht.« Außer einem Kühlschrank, einem Bett und einem Stuhl sind in seinem Zimmer keine Möbel, die Gemeinschaftsräume sind komplett leer. Die Deckenlampe ist voller toter Motten, die Tapeten lösen sich wegen der Feuchtigkeit in großen Blasen von den porösen Wänden. Vor Wantchoucous Bett liegen übrig gebliebene Exemplare einer Kampagnenzeitung mit dem Titel »Break Isolation« gegen die Lagerunterbringung. Die Karawane für die Rechte der Flüchtlinge und MigrantInnen hat sie herausgegeben, Wantchoucou ist dort aktiv.

Auf einem Stapel Ausdrucke auf dem Boden neben der Heizung liegt »Das politische System der Bundesrepublik Deutschland«, die Ausgabe, die viele Politikstudenten lesen müssen. Er habe sie sich bei einem Freund ausgeliehen. »Es ist wichtig, das zu kennen«, sagt Wantchoucou.

2001 gerät er mit der Regierungspartei in Benin aneinander, er kommt nach Deutschland. Seine Asylanträge haben keinen Erfolg. Wie so viele Flüchtlinge verdächtigt das BAMF ihn, zu lügen, um Asyl zu bekommen. In Wahrheit komme er aus Ghana, glauben die Entscheider. Wäre es so – er hätte keine Chance auf Asyl, Ghana gilt als sogenannter sicherer Herkunftsstaat (→ S. 248). Den Verdacht dürfte genährt haben, dass Wantchoucou gut Englisch spricht, die Amtssprache in Ghana, und nicht nur Französisch, was in Benin gesprochen wird. »Die denken, wir sind alle Idioten in Afrika«, sagt er.

Aber seine Herkunft zu beweisen ist für ihn nicht so einfach. Einen Pass hat er nicht, und die Botschaft Benins stellt ihm keine Papiere aus – aus Rache für seine oppositionellen Aktivitäten, sagt Wantchoucou. Für ihn ist das Glück im Unglück, denn abschieben kann der Staat ihn ohne Papiere nicht. Also wird er geduldet.

2009 hat sein Anwalt beim Verwaltungsgericht in Halle darauf geklagt, dass die Ausländerbehörde ihm eine Aufenthaltserlaubnis aus humanitären Gründen ausstellt. Doch bis zu dem Tag in der Staatskanzlei hat sich das Gericht mit der Sache noch nicht befasst. Also bleibt Wantchoucou geduldet. Und im Heim.

Beim Essen im Festsaal des Ministerpräsidenten erklärt Wantchoucou den anderen Gästen am Tisch seine »politischen Positionen«. Der Mann von der Feuerwehr sagt, dass »das mit den Menschenrechten gut ist«, der Pfadfinder sagt nichts. Wantchoucou hofft, auch vor allen Anwesenden sprechen zu können. Aber irgendwann räumen die Kellner die Dessertteller ab, und die Pressesprecherin zieht das Kabel aus dem Mikrofon.

Hostessen verteilen Präsente, Kaffeebecher mit der Aufschrift »Sachsen-Anhalt: Wir stehen früher auf« und CDs aus der Reihe »Festspiel der Deutschen Sprache«. Wantchoucou bekommt die Folge, auf der ein »Tatort«-Kommissar Schillers »Kabale und Liebe« liest.

Wantchoucou steht im Foyer und redet mit dem Mann von der »Initiative gegen Rechts«, dann tauscht er mit dem einzigen anderen geehrten Afrikaner, einem Mann aus Tansania, der in der Freiwilligenagentur der Stadt Burg Integrationshilfe für Ausländer leistet, die Telefonnummern aus. Der Ministerpräsident kommt am Stehtisch der beiden vorbei. »Ihr seid hier nicht gut mit Kuchen versorgt?«, fragt er.

»Ich danke Ihnen, dass Sie mich eingeladen haben«, sagt Wantchoucou.

»Und ich danke Ihnen, dass Sie sich so engagieren«, sagt Haseloff und klopft Wantchoucou auf die Schulter. »Und jetzt hier weitermachen: Kaffee und Kuchen essen«, sagt er. Und dann geht er weg, bevor Wantchoucou auch ihm seine politischen Positionen darlegen kann.

»Besser als nichts«, sagt er am Ende. »Es ist schon eine Form von Anerkennung, auch wenn wir immer noch im Heim sind.« Für ihn sei der Empfang »Lobbyarbeit« gewesen. Dann muss er zum Bahnhof. In Halle beginnt ein Flüchtlingstreffen, eine neue Kampagne steht an. Sein Freund, der ihm die Krawatte gebunden hat, hat die ganze Zeit vor der Tür gewartet. Haseloffs Einladung sei »schon sehr nett« gewesen, sagt der Freund auf dem Weg. »Aber sie sollen nicht glauben, dass sie damit unseren Mund gekauft haben.«

2013 schließt der Landkreis die alte Kaserne in Möhlau. Wantchoucou darf in eine Wohnung in der kleinen Stadt Elster ziehen. »Hier habe ich endlich Ruhe, Privatsphäre«, sagt er. Wenn er daran denkt, dass er so lange in Möhlau leben musste, wird er wütend. »So viele Jahre, ohne Arbeit, ohne studieren, wie können die das mit einem machen?«

Das Heim in Möhlau ist zu, aber abschieben wollen die Behörden ihn immer noch. Doch nach wie vor gibt es keinen Pass.

Zwei Jahre später gelingt es einem Halbbruder in Benin, Wantchoucous Geburtsurkunde zu beschaffen und nach Deutschland zu schicken. Die ganzen Jahre hatten sich die Behörden dort geweigert, das Papier auszustellen, solange Wantchoucou nicht persönlich nach Benin kommt. Jetzt haben sie es sich anders überlegt, warum auch immer.

»Ein großes, großes Glück, sagt Wantchoucou. »Ein Schutzengel wollte mir helfen.«

Das Papier ist womöglich gefälscht, sagen die Behörden.

Sein Anwalt legt das Dokument beim Gericht vor. Er beantragt, festzustellen, dass Wantchoucou aus Benin stamme, nicht beim BAMF gelogen habe und deshalb bleiben darf. Die Richterin schickt das Papier zur Untersuchung nach Nürnberg. Das BAMF unterhält ein Labor, das darauf spezialisiert ist, Fälschungen von Identitätsdokumenten nachzuweisen. Am 18. März 2015 legt ein Ingenieur Wantchoucous Papier unter ein Digitalmikroskop und ein Spektralanalysegerät Marke Video Spectral Comparator VCS 600. Es seien »keine Manipulationen« feststellbar, schreibt er nach Magdeburg. Neun Monate später hat Wantchoucou immer noch keine Aufenthaltserlaubnis bekommen.

»Was wollen sie noch?«, fragt er.

Ilhams letzte Wochen

AUSLÄNDERBEHÖRDEN: *Das jahrelange Nichtstun im Sammellager Katzhütte macht den armenischen Familienvater Ilham, der 2001 nach Deutschland kommt, krank. Er muss dringend in einem anderen Landkreis behandelt werden, aber er will bei seiner Familie bleiben. Doch die darf nicht in die Nähe eines Krankenhauses ziehen. Der Mann wird nicht behandelt und stirbt.*

Sein Bild hängt in einer schattigen Ecke über dem Fernseher. In Armenien war ihr Mann gesund, sagt Diyar*. Getrunken habe er nicht. Er arbeitete dort als Fleischer. In Katzhütte im Thüringer Wald hat Ilham* keine Arbeit. Er sitzt zu Hause, mit seiner Frau, mit seiner Mutter und auch mit den beiden erwachsenen Kindern, seit diese die Schule beendet haben. Alle sind geduldet, alle ohne Arbeitserlaubnis; in den fünf Zimmern mit den knarzenden Wänden, in der Faserplattenbaracke, die einst ein Ferienheim des DDR-Gewerkschaftsbunds war; in der es immer etwas düster und feucht und im Winter kalt ist, weil die Wärme des Heizlüfters sofort durch die rissigen Wände entweicht, und ihnen bleibt nur das Nichtstun.

Sieben Jahre lang.

2001 kommt die Familie nach Deutschland. 2003 wird ihr Asylantrag abgelehnt. Bleiben dürfen sie nicht, abgeschoben werden können sie nicht. Wenn Diyar im Dorf in die Drogerie geht, um Haarfärbemittel zu kaufen, sagt sie, dann laufen ihr die Verkäuferinnen hinterher, weil sie denken, dass die Leute aus dem Heim am Dorfrand stehlen. »Komme ich kurz vor 18 Uhr, dann sagen sie manchmal ›Wir haben schon geschlossen.‹« Sieben Jahre leben sie in Katzhütte, aber sie kennen niemanden hier. »Die reden einfach nicht mit uns«, sagt die Tochter. 940 Euro im Monat bekommt die Familie, für fünf Erwachsene und ein Kind, Leistungen nach dem Asylbewerberleistungsgesetz, dazu Gutscheine.

In Armenien hatte Ilham »politische Probleme«, sagt Diyar, genauer will sie es nicht erklären, in Katzhütte kommen psychische hinzu.

**Die Namen wurden geändert.*

2004 muss er stationär behandelt werden. Den Aufenthalt im Krankenhaus erträgt er nicht.

Panische Angst vor Kliniken habe er danach gehabt, sagt Diyar.

Das Nichtstun erträgt Ilham auch nicht. Fast jeden Tag läuft er den Hang mit den grünen Tannen hinab, dorthin, wo der Schwemmbach in die Schwarza fließt, er geht in den Tegut-Supermarkt, legt etwas von dem wenigen Geld, das er hat, auf den Kassentisch und kauft Alkohol. Es muss eine Menge gewesen sein.

2007 diagnostiziert eine Ärztin bei ihm eine alkoholbedingte schwere Leberzirrhose, chronische Gastritis, aktive Hepatitis C und einen schmerzhaften Nabelbruch. Gegen die Schmerzen habe Ilham »regelmäßig große Mengen konzentrierten Alkohols getrunken«, schreibt sie. Seine Leberwerte sind »hochpathologisch« und »lebensbedrohlich«. Ilham müsse sich unbedingt in einer Spezialklinik in Suhl behandeln lassen. Stationär. Er ist nicht nur körperlich, sondern auch psychisch krank. Monatelang in einem Krankenhaus zu liegen, ohne seine Familie zu sehen, das kommt für ihn nicht in Frage. Nach Suhl sind es von Katzhütte gute 40 Kilometer, doch es liegen zwei Landkreisgrenzen dazwischen. Die Familie bittet die Ausländerbehörde, in ein anderes Heim ziehen zu dürfen. Eine Erlaubnis für tägliche Besuche lehnt sie ab, sagt Diyar. »Einmal im Monat«, hätten sie ihr gesagt. »Mehr gibt's nicht.«

Der Sprecher des Landkreises Saalfeld-Rudolstadt will später »ausdrücklich nicht bestätigen«, dass es so gewesen ist.

Die Familie ist nicht die einzige, die weg will aus Katzhütte. Am 25. Februar 2008 schreiben die Bewohner des Heims dem Landkreis einen offenen Brief. Sie seien »völlig isoliert, ohne jeglichen Kontakt zur deutschen Gesellschaft«, steht darin. In dem Heim werde man »wie in einem Gefängnis weggesperrt«. Ab 16 Uhr sei die Küche verschlossen und ab 17 Uhr die Dusche. Es gebe weder Seife noch Toilettenpapier, obwohl die Heimleitung dies bereitstellen müsse. Die Faserplattenhütten seien »heruntergekommen«, es gebe keine Möglichkeit, Deutsch zu lernen. »So brauchen wir immer irgendjemanden, der uns die Briefe von der Ausländerbehörde oder dem Doktor übersetzt.« Die Gutscheine, die sie statt Bargeld bekommen, würden nur für den teuren Tegut-Supermarkt gelten. So reichen die Bezüge nur für kurze Zeit. Um den Landkreis zu verlassen, müssen sie einen Urlaubsschein bei der Ausländerbehörde in Saalfeld beantragen. Persönlich. Die 16,20 Euro für die

Hin- und Rückfahrkarte nach Saalfeld müssen sie selbst zahlen, vom Taschengeld. Zur einzigen Gemeinschaftsdusche müssen sie 300 Meter durch die Kälte laufen, »so dass viele Kinder und alte Menschen kontinuierlich krank sind«. Die Heimleiterin führe ein strenges Regime und verhänge »Kollektivstrafen« wie das Abstellen von Wasser in der Küche oder die Konfiszierung von Kühlschrank oder Elektroheizer.[61] Das Heim soll geschlossen werden, fordern sie.

Es kommen Landtagsabgeordnete, Reporter und Fernsehteams. Sie berichten von den großen schwarzen Schimmelflecken an den Wänden der Baracken.

Den Schimmel haben die Bewohner sich selber zuzuschreiben, weil »Räume zum Kochen genutzt werden, die dafür nicht vorgesehen sind«[62], sagt die Landrätin Marion Phillipp (SPD). Das Heim werde nicht geschlossen. Schon deshalb nicht, weil »die Bewohner sehr gut in Katzhütte integriert sind«[63], sagt der Landkreissprecher. Die Flüchtlinge demonstrieren weiter auf dem Gelände der Baracken, es ist März 2008, und Katzhütte, das Schimmelasyl, ist in den Nachrichten. Flüchtlinge aus anderen Heimen, Leute vom The Voice Refugee Forum kommen.

Ilham ist bei den Protesten nicht dabei. Seine Kräfte haben ihn verlassen. Seine Frau und die Kinder schon. Sie hoffen, dass die Flüchtlinge eine Schließung des Heims durchsetzen können. Dann würden sie in eine andere Stadt verlegt, vielleicht nach Erfurt, wo es ein großes Krankenhaus gibt.

Das Heim in Katzhütte betreibt die K&S Heim- und Betriebsgesellschaft aus Sottrum bei Bremen, damals mit 41 Flüchtlingsunterkünften einer der Marktführer (→ S. 195). Als die Flüchtlinge in Katzhütte protestieren, werfen Unbekannte Farbbeutel auf den Firmensitz und sprühen Parolen an die Wand. Demonstranten kommen nach Sottrum, »K&S – Profite abzocken mit dem Elend von Flüchtlingen« haben sie auf Transparente geschrieben.

Der Geschäftsführer Gero Knebel versteht das nicht. »Außergewöhnlich« seien die Aktionen gegen seine Firma. »Alle sagen, wir machen einen hervorragenden Job.« Die Immobilie gehöre dem Land Thüringen, das für Baumängel aufkommen müsse. »Der Protest richtet sich gegen die Unterbringungsformen, die vom Landkreis und der Politik so eingerichtet wurden. Nur weil man da nicht weiterkommt, wendet man sich jetzt gegen uns. Wir haben da überhaupt keinen Spielraum«, sagt Knebel.

»Änderungen, die von den Flüchtlingsorganisationen gefordert werden, können nur durch Änderung der Bundes- und Landesgesetze erreicht werden«[64], sagt der Landkreis Saalfeld-Rudolstadt. Die Situation in Katzhütte habe sich »durch die anhaltenden Proteste [...] kontinuierlich verschlechtert«. Der Landkreis verteilt die Bewohner, die sich beim Protest besonders hervortun, in andere Städte – »zum Schutz der Mitarbeiter«. Die übrigen Bewohner müssen in Katzhütte bleiben. Auch Diyar, Ilham und ihre Kinder.

Ilham liegt in diesen Wochen in seinem Zimmer mit den knarzenden Wänden, mit seinem Nabelbruch und seiner Leberzirrhose. Vor der Klinik fürchtet er sich. Die Familie stellt einen letzten Antrag auf Umverteilung in einen Landkreis, in dem es eine Klinik gibt, so dass sie den Vater besuchen kann.

»Diese Menschen mussten zum Teil unter dramatischen Umständen aus ihren Heimatländern fliehen, die meisten wollen hier nun endlich zur Ruhe kommen«[65], wird die Landrätin Marion Philipp in einer Presseerklärung des Landkreises zitiert. In der Presseerklärung heißt es auch, die »selbsternannten Flüchtlingsvertreter« – gemeint sind Leute von The Voice, die die Proteste der Bewohner unterstützen – sollten die Proteste einstellen und nicht länger mit »unqualifizierten Stellungnahmen ihre Kampagnen gegen die Asylgesetzgebung auf dem Rücken der Verfolgten austragen«. Die Flüchtlinge im K&S-Heim werden daran erinnert, dass das Grundgesetz »allen Menschen in der Bundesrepublik weitreichende Rechte einräumt, ihre Meinung auch öffentlich zu äußern. Diese Meinungsfreiheit gilt – im Gegensatz zu ihren Herkunftsländern – auch für Flüchtlinge«.[66] Doch sie hätten das Hausrecht verletzt, weil sie in ihrem Heim demonstriert haben. Sie werden wegen Hausfriedensbruchs angezeigt.

Am 15. April 2008 tragen Rettungssanitäter Ilham aus der Gemeinschaftsdusche im Heim von Katzhütte. Sie bringen ihn in das Krankenhaus von Neuhaus am Rennweg, wo er stirbt. Er wird 43 Jahre alt.

In der Nähe des Heims liegt ein kleiner Friedhof. Ilhams Familie will ihn dort nicht beerdigen lassen. Er soll nicht für immer in Katzhütte bleiben. In Erfurt leben Verwandte, dort wollen sie hin, wenn sie das Heim je verlassen dürfen. Ilham soll dort beerdigt werden. Doch niemand will die Überführung des Leichnams zahlen. Ende April beerdigt der evangelische Pfarrer Andreas Wucher Ilham auf dem Friedhof von Saalfeld.

Psychiater haben bei Diyar eine paranoid-depressive Störung diagnostiziert. Schon lange hätte sie sich in der psychiatrischen Abteilung des Klinikums Hildburghausen behandeln lassen müssen. Doch erst will sie ihren Mann nicht allein lassen, jetzt, da er tot ist, muss sie sich um die kranke Großmutter kümmern. Für Geduldete sind keine Pflegesätze vorgesehen. Sie zeigt das Rezept, das die Ärzte ihr geschrieben haben: fünf Sorten Psychopharmaka, einzunehmen vier Mal am Tag.

Einige Monate nach Ilhams Tod bekommt die Familie die Erlaubnis, nach Erfurt zu ziehen.

2009 legt ein 28 Jahre alter Palästinenser aus Jordanien in seinem Zimmer in Katzhütte einen Brand. Er versucht sich zu töten. Zwei Mitbewohner ziehen den Mann aus dem brennenden Raum und rufen die Polizei. Der Palästinenser, ein ehemaliger Medizinstudent und jetzt Asylbewerber, bleibt unverletzt. Er war schon zuvor in einer psychiatrischen Klinik in Saalfeld behandelt worden. Dorthin kommt er auch jetzt.

Im März 2010 kündigt der Sprecher des Saalfelder Landratsamtes, Peter Lahann, an, dass die 46 noch in Katzhütte lebenden Flüchtlinge auf andere Heime verteilt werden. Der Grund seien »massive Sachbeschädigungen«. Vor allem Rauchmelder seien gezielt beschädigt worden. Die Sicherheit der Bewohner in dem Gebäude sei nicht mehr gewährleistet. Das Heim bleibt auf Dauer geschlossen.

Tod in der Polizeizelle

POLIZEIGEWALT: *Als Mouctar Bah aus Guinea am 7. Januar 2005 hört, dass sein Freund Oury Jalloh gefesselt in einem Dessauer Polizeirevier verbrannt ist, glaubt er nicht an einen Selbstmord. Er versucht, den Tod Jallohs aufzuklären, und nimmt einen jahrelangen Kampf mit der Justiz auf.*

Am Morgen des 8. Dezember 2008, als Mouctar Bah das Unmögliche nachspielt, holt er eine alte, mit grauem Kunststoff bezogene Matratze aus dem Kofferraum eines kleinen Transporters. Er trägt sie über die Willy-Lohmann-Straße in Dessau, auf der sonst nicht viel los ist, vorbei an den Demonstranten und Reportern und Polizisten, die Stufen hinauf, bis vor die Glastür des Justizgebäudes. Er legt die Matratze auf den Boden und sich selbst darauf. Er lässt sich Handschellen anlegen, die seine Hände links und rechts am Boden fesseln. Dann liegt Bah da wie ein auf den Rücken gefallener Käfer, nestelt in seiner Hosentasche herum, er lässt sich Zeit, holt ein Feuerzeug heraus und versucht, die Matratze anzuzünden. »Geht nicht«, sagt er und schaut so, als überrasche ihn das nun sehr, »geht nicht«, sagt er wieder. Er windet sich und zündelt weiter, und die Fotografen beugen sich herab. Dann schneiden Freunde, die Bah bei dem Schauspiel helfen, den Matratzenbezug neben seiner rechten Hand auf und kokeln den Schaumstoff im Innern an. Sie treten etwas zur Seite, damit auf den Bildern, die die Fotografen jetzt machen, auch das gelbe Transparent zu sehen ist, das sie an die Tür des Justizgebäudes gehängt haben: »Mörder ist, wer … aus niedrigen Beweggründen heimtückisch oder grausam … einen Menschen tötet«. Es ist der Paragraf 211 des Strafgesetzbuches. Dann steht Bah auf, weil das Feuer seiner Hose nahe kommt. Es ist eine absurde Szene.

Aber die Wirklichkeit, sagt Mouctar Bah, ist viel absurder.

Der Teil der Wirklichkeit, den er meint, beginnt drei Jahre zuvor, am Nachmittag des 7. Januar 2005. Bah steht hinter dem Tresen seines Internet- und Telefoncafés in einer Seitenstraße der Dessauer Innenstadt, gegenüber dem Gymnasium Philantropinum. Einen Namen hat sein Café nicht, in zwei wackeligen Regalen stehen Palmöl, Yamswurzeln und afrikanisches Shampoo, es ist der einzige Ort in der Stadt, an dem sich Afrikaner so richtig willkommen fühlen, sagen manche.

Bah hört Radio. Es heißt, dass ein Afrikaner im Polizeirevier verbrannt ist.

Es gibt nicht viele Schwarze in der Stadt. Bald weiß Bah, dass der Tote ein Mann aus Sierra Leone ist. Sein Name ist Oury Jalloh, er wird 37 Jahre alt, Bah kennt ihn. Jalloh hat oft bei ihm telefoniert, meist mit Behörden, zuletzt erst am Vortag. Seine Exfreundin will das gemeinsame Kind zur Adoption freigeben. Jalloh ist abgelehnter Asylbewerber, er spricht wenig Deutsch, Bah redet manchmal für ihn mit den Sachbearbeitern. Sie freunden sich an, sagt Bah.

Jalloh sei am Morgen betrunken und mit Kokain im Blut durch den Stadtpark gelaufen, sagt die Polizei. Frauen von der Stadtreinigung hätten sich belästigt gefühlt. Zwei Polizisten bringen Jalloh auf die Wache in der Wolfgangstraße 25. Er habe sich gewehrt, sagen sie später.

Sie stecken ihn in die Gewahrsamszelle Nummer 5 im Keller des Polizeireviers. Um 11.40 Uhr bricht dort ein Feuer aus. Jalloh stirbt.

Nach und nach werden Details bekannt. Jalloh war gefesselt, an Händen und Füßen, die Gliedmaßen an Eisenschellen fixiert. Die Zelle war rundum gefliest. Die Matratze feuerfest bezogen. Die Polizisten hätten ein Feuerzeug in seiner Tasche übersehen, sagt die Polizei. Damit habe er seine Matratze angezündet.

Unmöglich, denkt Bah.

Auch andere Afrikaner glauben, dass etwas viel Schlimmeres im Polizeikeller passiert ist. Flüchtlingsaktivisten sind darunter und Linke aus Berlin. Sie kommen nach Dessau in Bahs Internetcafé, und sie gründen die Initiative Oury Jalloh.

Von Rechtsmedizin weiß Bah da ungefähr so viel, wie man im »Tatort« erfährt. Aber die Gruppe nimmt sich eine Anwältin und lässt bei der Staatsanwaltschaft nach den Röntgenbildern von Jallohs Leiche fragen. Der Staatsanwalt gibt sie nicht heraus.

Acht Wochen braucht die Initiative Oury Jalloh, um sechs Benefizpartys und Konzerte zu veranstalten. Als 3000 Euro zusammen sind, beauftragt sie Gerichtsmediziner in Frankfurt, Jallohs Leiche noch einmal zu untersuchen. Die Ärzte dort stellen fest, dass Jallohs Nasenbein gebrochen und das Mittelohr verletzt ist. Die Gerichtsmedizin in Halle, die die Staatsanwaltschaft beauftragt hatte, hatte davon nichts geschrieben.

Bah fliegt nach Guinea und sucht Mariama Djombo Diallo, die Mutter des Toten, in einem Dorf im Norden des Landes. Sie unterschreibt eine Vollmacht, Bah darf sie beim anstehenden Prozess um Jallohs Tod vertreten. Die ganze Zeit ist ein *WDR*-Team mit ihm unterwegs. Die Reportage »Tod in der Zelle« bekommt 2006 den Deutschen Menschenrechts-Filmpreis. Bah zeigt sie später bei Veranstaltungen Jugendlichen. »Ist das wirklich in Deutschland passiert?«, fragen sie dann immer, sagt Bah.

Er ahnt, dass ihn die Sache nie wieder loslassen wird. »Man kann sich von der Vorstellung, dass jemand verbrennt und es passiert nichts, der Täter läuft frei herum, einfach nicht lösen.« Es sei nicht nur die Tötung, sondern auch die Brutalität, das Verbrennen und »die Ideologie, die hinter der Haltung der Justiz dazu steht«, sagt er.

1993 kommt Bah nach Deutschland, er will Wirtschaftswissenschaften studieren. In Berlin lernt er eine Krankenpflegerin kennen. Sie heiraten und bekommen eine Tochter. Aus dem Studium wird nichts mehr, Bah packt Tiefkühlerbsen ab, im Schichtbetrieb, zehn Jahre lang. Dann macht er das Internetcafé in Dessau auf, da gibt es noch keines.

Flüchtlingsgruppen kennt er da nicht. Er war ja Flüchtling. Doch jetzt, auf einmal, sind sie seine wichtigsten Verbündeten – und er ihrer. Bah übernimmt die zähe Vermittlung zwischen deutschen Antirassisten und der afrikanischen Community. Für die Flüchtlinge von The Voice, der Karawane und anderen Gruppen ist der Fall Oury Jalloh von höchster Wichtigkeit. In ihm kommt alles zusammen, wogegen sie kämpfen: die Abschiebungen, die Lager, die Polizeikontrollen. Im Fall Oury Jalloh zeige sich der staatliche Rassismus deutlicher als irgendwo sonst, sagen sie. Ließen sie die Sache auf sich beruhen – wie sollten sie sich dann noch sicher fühlen? Es hieße, dass wieder ein Schwarzer von Polizisten getötet werden konnte, ohne dass die dafür bestraft werden, wie es schon oft geschehen ist (→ S. 193 f.). Für Bah und viele andere Afrikaner zeigt sich in der Reaktion auf jeden dieser Todesfälle, dass dem Leben schwarzer Menschen geringerer Wert beigemessen wird.

Aber der Fall von Oury Jalloh ist der haarsträubendste von allen. Und deshalb sollen die Täter nicht durchkommen.

27. März 2007. Am ersten Verhandlungstag erscheint Bah vor dem Landgericht Dessau im Nadelstreifenjackett und Kapuzenpulli, er trägt Jeans und glänzende Schuhe. Bah ist Mitte dreißig, wirkt aber zehn Jahre jünger. Er hat geholfen, dass eine Stiftung die Anreise der Mutter des Toten bezahlt. Jetzt begleitet er sie an Kameras vorbei in den Saal.

Vorher hat Dessaus Bürgermeister Karl Gröger ihr im Rathaus einen Strauß mit weißen Rosen gegeben und ihr sein »tief empfundenes Beileid«[67] ausgesprochen. »Die einzige Gerechtigkeit, die Ihrem Sohn und Ihnen widerfahren kann, ist ein fairer Prozess«, hat er gesagt. »Schön« fand Bah das. Der vorige Bürgermeister Hans-Georg Otto habe »kein einziges Wort« mit ihnen gesprochen.

Die Anklage richtet sich gegen den Polizeihauptkommissar Andreas S., 48, damals Dienstgruppenleiter, und den 46-jährigen Polizeimeister Hans-Ulrich M. S. soll den Feueralarm mehrfach abgestellt haben, statt Jalloh zu retten. Das sei Körperverletzung mit Todesfolge, sagt die Staatsanwaltschaft. M. soll bei der Leibesvisitation das Feuerzug in Jallohs Tasche übersehen haben, mit dem der die Matratze angesteckt haben soll. Seine Anklage lautet auf fahrlässige Tötung.

Neun Stunden dauert der erste Verhandlungstag. Bah steht ganz hinten, an der Wand des Saals. Er würde die Polizisten sofort verurteilen, sagt er. Überhaupt sei die Justiz auf der komplett falschen Fährte. Die Anklage hätte auf Mord lauten müssen.

Am Abend steht er in einem Dessauer Kulturzentrum hinter der Theke. Asylbewerber aus ganz Deutschland sind gekommen, sie haben eine Ziege gekauft, die Verpflegung für die ersten drei Prozesstage. Bah zerteilt das Fleisch und reicht Portionen an Prozessbeobachter und Demonstranten über die Theke. Sein Handy klingelt ständig, Journalisten, Unterstützer, Freunde sind dran. Meist vertröstet er sie. Nur einmal spricht er länger. Es ist seine Mutter aus Guinea. »Sie macht sich Sorgen«, sagt er.

59 Verhandlungstage läuft der erste Prozess. 63 Zeugen und Gutachter werden befragt.

An jedem Tag stehen Bah und seine Freunde schon morgens vor dem Gerichtsgebäude und demonstrieren.

Sie drucken sich T-Shirts, auf denen steht »Das war Mord«, bis der Richter alle des Saales verweist, die sie tragen.

Nach jedem Prozesstag stellen Beobachter ihre Mitschriften ins Internet. Die Justiz soll das Gefühl haben, dass ihre Arbeit genau verfolgt wird.

Ein Unbekannter ruft ihn an, mehrmals. »Ich bringe dich um und bringe auch deine Kinder um«, sagt er. Die Polizei ermittelt.

Jedes Jahr am 7. Januar treffen sich Bah und Flüchtlingsgruppen am Bahnhof, sie skandieren »Das war Mord« und halten Bilder von Jalloh hoch. Dann laufen sie zum Polizeirevier in der Wolfgangstraße und zünden Kerzen an. Bei einer dieser Demos nehmen Polizisten Bah das Transparent mit der »Mord«-Parole weg. Danach hat Bah eine Gehirnerschütterung und liegt vier Tage im Krankenhaus. Sachsen-Anhalts Innenminister Holger Stahlknecht (CDU) schreibt daraufhin allen 6800 Polizisten im Land einen Brief: Er verstehe die emotionale Lage der Beamten, schreibt der Dienstherr, doch »in Deutschland wird – aus guten Gründen – das Recht der Meinungsfreiheit sehr hoch bewertet«. Wenn Aussagen von diesem Recht gedeckt seien, »dann ist dies rechtlich bindend«.[68] Und die Parole »Oury Jalloh, das war Mord« sei ausdrücklich von der Meinungsfreiheit gedeckt. Bah muss trotzdem vor Gericht. Er habe gegen die Polizisten Widerstand geleistet. »Schikanen sind Normalität geworden«, sagt er dazu.

Nachbarn seines Internetcafés verfassen eine »Eingabe« an das Ordnungsamt. Sie schreiben von »Zusammenrottungen von Schwarzafrikanern«, von Drogenhandel, der »vorprogrammiert« sei, von »unerträglichem Lärm und Gestank«. Vier Wochen nach der Ausstrahlung der TV-Reportage des *WDR* erhält Bah eine »dauerhafte Gewerbeuntersagung« aus »öffentlichem Interesse«. Teile der Kundschaft würden vom Café aus in den Stadtpark ziehen und Drogen verkaufen.

Es war Bah, der genau deswegen mehrere Dealer angezeigt hatte. In den Augen der Behörden aber wurde er dadurch zum Mitwisser. Bah sei wegen behördlicher Auffälligkeit als Gewerbetreibender ungeeignet: »Ein Verhalten, das wiederholt polizeiliche Ermittlungen notwendig macht, läßt unabhängig vom Ergebnis der Ermittlungen auf große charakterliche Mängel Ihrer Person und offensichtlich fehlende Akzeptanz der Normen und der Gesetze der Bundesrepublik Deutschland schließen«[69], so das Amt.

Die »behördlichen Auffälligkeiten«: zwei Anzeigen wegen Körperverletzung. Bah schildert die Vorfälle so: »Als ich vor meinem Laden sauber gemacht habe, stand mein Nachbar plötzlich hinter mir und hat gesagt: ›Hier stinkt's nach Negerpisse.‹ Als ich mich umdrehte, habe ich zwei Faustschläge bekommen.« Er schubst den Mann, der zeigt ihn wegen »gefährlicher Körperverletzung« an. Ein Richter glaubt Bah, spricht ihn frei. Der Nachbar kommt jetzt in Bahs Geschäft, schlägt erneut auf ihn ein. Diesmal muss der Nachbar sich im Krankenhaus behandeln lassen und zeigt Bah an. Das Verfahren wird eingestellt. Eine dritte Anzeige stellt ein Polizist, der sich am Tage der Eröffnung des Prozesses wegen Jallohs Tod von Bah beleidigt gefühlt hatte. Bah bekommt die Lizenz nicht zurück. Bah wird arbeitslos. Nach einigem Hin und Her widmet er sich nur noch dem Tod Oury Jallohs.

»Man kann dazu keine Distanz halten«, sagt er.

2008 verleiht ihm die Internationale Liga für Menschenrechte die Carl-von-Ossietzky-Medaille. »Immerhin«, sagt seine Freundin.

Bah macht immer weiter. Er erzwingt noch einen zweiten Prozess, er sammelt Geld für private Brandgutachten. Im Laufe der Zeit kommt so heraus, dass an dem in der Zelle gefundenen Feuerzeug, mit dem Jalloh sich selbst angezündet haben soll, keine DNA-Spuren von Jalloh waren und keine Fasern von seiner Kleidung. Die Öffentlichkeit erfährt, dass am Anfang überhaupt kein Feuerzeug in der Zelle gefunden wurde. Es wird bekannt, dass die Videodokumentation der Tatortuntersuchung nach 4:16 Minuten einfach abbricht – niemand kann nachvollziehen, was in der Zelle zu sehen war. Fotos hat die Polizei auch nicht gemacht. Es wird bekannt, dass, anders als sonst, wenn ein Mensch stirbt, zunächst kein Sachverständiger gerufen wurde, um den Brandort zu untersuchen. Gutachter berichten, dass die toxikologischen Befunde von Jallohs Blut – kein CO_2 und keine Stresshormone – nicht zu einem Brandtod passen. Und ein von der Initiative um Bah privat beauftragter Sachverständiger zeigt, dass nur Brandbeschleuniger in so kurzer Zeit einen menschlichen Körper so stark verbrennen lassen können wie Jallohs Leiche.

Aber am Morgen des 8. Dezember 2008, dem Tag, als er sich selbst auf die brennende Matratze vor dem Gerichtsgebäude legt, dem Tag, als zum ersten Mal ein Urteil gesprochen werden soll, da hat Mouctar Bah noch Hoffnung, dass dieses Land nicht einfach so hinnimmt, was mit seinem Freund geschehen ist.

Seit dem Morgen stehen 100 Mitglieder der »Initiative in Gedenken an Oury Jalloh« und Flüchtlingsgruppen vor dem Gerichtsgebäude. Sie rufen »Oury Jalloh – das war Mord«, aber drinnen kann man sie nicht hören.

Der Verhandlungssaal ist voll, vor allem Leute von The Voice sind da, ausländische Journalisten, Menschenrechts-NGOs. Nachdem Bah seine Performance auf der Matratze vor dem Eingang beendet hat, sitzt er als Nebenkläger links im Gerichtssaal, auf derselben Seite wie der Staatsanwalt. Er trägt kein Nadelstreifenjackett mehr wie am ersten

Verhandlungstag, sondern einen grünen Parka, als sei ihm der Respekt vor dem Gericht im Laufe des Prozesses verloren gegangen.

Die Polizeizeugen haben »auf schäbigste Art und Weise gemauert und gelogen«, sagt sein Anwalt. Es wäre nicht so gelaufen, wenn der Tote ein »hellhäutiger Deutscher aus der Mittelschicht« gewesen wäre, sagt Bahs Anwältin. Schon bei den Ermittlungen sei so viel vertuscht worden, dass sich der Fall auch vor Gericht nicht mehr aufklären lasse. Sie fordert Gefängnis für den Polizisten, der den Feueralarm ignoriert hat.

Zu Beginn der Verhandlung wollte das auch der Staatsanwalt. Jetzt will er nur noch, dass S. 4800 Euro Strafe zahlt.

Die Anwälte der angeklagten Polizisten plädieren auf Freispruch.

Der Richter Manfred Steinhoff stellt fest, die Polizisten, die als Zeugen gehört wurden, hätten vorsätzlich gelogen, »bedenkenlos und grottendämlich«.[70] Der Prozess habe »nichts mit rechtsstaatlichen Verfahren zu tun gehabt«.[71] Er sei gescheitert. Sein Urteil sei nicht darauf begründet, »dass wir auf irgendeine Art herausgefunden hätten, was sich am 7. Januar 2005 im Polizeirevier abgespielt hätte«. Es sei ein Ende aus »formalen Gründen«. Dann spricht er die beiden Polizisten frei.

Ein paar der Afrikaner laufen zum Richtertisch, sie rufen »Ihr Schweine«, Justizwachtmeister stürzen hinterher, drehen ihnen die Arme auf dem Rücken zusammen, Polizisten in Kampfmontur laufen in den Saal, alle schreien, sie schubsen die Zuschauer, manche wehren sich, werden zu Boden geworfen und mit nach unten gedrückten Köpfen aus dem Saal geschoben.

Als sich der Tumult gelegt hat, sagt Steinhoff einen Satz, mit dem wohl noch kein deutscher Richter jemals einen Prozess beendet hat: »Ich habe keinen Bock, zu diesem Scheiß noch irgendwas zu sagen.«[72] Und er geht hinaus.

Und 1431 Tage nachdem die Nachricht vom Tod Oury Jallohs im Radio lief, denkt Mouctar Bah wieder, dass unmöglich wahr sein kann, was er da hört.

Zwischen den Welten

EU-AUSSENGRENZEN: *Als der Asylbewerber Riadh Ben Ammar sieht, wie viele junge Tunesier nach der Revolution 2011 auf dem Weg nach Italien ertrinken, erkennt er sich selber in ihnen wieder. Auch er hatte jahrelang versucht, nach Europa zu kommen. Mit deutschen Aktivisten fährt er nach Tunesien. Sie versuchen zu verhindern, dass die Revolutionsregierung die unerlaubte Ausreise wieder unter Strafe stellt, so wie es der Diktator Ben Ali zuvor getan hatte.*

Die wahre Zahl der Toten im Mittelmeer kennt niemand, schon gar nicht alle Namen. Aber was Riadh Ben Ammar und seine Freunde herausfinden konnten, die Tage, die Orte, an denen Flüchtlinge auf dem Weg nach Europa starben, die haben sie gesammelt und ausgedruckt. Sie reisen nach Palermo, es ist ein Abend Mitte Juli 2012. An der Promenade am Foro Italico, am Meer, wo die Italiener und die Touristen entlanglaufen, rollen sie auf dem Boden ihre Liste mit den Toten aus. Sie ist lang wie ein Bus, jede Zeile eine Tragödie. 16 177 sinnlos beendete Leben stehen darauf. Die Demonstranten zünden Kerzen an, die Polizei lässt sie gewähren. Am nächsten Morgen fahren sie nach Milo, an den Fuß des Ätnas, wohin die Italiener alle bringen, die über das Meer kommen, obwohl sie das nicht dürfen. Ein paar italienische Abgeordnete sind dabei, und deshalb müssen die Carabinieri ihr Gefangenenlager aufmachen, und Riadh Ben Ammar kann die Zellen sehen, in denen die jungen Männer eingesperrt sind. »Wie Verbrecher«, sagt er. »Wie Tiere.« Und er weiß genau, wie sie sich fühlen; wie er selbst nämlich, der nur mal sehen wollte, wie die Welt auf der anderen Seite des Meeres aussieht, dort, woher die ganzen Touristen kamen, die früher, im Sommer, immer an seinem Strand in Hammam Lif lagen. Nur mal was anderes sehen wollen ist kein Verbrechen. Trotzdem hatte er, der mit 17 raus will aus Tunesien und mit 27 mit einem Besuchsvisum in Europa ankommt und mit 37 die Erlaubnis kriegt, dort zu bleiben, und dann nichts hat – keine Ausbildung, keine eigene Familie, kein Geld, kein Haus – dieses Gefühl: »Du bist schuld. Du hast es nicht geschafft.«

Am nächsten Tag sitzen sie im Schatten eines großen Baumes am Hafen von Palermo, es ist noch früh, aber die Temperatur geht auf

40 Grad zu, und sie überlegen, was sie tun, wenn der Kapitän die Polizei ruft. Einige wollen einen guten Plan für diesen Fall, denn sie haben Angst vor der Polizei, und andere haben Angst, dass sie dann nicht bis nach Tunesien kommen würden, wo sie ja Wichtiges vorhaben, aber niemand hat eine gute Idee. Also laufen sie einfach so auf die Fähre, sie heißt »Zeus Palace«, vorbei an den Autos, die in einer langen Schlange vor dem Bauch des Schiffes warten, im Gepäck große Lautsprecher und Flugblätter und ihre Liste mit den Toten und Transparente in französischer und arabischer Sprache. Sie wollen auf diesem Meer, zwischen den Welten, wie sie es nennen, daran erinnern, dass hier in den letzten zehn Jahren 12 000 Menschen ertrunken sind, weil sie genau diese Fähre nicht betreten durften, und vor allem wollen sie daran erinnern, dass in den nächsten Jahren noch viel mehr Menschen sterben werden, wenn sich nichts ändert.

Ben Ammar erinnert sich, wie damals die Deutschen in sein Heim in Mecklenburg-Vorpommern kamen, und daran, dass er ihnen nicht traut und nicht versteht, warum sie das tun. Sie nennen sich »No Lager«, weil sie nicht wollen, dass es Heime gibt wie das von Ben Ammar, das die Flüchtlinge dort »Dschungelheim« nennen, weil es so abgelegen im Wald liegt. In dem Heim wohnt auch ein Nigerianer, sein Name ist Akubuo Chukwudi (→ S. 69), mit dem Ben Ammar eines Abends von Nazis in der Dorfdisco verprügelt und hinterher auch noch angezeigt wird. Der Nigerianer ist politisch aktiv, genau wie die Togoer, die Ben Ammar manchmal den »faut blanc« nennen, den falschen Weißen, weil er hellere Haut hat als sie.

Ban Ammar macht sich Vorwürfe, weil er in diesem Lager festsitzt. Er muss ganz ruhig bleiben, denkt er, keinen Ärger machen, dann werde er nicht abgeschoben. Er hat Angst, weil er nicht weiß, wann er das Lager je wird verlassen können. Er trinkt zu viel. Er überlegt, nach Tunesien zurückzugehen. Aber davor hat er noch mehr Angst, denn dann hätte er endgültig versagt, denkt er.

Ben Ammar fährt trotz seiner Angst mit auf die Demos, die die Schwarzen und die Deutschen zusammen veranstalten, oft sind es vor allem die Togoer in Mecklenburg-Vorpommern, die gegen ihre anstehenden Abschiebungen auf die Straße gehen, wie Ali Touré (→ S. 55). Ben Ammar glaubt nicht, dass das irgendetwas bringt, aber er lernt Menschen kennen, die nicht im Heim wohnen, und irgendwann sagen sie ihm, dass er zu ihnen in ihre Wohnung ziehen kann.

Sie wollen die Proteste gegen den G8-Gipfel 2007 in Heiligendamm vorbereiten, deswegen sind sie nach Rostock gezogen. Sie tragen schwarze Pullover und kaputte schwarze Jeans und Turnschuhe mit Löchern. Ben Ammar bemerkt, wie sie immer auf seine glänzenden Lederschuhe schauen, und er fühlt sich unwohl, aber er will sich nicht so anziehen wie sie, und trotzdem bleibt er da. Er will Deutsch sprechen und endlich dazugehören in diesem Land, in dem er schon so lange ist, aber nie ankam.

Er liest die Bücher über Kapitalismus und über Rassismus, die in den Regalen seiner neuen Mitbewohner stehen, und zum ersten Mal denkt er, dass er versteht, warum die Behörden ihn ins Lager gesteckt haben und warum es zehn Jahre gedauert hat, bevor er da wieder rauskommt, und er denkt, dass er kein »Asylbetrüger« ist, wie es immer heißt, sondern dass er ein Recht hat, hier zu sein. Und als dann im Juni 2007 der Gipfel in Heiligendamm läuft und die großen Demos, die er und seine Freunde vorbereitet haben, da hält er dort eine Rede im Namen aller Flüchtlinge, und es ist für ihn eine Entdeckung, sagt er, denn er wusste nicht, dass er so reden kann.

2009 heiratet Ben Ammar, und die Ausländerbehörde muss ihm erlauben, hier zu leben und zu arbeiten. Er zieht nach Hamburg und spült zwei Jahre in einem Altenheim Geschirr, und immer wieder denkt er an das Gefühl, das er hatte, als er in Rostock auf der Bühne stand und sein Leben und sein Schicksal in die Hand genommen hatte, als Aktivist. Er kündigt und zieht zurück nach Rostock. Jetzt geht er nicht mehr nur auf Demos, sondern organisiert welche, und er spricht dort, auf Deutsch, er geht zu den Aufmärschen der Nazis, die Menschen wie ihn Asylbetrüger nennen, und sagt, dass es Europas Grenzen sind, die die Menschen zu Betrügern machen.

Und dann sieht er im Fernsehen, wie in seiner Heimat Unglaubliches geschieht. Er sieht, wie sich die Menschen in der Avenida Bourghiba, der Hauptstraße von Tunis, versammeln, zu Zehntausenden, und wie sie keine Angst mehr haben vor den Geheimdienstleuten in ihrer gepanzerten Zentrale, die auf der prächtigen Bourghiba so unpassend aussieht. Es ist Januar 2011, und der Diktator Ben Ali kann nur noch Geld zusammenraffen, bevor er aus Tunesien fliehen muss wie ein gesuchter Verbrecher. Ben Ali, der auf den Wunsch Europas die tunesischen Strände mit dem warmen Meer und den Fischerbooten und den Dattelpalmen, die so nah sind an Sizilien, so viele Jahre hatte abriegeln lassen. Wer trotzdem versuchte aufzubrechen, den holte seine Polizei und brachte ihn in die Gefängnisse, die Ben Ali extra für die gebaut hatte, die nach Europa wollten. »Illegale Ausreise« galt als Straftat, wie in der DDR.

Und dann ist der Diktator nicht mehr da, und in Tunesien herrscht ein Komitee, das die »Ziele der Revolution« durchsetzen soll. An den Stränden ist jetzt keine Polizei mehr. Die Menschen sollen in ihrer Heimat bleiben, den demokratischen Wandel unterstützen und sich am wirtschaftlichen Aufbau beteiligen[73], sagt der deutsche Außenminister Guido Westerwelle, aber die jungen Tunesier hören nicht auf ihn. Es ist Winter, und zu Zehntausenden steigen sie in Holzboote, und es schmerzt Ben Ammar sehr, als er liest, wie die jungen Leute, die einfach mal was anderes sehen wollen, genau wie er einst selbst, zu Hunderten ertrinken, denn vielleicht hätte auch er so ein Boot genommen, wenn er nicht damals, nach den zehn Jahren des Wartens, ein Visum bekommen hätte, um Verwandte in Norwegen zu besuchen.

Er trifft sich mit den Freunden, mit denen er so lange die Demos gegen die Lager organisiert hat. Viele sind seit langer Zeit Aktivisten, seit einigen Jahren treibt sie um, dass immer mehr Menschen ertrinken, weil sie nach Europa wollen. Sie haben in der Zwischenzeit gleich zwei neue Netzwerke gegründet, sie gründen wirklich gern Netzwerke, die »Welcome2Europe« und »Afrique Europe Interact« heißen, und sie lassen sich anstecken vom Jubel des Arabischen Frühlings, und sie denken, dass der nicht nur Ben Alis Herrschaft, sondern auch das zusammenbrechen lassen sollte, was sie in ihren Flugblättern immer die Festung Europa nennen.

Zusammen fliegen sie nach Tunesien, und Ben Ammar fährt mit ihnen nach Hammam Lif, in sein Heimatdorf. Es ist Mai 2011, und es sind noch nicht viele Touristen da, und das gefällt allen gut. Er stellt seine Freunde seinen Eltern vor, die er so lange nicht gesehen hat und die nichts wissen von Lagern und Demos und von Gipfeln. Sie sind froh, ihren Sohn zu sehen und die Frau, die mit ihm aus Deutschland gekommen ist. Sie und ihre Freunde sind Aktivisten, genau wie jetzt auch Riadh Ben Ammar, und deshalb können sie nicht lange bei den Eltern bleiben. Nach ein paar Tagen müssen sie weiter, sie sind auf der Suche nach den jungen Revolutionären, die den Diktator besiegt haben, um mit ihnen ein Bündnis zu schmieden; auf dass das neue, das revolutionäre Tunesien nicht wieder zum Büttel der europäischen Innenminister wird, sondern ein offenes Tor nach Europa, für die Tunesier und für die, die durch die Sahara kommen.

Ben Ammar und seine Freunde treffen Studenten und Gewerkschafter und Feministinnen, die auf der Straße waren und Ben Ali verjagt haben, sie sitzen in ihren Büros, an denen draußen an den Wänden noch die gesprühten Parolen stehen: »Dégage«, »Hau' ab«, oder »Thank You, Facebook!«, weil sie sich im Internet zu ihren Demos verabredet hatten, als es eng wurde für Ben Ali und der das Handynetz abstellen ließ. Ben Ammar und seine Freunde berichten ihnen davon, dass Europa jetzt mit dem Komitee, das ihre Revolution verteidigen soll, den Preis dafür aushandelt, die Küsten wieder zu schließen, genauso wie zu Zeiten Ben Alis. Und sie sagen ihnen, wie wichtig es sei, dass Tunesien den Europäern sagt, dass die Freiheit nicht zu verkaufen ist.

Darauf waren ihre tunesischen Gesprächspartner allerdings auch schon von allein gekommen. Sie und Ben Ammar und seine Freunde beschließen, von nun an gemeinsam zu kämpfen gegen die Rücknahmeabkommen (→ S. 248) und die Internierungslager und die Grenzkontrollen und das Sterben auf dem Meer. Die Tunesier gründen eine Gruppe, die sie »Article 13« nennen, nach dem Paragrafen der UN-Menschenrechtserklärung, der jedem die freie Ausreise garantiert, und Ben Ammar und seine Freunde laden sie nach Deutschland ein, und sie versprechen ihnen, selbst bald wieder nach Tunesien zu kommen. Aus ihren Gruppe geht das Projekt Watch the Med hervor, das 2014 die »Alarmphone«-Hotline zur Seenotrettung im Mittelmeer startet.

Ben Ammar ist glücklich, aber manchmal fühlt er sich überflüssig bei all diesen Treffen, denn die anderen Tunesier und die schwarzen Afrikaner, manchmal blicken sie irgendwie durch ihn hindurch und sprechen nur mit den Weißen, mit denen er unterwegs ist, so, als sei er nicht ebenso wichtig und ebenso klug; und das tut ihm weh, aber er beschließt, nicht bitter zu sein und zu denken, dass sie eben Tunesier wie ihn immer sehen, aber Weiße, wie seine Freunde, fast nie.

Es hat ihm nie gefallen, wenn einst die anderen Flüchtlinge im Lager vor den Demos sagten: »Wir machen das jetzt ohne die Deutschen«, die sich immer besser auskannten und mehr Geld hatten und mehr Kontakte und immer wussten, wie die Dinge laufen sollten, obwohl das alles ja eigentlich gar nicht ihre Angelegenheit war. Trotzdem hält Ben Ammar es für einen Fehler, allein zu kämpfen; er will von den Deutschen lernen, und ohne sie, das spürt er, wäre er nie der Aktivist geworden, der er heute ist. Aber er will nicht, dass sie auf ihn herabsehen, und er sagt es ihnen und sie sagen, dass sie verstehen, was er meint, und sie geben sich Mühe, damit er dieses Gefühl nicht bekommt, glaubt Ben Ammar. Sie machen zusammen weiter. Trotzdem sucht er in all den Jahren nach einem eigenen Weg, alles, was geschehen ist, zu verarbeiten, nur er, ganz allein.

Und dann macht er aus dem Gefühl der Schuld und der Wut und der Trauer und der Sehnsucht ein Theaterstück; er, der nie im Theater war, der nie Schauspiel gelernt hat. Das Stück schreibt er selbst, das ist nicht schwer, es ist das Leben der vielen jungen Maghrebiner, die den Traum von Europa träumen, einen Traum, den er in allen Stadien durchlebt hat.

Es dauert Stunden, bis die »Zeus Palace« ablegt. Auf dem Oberdeck, zwischen dem trockenen Swimmingpool und der Bar, bauen sie ihre Lautsprecher auf und hängen die Transparente an die Reling, verteilen die Flugblätter und laden die Passagiere zu einer Versammlung ein. Viele verstehen nicht, was sie wollen, aber einige kommen doch, am Ende sind 100 Menschen da. »Europa übt eine wahnsinnige Anziehungskraft aus«, sagt Riadh Ben Ammar. »Die jungen Menschen in Tunesien wollen es entdecken, aber sie müssen ins Gefängnis, wenn sie es versuchen.« Es gibt Applaus. »Die europäischen Firmen kommen nach Tunesien, damit die Menschen hier billig für sie arbeiten – aber zu ihnen kommen, das dürfen wir nicht.« Seine Freunde filmen ihn, die Sicherheitsleute stehen am Rand. »Ihr dürft keine Angestellten der Reederei filmen«, sagt einer von ihnen, und irgendwann taucht ein Tunesier auf, der von der italienischen Polizei abgewiesen wurde, jetzt wird er abgeschoben. Ben Ammars Freunde filmen auch ihn. Dann kommt der Kapitän, er hat Angst, dass er Probleme kriegt, und die Leute mit der Videokamera sollen ihren Film löschen, aber sie sagen nein. Der Kapitän sagt »Ich bin das Schiff«, er sagt es tatsächlich so, »und ich mach' deine Kamera kaputt.« Jetzt sind auch die Sicherheitsleute wütend, aber irgendwann geht der Kapitän wieder, und Ben Ammar nimmt das Mikrofon, spricht weiter, und die Tunesier hören ihm zu, als er sagt, dass die Grenze überall ist in Tunesien, sie durchziehe die ganze Gesellschaft, jedes Haus, jedes Leben, und der Tunesier ohne Pass schaut ihm zu, seine deutschen Freunde, die Passagiere und die

Sicherheitsleute. Dann laufen sie ein in den Hafen von Tunis, wo ihre Freunde von Article 13 auf sie warten. Am Ausgang des Zollgebäudes kleben Aufkleber, auf denen »Welcome to our Revolution« steht. Ben Ammar geht von Bord, in seine Heimat, die jetzt ein anderes Land ist. Er wird den Menschen hier sein Theaterstück vorführen, damit sie Europa nicht den Gefallen tun, ihre Freiheit wieder aufzugeben, sich zu bewegen, denn ohne diese Freiheit, das weiß er jetzt, kann er nicht leben.

In den drei Jahren seit der Protestaktion auf der »Zeus Palace« sind über 10 000 weitere Menschen im Mittelmeer ertrunken. Noch immer können Flüchtlinge in Tunis keine Fähren nach Europa betreten. Der Straftatbestand der illegalen Ausreise in Tunesien existiert weiter. Am 3. März 2014 schließt die neue tunesische Regierung mit der EU einen Vertrag über erleichterte Abschiebungen nach Tunesien. Das Land wird heute als Standort für Auffanglager von Flüchtlingen aus ganz Afrika gehandelt, die die EU bauen will. Anfang 2016 wird es in Deutschland als sicherer Herkunftsstaat eingestuft. Die Gefängnisse, in denen junge Tunesier nach dem Versuch einer illegalen Ausreise eingesperrt werden, sind Rekrutierungsstätten für den Dschihad.

Was aus den Porträtierten wurde

Osaren Igbinoba lebt heute abwechselnd in Jena und bei seiner Familie in Hof und betreibt weiter das Büro von The Voice Refugee Forum. **Leonard Attoh** lebt in Bremen und arbeitet als Lagerarbeiter. Er versucht, seinen Sohn nach Deutschland zu holen. **Elizabeth Ngari** ist bis heute für Women in Exile aktiv. Sie arbeitet im Potsdamer Büro der Organisation und lebt in Berlin. **Ali Safianou Touré** sitzt im Rollstuhl, er lebt in einem Pflegeheim bei Hamburg. Er ist weiter bei der Karawane aktiv und hat die Gruppe »Lampedusa in Hamburg« unterstützt. Bis heute versucht er, seine Töchter nach Deutschland zu holen. Seine Biografie ist Teil der Theater-Inszenierung »Die Asyl-Monologe«, die Tausende Menschen gesehen haben. **Sunny Omwenyeke** bekam 2001 politisches Asyl, er promovierte an der Open University in Großbritannien über die Wirksamkeit politischer Kampagnen und berät Flüchtlinge, die neu in Deutschland ankommen. **Dzoni Sichelschmidt** ist Bildungsberater für Sinti- und Roma-Kinder an einer Stadtteilschule in Hamburg St. Pauli. 2013 bekam er den Bürgerpreis der Hamburger Bürgerschaft. **Akubuo Chukwudi** lebt in Niedersachsen und macht eine Ausbildung zum LKW-Fahrer. **Meryem Kaymaz** arbeitet in einer Anwaltskanzlei für Ausländerrecht in Bremen. **Mouctar Bah** hat einen weiteren Prozess zum Tode Oury Jallohs erzwungen, in dem ein Polizist verurteilt wurde. 2013 leitet die Staatsanwaltschaft ein Ermittlungsverfahren wegen Mordes an Oury Jalloh ein. Zuvor hatte die Initiative Gedenken an Oury Jalloh der Öffentlichkeit ein privates Brandgutachten präsentiert, das eine Selbstentzündung ausschließt. Im Oktober 2015 strahlt die *ARD* einen *NDR*-»Tatort« aus, der eng an den Fall angelehnt ist und die Mordthese nahelegt. **Salomon Wantchoucou** lebt noch immer als Geduldeter in Elster (Elbe) im Landkreis Wittenberg. Er ist weiter aktiv bei der Gruppe The Voice. **Riadh Ben Ammar** ist seit 2012 mit seinem selbstgeschriebenen Theaterstück »Hurriya« über tunesische Migranten in Europa und Nordafrika auf Tour. Er ist aktiv bei der Gruppe Afrique-Europe-Interact.

(Stand: Januar 2016)

Der Durchbruch: Die Flüchtlingsbewegung von 2012 bis heute

»We will rise«: Plötzlich in der Tagesschau

Mit den Asylrechtsreformen von 1993 begann eine flüchtlingspolitische Eiszeit. Die Bestimmungen blieben fast zwei Jahrzehnte unverändert in Kraft, auch das EU-Recht wurde geändert, damit weniger Flüchtlinge nach Deutschland kommen. Das zeigte Wirkung: Jedes Jahr gingen die Zahlen weiter zurück, bis auf 19000 Asylsuchende im Jahr 2008. Doch dies führte nicht dazu, dass die Wenigen, die kamen, besser behandelt worden wären. Asylbewerber und Geduldete hatten sich organisiert und immer wieder versucht, andere Lebensumstände durchzusetzen. Dabei waren Teile der Zivilgesellschaft auf sie aufmerksam geworden, Kontakte waren entstanden. Vor allem gegen Abschiebungen gab es Proteste. Doch insgesamt war Flucht kein großes Thema, wohl auch, weil kaum Flüchtlinge kamen. Die breite Öffentlichkeit nahm von den Aktionen der Flüchtlinge kaum Notiz. Der gesellschaftliche Konsens der 1990er Jahre hatte Bestand, die Politik sah keinen Anlass für Gesetzesänderungen. Gegen Ende des letzten Jahrzehnts dann gab es wieder Bewegung: Erste Kommunen begannen, Flüchtlinge in Wohnungen unterzubringen, einige Bundesländer weiteten die Residenzpflicht auf die Landesgrenzen aus. Lange Kampagnen schienen Wirkung zu zeigen. Tauwetter setzte ein. Gleichzeitig stiegen die Asylzahlen wieder an. 2012 dann brach der Konflikt um Migration und Menschenrechte vollends wieder auf.

WÜRZBURG, Januar 2012: Seitdem 1993 das Asylrecht eingeschränkt wurde, dokumentiert die Antirassistische Initiative aus Berlin Zwischenfälle bei Abschiebungen aus Deutschland. Ihre Liste[74] ist ein Dokument des Grauens. Knapp 1400 Flüchtlinge verletzten sich bis Ende 2014 aus Angst vor einer Abschiebung selbst oder versuchten sich umzubringen. 179 Flüchtlinge, denen die Abschiebung bevorstand, töteten sich in dieser Zeit selbst, teils auf kaum vorstellbare Weise.

In der Art zu sterben gleicht der Tote Nummer 167 auf dieser Liste vielen der vorigen. Die Folgen seines Todes aber sind einzigartig.

Der Iraner Mohammed Rahsepar erhängt sich am 29. Januar 2012 mit einem Laken. Er stirbt im Zimmer Nummer 321 des Würzburger Flüchtlingsheims. Rahsepar wird 29 Jahre alt. Vor seinem Suizid sucht er Hilfe in der Universitätsklinik Würzburg, er leidet unter starken Kopfschmerzen. Es gibt in dem Krankenhaus keinen Dolmetscher, Rahsepar kann sich nicht verständlich machen. Nach einigen Stunden Wartezeit verlässt er die Klinik. Gegen ein Uhr morgens schließt Rahsepar sich in seinem Zimmer im Flüchtlingsheim ein. Er reagiert nicht auf Klopfen. Mitbewohner rufen den Hausmeister, dann den Sicherheitsdienst und die Polizei. Die lässt die Feuerwehr kommen, um die von innen verschlossene Eisentür von Rahsepars Zimmer zu öffnen. Da ist er schon tot.

Rahsepar stammte aus der westiranischen Stadt Ahvaz, nahe Kuwait. Er hatte im Iran als Polizist gearbeitet, in Deutschland gibt er an, sich Befehlen widersetzt zu haben. Er sei verhaftet und gefoltert worden. 2011 verlässt er den Iran. Seine Frau und sein Kind muss er zurücklassen.

Im Mai kommt Rahsepar nach Deutschland. Er wird in die bayerische Erstaufnahmestelle Zirndorf geschickt. Im Juli bescheinigt ihm ein Arzt dort gesundheitliche und psychische Belastungen.[75] Er rät, dass der Iraner statt in einer Sammelunterkunft bei seiner in Köln lebenden Schwester wohnen darf. Doch die Behörden schicken ihn in das Flüchtlingsheim in Würzburg, das die Regierung von Unterfranken betreibt. Diese hat die Ärzte der Missio-Klinik beauftragt, in dem Heim Sprechstunden für die Bewohner anzubieten. Leiter des Ärzteteams ist Professor August Stich. In den Sammelunterkünften werden die Menschen in ihrem Recht auf medizinische Versorgung, Selbstbestimmung und Bewegungsfreiheit beschnitten, sagt er – und das teils jahrelang. Bei einer Untersuchung sei festgestellt worden, dass vier von fünf Bewohnern in dem Würzburger Heim an »schweren psychischen Störungen leiden«, so Stich. »Das liegt an der Biografie, aber es verstärkt sich unter dem System in Bayern. Und je mehr kasernenartige Unterbringung es gibt, desto mehr riskieren wir, den Leuten Schaden zuzufügen.«

So wie Mohammed Rahsepar.

Er wird während der Monate im Heim zusehends depressiver. Im Dezember 2011 wird er stationär behandelt, spricht davon, sich umzubringen. Die Ärzte beantragen »unter höchster Dringlichkeit« einen Umzug. Entweder in die Klinik oder zu seiner Schwester nach Köln.

In der Sammelunterkunft könne er nicht gesund werden. »Er war in großer Not, wir haben interveniert«, sagt Stich. Aber Rahsepar muss weiter im Heim leben. Die Regierung von Unterfranken sagt später, sie hatte »keinerlei Kenntnisse, dass der Betroffene suizidgefährdet war«.[76]

»Nach diesem Fall gab es massive Vorwürfe gegen das bayerische System«, sagt Stich. »Suizide kommen immer wieder vor, die Tatsache, dass jemand sich umgebracht hat, beweist erstmal noch gar nichts. Aber es ist ein System, das strukturelle Gewalt ausübt.«

Vor Rahsepars Tod treffen sich in Würzburg immer wieder iranische Flüchtlinge. Unter ihnen sind zwei junge Männer: Arash Dosthossein, damals 28, und Mohammad Hassanzadeh Kalali, 33. Das Leben in den Sammellagern empfinden sie genauso wie fast 20 Jahre zuvor der Voice-Gründer Osaren Igbinoba (→ S. 20): als Zumutung. Sie wollen nicht so leben. Mit anderen Flüchtlingen beraten sie Proteste gegen ihre Situation. Teils finden diese Treffen in dem Heim statt, in dem Mohammed Rahsepar lebt. Auch er nimmt an den Versammlungen teil. Nach Rahsepars Suizid organisieren iranische Flüchtlinge aus Würzburg zwei Demonstrationen. Doch sie fürchten, dass trotzdem alles so weitergehen wird wie bisher.

Am Morgen des 19. März bauen sie deshalb gemeinsam mit Dosthossein und Kalali auf dem Platz vor dem Würzburger Ratskeller zwei Baumarkt-Pavillons auf. Sie hängen Fotos von Steinigungen im Iran an die Wände und beginnen einen Hungerstreik. »Wir sind politische Asylbewerber, die der Hölle der ›islamischen Republik‹ Iran entflohen sind«[77], schreiben sie in einer Erklärung. Ihre Asylverfahren dauern da teils schon fünf Jahre.

Das ist außergewöhnlich, aber lange warten, das müssen viele Flüchtlinge: Für jeden vierten Antrag braucht das BAMF 2012 länger als zwei Jahre.[78] Vor allem Fälle aus Ländern mit hoher Anerkennungsquote – wie Iran – bleiben liegen. Das BAMF konzentriert seine Ressourcen auf die aussichtslosen Anträge aus den Balkanstaaten: Die werden »im absoluten Direktverfahren [...] mit Priorisierung an erster Stelle«[79] bearbeitet und abgelehnt. Die Iraner müssen sich gedulden. »Folter der Ungewissheit« sei das, sagen diese. Ihnen werde »keinerlei Selbstständigkeit im Alltag gewährt«. Der Suizid Rahsepars sei »nur ein Beispiel dafür, wozu einen solche Umstände treiben«. Sie fordern Asyl. Und sie wollen mit Bayerns Sozialministerin Christine Haderthauer (CSU) sprechen. Doch die kommt nicht.

Am 13. Tag müssen die ersten Flüchtlinge ins Krankenhaus. Medien in ganz Bayern berichten über die Aktion. Die Ministerin Haderthauer sagt, der Staat zeige sich »erpressbar«,[80] wenn Politiker mit den Hungerstreikenden sprechen.

Davon unbeeindruckt trifft sich am 18. Tag des Streiks der BAMF-Vizepräsident Michael Griesbeck im Würzburger Rathaus mit den Flüchtlingen. Die sind geschwächt, trotzdem sprechen sie über drei Stunden mit ihm. Durch die öffentliche Aufmerksamkeit könnte der Verfolgungsdruck gegen sie im Iran gestiegen seien, sagt Griesbeck.[81] Die Flüchtlinge sollen dies beim BAMF geltend machen. Man werde »schnellstmöglichst die neue Sachlage würdigen und dann entscheiden«.[82]

Die Flüchtlinge essen daraufhin wieder, bleiben aber in dem Protestzelt. Als es nach drei Wochen nichts Neues gibt, hören sie wieder auf zu essen. Jetzt werden vier der zehn Streikenden nach erneuter Prüfung der Aktenlage anerkannt, Dosthosseins Antrag wird abgelehnt. Bei zwei weiteren nimmt das BAMF das Asylverfahren wieder auf. Das BAMF sei »nicht erpressbar«[83], stellt ein Sprecher klar. Der durch den Hungerstreik »vermeintlich ausgelöste öffentliche Druck« habe die Behörde nicht zu einer Änderung ihrer Entscheidungen veranlasst.

Die Flüchtlinge sehen das anders. Jahrelang hatten sie Angst vor der Abschiebung, jetzt war in wenigen Wochen Bewegung in die Sache gekommen. Auch wenn die Ministerin Haderthauer und das BAMF dies abstritten: Für sie hatte sich gezeigt, dass der Staat ganz offensichtlich durch Protest beeinflussbar war. Die zehn Streikenden essen jetzt wieder, doch das Protestzelt bleibt.

Am 12. Mai 2012 demonstrieren die Flüchtlinge in der Würzburger Innenstadt. »Ich bin die Stimme Mohammed Rahsepars«[84], sagt Dosthossein da. »Ich bin die Stimme aller Asylbewerber, die aus Angst [...] nicht mal in unsere Nähe kommen. Ich bin die Stimme aller Isolierten [...], die gezwungen sind, die menschenunwürdige Situation zu ertragen. Aber ich bringe mich nicht um. Ich fordere, dass sich der Umgang mit Asylbewerbern ändert!«

Drei weitere Iraner, Askhan Khorasani, Houmer Hedayatzadeh und Omid Moradian, besuchen die Protestierenden in Würzburg immer wieder. Zehn Menschen befinden sich dort jetzt dauerhaft. Die Stadt erlaubt ihnen nur einen Tisch, drei Stühle und drei Betten. Holzpaletten dienen zunächst als Ersatz, dann werden auch die verboten. Sie schlafen in Schichten. Fünf Iraner treten wieder in Hungerstreik.

Doch jetzt geschieht erst einmal nichts mehr. Das BAMF fällt keine weiteren Entscheidungen über die Protestierenden.

Anfang Juni erhöhen diese den Druck. »Wir wollten jetzt einen Schritt weitergehen«, sagt Kalali. Die Flüchtlinge schreiben eine Erklärung, in der sie ihre Forderung wiederholen: Schließung der Gemeinschaftsunterkünfte, Abschiebungen stoppen, Residenzpflicht abschaffen, Anerkennung als politische Flüchtlinge. Es gebe nichts mehr zu sagen, »es wurde alles gesagt«, endet das Papier.[85] In der Nacht zum 4. Juni nähen Dosthossein und Kalali sich gegenseitig die Lippen zu. Zwischen die dünnen Fäden passt nur ein Strohhalm. Es ist der 80. Tag, seitdem sie das Zelt errichtet haben. Bis zur Erfüllung ihrer Forderungen wollen alle drei Tage weitere Iraner es ihnen gleichtun.

Bei Unterstützern ist die Aktion umstritten. Die Grünen-Politikerin Simone Tolle, die einige Nächte mit den Flüchtlingen im Zelt verbracht hatte, sagt, sie sei »entsetzt« und »lehne jedes Mittel ab, was einem selber Schmerzen zufügt«.[86] Die Aktion mache »die Arbeit kaputt, die hier seit Jahren für sie betrieben wird«, sagt der Vorsitzende des Freundeskreises für ausländische Flüchtlinge in Unterfranken, Michael Koch.[87] Der stellvertretende Pro-Asyl-Geschäftsführer Bernd Mesovic sagt, er könne den Zeitpunkt der Eskalation nicht nachvollziehen. Schon vor der Aktion war Pro Asyl gebeten worden, Anwälte die Würzburger Fälle überprüfen zu lassen, in denen die Verfahren extrem lange dauerten. Er hatte »nicht den Eindruck, das ist eine Situation, die die Ultima Ratio erfordert«, sagt Mesovic. Die Behörden hätten sich kooperativ gezeigt, sechs der einstmals zehn Streikenden hätten inzwischen Aufenthaltstitel erlangt. Zeitungen schreiben, Pro Asyl habe »große Probleme mit jeder Form des Protests, die sich gegen die eigene Gesundheit richtet«.[88]

Eine »Entsolidarisierung« sei das alles, sagt Kalali dazu später.

Eine solche Strategie hat vorher noch niemand gewählt. Die Iraner sind sicher, nur mit maximaler Härte und maximalen Forderungen weiterzukommen. Viele befremdet ihre Kompromisslosigkeit, die Bereitschaft zur Selbstzerstörung. Vielleicht sind es Eigenschaften, die Menschen in totalitären Regimen wie dem Iran annehmen. Sie drehen die Eskalationsschraube weiter.

Am 6. Juni nähen sich auch die Iraner Reza Feizi und Payam Rahhoo die Münder zu. Feizi hat nur noch eine Niere, und die ist krank. Am 8. Juni wird er ins Krankenhaus eingeliefert. Am 11. Juni nähen sich auch Mandana Hemat Esfeh, Azhin Asadi und Mehdi Sajadi die Lippen zusammen. Sieben Menschen sind jetzt im Hungerstreik.

Die Stadt Würzburg verbietet, mit den zugenähten Mündern im Protestcamp zu bleiben. Es handele sich um »Selbstverstümmelung«, die Stadt erfindet dafür gar den Begriff »Schockkundgabe«.[89] Das Grundgesetz schütze zwar die freie Meinungsäußerung, nicht aber »deren Durchsetzung«, argumentiert sie. Durch den verschärften Hungerstreik und das Zunähen der Münder werde keine Meinung mehr kundgegeben, sondern es werde versucht, die eigene Meinung zwangsweise durchzusetzen, so die Justitiare der Stadt. Nicht einmal Bilder der zugenähten Münder dürften sichtbar aufgehängt werden – »zum Schutz der Öffentlichkeit«. Und um »Versammlungstourismus«[90] zu verhindern, sollen auch keine Flüchtlinge aus anderen Städten mehr an dem Protest teilnehmen dürfen. Drei Tage später hebt das Verwaltungsgericht Würzburg diese Verbote wieder auf.[91] Das Zunähen der Münder sei sehr wohl eine Form der Meinungsäußerung. Es sei nicht strafbar oder ordnungswidrig, so die Richter. Weder würden Dritte unmittelbar beeinträchtigt, noch könnten die Flüchtlinge ihr Anliegen gegenüber dem Staat damit »zwangsweise durchsetzen«. Auch die »Präsentation schockierender Darstellungen« sei vom Grundgesetz gedeckt. Der Bayerische Verwaltungsgerichtshof bestätigt dies.

Medien in ganz Deutschland berichten jetzt über die Aktion. Große Fotoagenturen verbreiten die Bilder der zugenähten Münder.

Am 13. Juni erkennt das BAMF Reza Feizi, kurz darauf auch Payam Rahoo als politische Flüchtlinge an.

Am 22. Juni erklären Kalali und Dosthossein, dass sie noch bis zum 100. Protesttag abwarten. Danach werden sie nicht mehr trinken, wenn ihre Anträge nicht bearbeitet sein sollten. Am 26. Juni macht Kalali seine Ankündigung wahr. Der Sprecher des Verwaltungsgerichts Regensburg sagt, das Gericht warte noch auf eine Auskunft des Auswärtigen Amtes. Danach werde die Akte rasch bearbeitet.[92] Kalali, der 13 Kilogramm Gewicht verloren hat, beginnt daraufhin wieder zu trinken.

Am 6. Juli, dem 110. Tag des Protests, teilt das BAMF den Flüchtlingen mit, dass die vier dort vorliegenden Akten bearbeitet wurden.[93] Zehn der insgesamt 13 Streikenden können in Deutschland bleiben, drei warten noch auf eine Entscheidung. Alle Flüchtlinge entfernen die teils seit Wochen sitzenden Fäden und beginnen wieder zu essen.

»Unsere Aktion hat [...] viel erreicht«, schreiben sie. »Die Menschen reden über die unmenschliche Asylpolitik in Deutschland.« Tausende hätten ihre Petitionen unterschrieben, die Würzburger Bürger »konnten uns näher kennenlernen«, die »aufgezwungene Isolation« hätten sie durchbrochen. Vor allem aber: »Noch mehr Flüchtlinge haben sich unserem Protest angeschlossen.«[94]

Ab Ende Juni 2012: Das ist in der Tat der Fall. Ende Juni kommen Flüchtlinge aus ganz Deutschland nach Würzburg – und beschließen, sich daran ein Beispiel zu nehmen. »Tent Action« nennen sie das Ganze. Dosthossein, Hedayatzadeh, Kalali, Khorasani und Moradian gründen das »Koordinationskomitee protestierender Asylsuchender«. Es ist der gemeinsame Bezugspunkt der Proteste. Überall in Deutschland starten jetzt »Tent Actions«, wochenlange Dauerkundgebungen, meist in windschiefen Baumarktpavillons oder Zelten, die Jugendgruppen den Flüchtlingen leihen; mal mit Hungerstreik, mal ohne, an zentralen Orten in den Innenstädten. In ihren Heimen sind die Flüchtlinge unsichtbar, isoliert. Damit soll nun Schluss sein. Die Menschen in Deutschland sollen sie kennenlernen.

Den Anfang machen am 22. Juni Flüchtlinge in München, dann in Bamberg (2. Juli), Aub (3. Juli), Osnabrück und Regensburg (beide 11. Juli), Düsseldorf (16. Juli), Berlin Heinrichplatz (4. August), Passau (10. August), Nürnberg (11. August), Schwäbisch Gmünd (30. September), Frankfurt am Main (20. Oktober) (→ S. 252 f.).

Ein Teil ist unabhängig, ein Teil ist über das »Koordinationskomitee« verbunden. Dessen Mitglieder reisen zu den Protestorten und halten Verbindung über Skype. Sie versuchen, gemeinsame Positionen zu entwickeln, und beraten sich, wie am besten mit den Behörden umzugehen ist. Diesen gefallen die Aktionen nicht. Nach der Gerichtspleite von Würzburg sind die Ordnungsämter in Bayern aber zurückhaltend. Anderswo versuchen sie die Proteste über Auflagen auszubremsen. In Düsseldorf hat die Karawane für die Rechte der Flüchtlinge und MigrantInnen die Kundgebung angemeldet. Die Auflage ist, dass die Flüchtlinge dort nicht schlafen. Ihr Zelt darf nur 2,5 mal 2,5 Meter groß sein und »nur symbolischen Charakter« haben – sie dürfen es nicht einmal betreten. »Die Bewohner haben [...] keine finanziellen Mittel, um täglich zum Protestcamp an- und abzureisen«, sagt ihr Anwalt Marcel Keienborg.[95] Doch auch in Nordrhein-Westfalen können sich die Behörden nicht durchsetzen: Am 26. Juli erlaubt das Oberverwaltungsgericht Münster den Flüchtlingen, im Protestcamp unter der Kniebrücke zu übernachten.

KARLSRUHE, 18. Juli 2012: Ein Urteil fällt, dessen Bedeutung für die Lebensbedingungen von Flüchtlingen gar nicht überschätzt werden kann: Ihre Sozialleistungen seien »evident unzureichend«, entscheidet das Bundesverfassungsgericht.[96] Seit 1993, dem Jahr des sogenannten Asylkompromisses, waren sie nicht erhöht worden. Noch immer stehen 360 plus 80 »Deutsche Mark« als Wert im Gesetz. Das entspricht 224 Euro. Und dabei sind die Verbraucherpreise seit 1993 um 35 Prozent gestiegen.[97] Das menschenwürdige Existenzminimum stehe jedem zu, so die Richter. Die Verfassung erlaube es nicht, »nach dem Aufenthaltsstatus zu differenzieren«. »Migrationspolitische Erwägungen«, die Leistungen niedrig zu halten, um »Wanderungsbewegungen« zu vermeiden, seien nicht zu rechtfertigen. »Die Menschenwürde ist migrationspolitisch nicht zu relativieren.«[98] Der Staat, soll das heißen, darf denen, die er hier nicht haben will, nicht das Nötigste zum Leben vorenthalten, um sie zu vergraulen. Außerdem sei die Höhe der Leistungen nicht nachvollziehbar berechnet worden. Dass man von dem Geld leben könne, sei »nicht ersichtlich«. Statt 224 Euro sprechen die Richter Asylbewerbern und Geduldeten jetzt 336 Euro im Monat zu – nur noch elf statt, wie zuvor, etwa 40 Prozent weniger als Deutschen.

Fast zwei Jahrzehnte hatte sich ein Gesetz halten können, das eine ganze Bevölkerungsgruppe vom Existenzminimum ausschloss, während es ihr gleichzeitig verboten war, zu arbeiten. Die Regelung war auch deshalb eine besondere Härte, weil es Flüchtlingen jede Möglichkeit nahm, Geld an ihre Familien zu schicken, die genau darauf oft verständnislos warteten. Warum nun diese Wende?

Ein Grund war das Karlsruher Urteil von 2010, das die Berechnung der Hartz-IV-Sätze für unzulässig erklärt hatte. Doch jetzt kritisieren die Richter ausdrücklich nicht nur die Berechnung, sondern vor allem die Instrumentalisierung des Sozialrechts zur Migrationsabwehr. Die für das Verfahren zuständige Berichterstatterin in Karlsruhe, die Richterin Susanne Baer, will sich »mit Blick auf etwaige künftige Verfahren« nicht äußern. Aber viel spricht dafür, dass die jahrelange Delegitimierung des Gesetzes die Debatte beeinflusst hat und das Gericht dies aufgenommen hat. Die Kölner Rechtsanwältin Eva Steffen hatte einen irakischen Kläger in dem Verfahren vertreten. Das Urteil sei vor allem ein Erfolg »der Bemühungen verschiedener Flüchtlingsorganisationen, des Flüchtlingsrats Berlin, der Diakonie, Pro Asyls, aber auch der Wohlfahrtsverbände«, sagt sie.

Die jahrelangen Kampagnen, an denen immer auch Flüchtlinge beteiligt waren, zeigen Wirkung. »In den Neunzigerjahren hatte die Abschreckungspolitik sehr breite Unterstützung in den Parteien«, sagt Bernd Mesovic von Pro Asyl. Die enormen Härten, die der Asylkompromiss für Flüchtlinge bedeutete, seien »mit Geduld von vielen Akteuren delegitimiert worden«, sagt Mesovic, darunter die »Selbstorganisationen der Flüchtlinge gegen Lagerzwang und Residenzpflicht«. Das habe zu einer langfristigen Änderung des politischen Klimas bis in die Parteien hinein geführt.

Es ist ein antizyklischer Sieg: Die Reduzierung der Sätze war 1993 eine Maßnahme, um die Flüchtlingszahlen zu drücken. Diese waren tatsächlich zurückgegangen. Nun stiegen sie seit fünf Jahren wieder, und die Innenminister diskutierten über neue Abwehrmaßnahmen.

KÖLN, Mitte Juli 2012: Zum Abschluss eines Protestcamps auf den Rheinwiesen in Köln ziehen rund 800 Menschen über das Gelände des Düsseldorfer Flughafens. Air Berlin etwa schiebt von hier aus per Charterflug Roma in die Balkanländer ab. Vor dem Rollfeld hält eine junge Frau eine Rede. Sie zitiert aus einem Papier, das die Bund-Länder-Arbeitsgruppe »AG Rück«, eine Art Koordinierungsgruppe für Abschiebepraktiken, kurz zuvor Medien zugesteckt hat. Die Beamten zeichnen das Bild einer mächtigen Flüchtlingslobby, die ihnen die Arbeit unmöglich macht. »Interessierte Kreise« hätten ein »länderübergreifendes Netzwerk«[99] gegen Abschiebungen aufgebaut, heißt es. Selbst Landesregierungen würden sich dem beugen und die Hürden für die Behörden immer »höher und höher hängen«, so dass »allenfalls noch Straftäter oder Terrorverdächtige«[100] abgeschoben würden. Medien berichteten oft »tendenziös« über Abschiebungen. Staatsanwaltschaften hätten »häufig kein Verfolgungsinteresse« bei Verstößen gegen das Aufenthaltsrecht. Viele Ärzte würden »aus weltanschaulicher/berufsethischer Sicht« nicht zu Abschiebungen beitragen. »Da sag' ich nur eins: genau richtig. Weiter so!«, ruft die junge Frau und die Zuhörer jubeln.

Tatsächlich hat sich das Verhältnis von Abschiebungen zu Asylanträgen in den Jahren von 2000 bis 2012 leicht verändert: 2000 kam auf etwa drei Asylanträge eine Abschiebung. 2012 war es eine Abschiebung auf etwa vier Asylanträge, wenn man die in der Zwischenzeit aufkommenden Praktiken mitrechnet, bei denen Ausländer nach der europäischen Dublin-Verordnung (→ S. 247 f.) aus Deutschland in andere EU-Staaten zurück müssen.[101] Da die Schutzquote aber gleichzeitig von rund 6 auf fast 28 Prozent erheblich gestiegen[102] ist, wurde im Laufe der Zeit ein größerer Anteil an Abgelehnten abgeschoben.

Doch die Beamten spüren offenbar politischen Gegenwind. In der Öffentlichkeit kommen Abschiebungen jetzt schlechter an. Die AG Rück fürchte den »drohenden Verlust ihrer beträchtlichen informellen Macht«, sagt Bernd Mesovic von Pro Asyl. »Nach den jüngsten Regierungswechseln in einigen Bundesländern könnte der Einfluss der Hardliner schwinden.«

ERFURT, 23. August 2012: Schon lange vor den Ereignissen in Würzburg hatten sich die Karawane für die Rechte der Flüchtlinge und MigrantInnen und The Voice Refugee Forum Gedanken darüber gemacht, wie es bei ihnen weitergehen solle. In Erfurt wollen sie das »Break Isolation – Refugee Summer Camp« abhalten: zehn Tage, um »zu diskutieren, wie unsere Selbstorganisierung gestärkt werden kann«.[103] Aktivisten von der Karawane und The Voice hatten die Iraner immer wieder bei ihrem Hungerstreik in Würzburg besucht und sie auch zum Erfurter Camp eingeladen. Sie dachten, »dass es das erste und einzige Flüchtlingscamp in Deutschland dieses Jahr sein würde«, so Osaren Igbinoba. Doch dann »hatten wir zu begreifen, dass viele Camps unterwegs waren zum Flüchtlings-Sommercamp in Erfurt«.[104] Die Karawane-Aktion also organisatorischer Fluchtpunkt der vielen neuen Proteste? Zuvor hatte die Lokalausgabe der *taz* auch noch geschrieben, die »Tent-Actions« seien »von der Karawane«[105] organisiert worden – was nicht stimmte.

Auch die Iraner haben sich in der Zwischenzeit Gedanken über die Zukunft gemacht. Sie planen einen Protestmarsch in die Hauptstadt. Die Karawane hatte bei ihren Besuchen in Würzburg signalisiert, mitzumachen. In Erfurt wollen sie die Details besprechen. Weil nur die direkte Route nach Berlin für den Fußmarsch in Frage kommt, wollen die Würzburger auch eine Bustour durch Westdeutschland starten. Die Karawane und The Voice sind davon nicht überzeugt. Gleichwohl einigen sich die alte und die neue Generation der Flüchtlingsbewegung:

Der Marsch von Würzburg nach Berlin soll ihre gemeinsame Aktion werden. Für die Iraner dürfte dabei auch eine Rolle gespielt haben, dass der über 500 Kilometer lange Marsch allein kaum so schnell zu organisieren gewesen wäre. Und Zeit durften sie nicht verlieren: Die Medien waren gerade voll mit Berichten über die »Tent Actions«.

WÜRZBURG, 8. September 2012: Monatelang haben die Iraner in Würzburg demonstriert, heute ist Schluss. Ein letztes Mal laufen sie durch die Stadt. Der Tag, »um uns von den Ketten [...] zu befreien«[106], sei gekommen, schreiben sie. 100 Unterstützer und etwa 50 Flüchtlinge sind dabei. Doch am Ende der angemeldeten Demoroute laufen sie einfach weiter, nach Nordosten aus der Stadt hinaus, in Richtung Schweinfurt, angeführt vom Koordinationskomitee. »Mit unseren verzweifelten Körpern bringen wir unsere Bewegung [...] zur nächsten Stufe nach Berlin – der deutschen Hauptstadt und dem Ort, von dem alle unmenschlichen Gesetze und Regulierungen herkommen, wo sie geschrieben und umgesetzt werden«, schreiben sie etwas pathetisch. Das Motto des Marsches: »We will rise« – wir werden uns erheben. Vier Wochen wollen sie unterwegs sein. Der Marsch richtet sich explizit auch gegen die Residenzpflicht, die eine solche Tour verbietet. Eine Erlaubnis beantragt niemand. Die Würzburger Polizei lässt sie ziehen. Die Medien interessieren sich nur lauwarm für die Aktion.

Die Linkspartei, Pro Asyl und andere Gruppen übernehmen die Kosten für die zeitgleich startende Bustour (→ S. 252).

Unterstützer empfangen die Flüchtlinge unterwegs mit Essen und Schlafplätzen. Am 14. September erreichen sie die ehemalige Grenze zwischen BRD und DDR. Nun ist auch ein *3sat*-Team dabei. Symbolisch zerreißen die Flüchtlinge an der Grenze zu Thüringen ihre Duldungen. »Dieser Ausweis steht für alles, wogegen wir kämpfen«, sagt der Iraner Sadegh Shahvaroghi Farahani.[107] Sie schicken die Fetzen mit der Post an das BAMF. Auch Osaren Igbinoba ist jetzt dabei. »Die Einigkeit untereinander ist die größte Herausforderung«[108], sagt er.

Der NPD-Bundesgeschäftsführer Jens Pühse ruft die NPD-Landes- und Kreisverbände entlang der Route zu »kreativem Protest« auf. Das Urteil des Bundesverfassungsgerichts zu den Sozialleistungen für Flüchtlinge sei »ein Schlag ins Gesicht für jeden Familienvater, der über Jahre hinweg hart gearbeitet hat, nun aber auf Hartz IV angewiesen ist«, schreibt er. Die NPD wolle klarmachen, »daß unser Land kein

Selbstbedienungsladen ist und das einklagbare Grundrecht auf Asyl aufgrund des massiven Mißbrauchs abgeschafft gehört«.[109] In Erfurt folgt eine Gruppe von Nazis der Aufforderung. Mit Anzügen, Sonnenbrillen und einem »Einmal Deutschland und zurück«-Transparent laufen sie den Flüchtlingen entgegen. Die Polizei schaut zunächst zu. Die NPDler sind in der Unterzahl, die Flüchtlinge und ihre Begleiter vertreiben sie. Zeitungen berichten jetzt auch überregional über den Marsch. Anders als bei vielen anderen Protesten greift die Polizei nicht wegen Residenzpflichtverstößen ein.

In Leipzig macht der Marsch im Flüchtlingslager Grünau Halt, an einer Demo nehmen 400 Menschen teil. Interessierte stoßen jetzt dazu, wollen den letzten Abschnitt bis Berlin mitlaufen.

In Potsdam treffen die 18 Marschierenden auf die Gruppe, die während der letzten Wochen mit Bussen Heime in Westdeutschland besucht hat. Bevor es losging, haben die Flüchtlinge vereinbart, hier, in Potsdam, zu beraten, was sie in Berlin tun werden. Dort haben in der Zwischenzeit Aktivisten den Oranienplatz im Stadtteil Kreuzberg besetzt. Die Flüchtlinge entscheiden: Dort werden sie bleiben.

Ab der Glienicker Brücke laufen alle zusammen. Die letzte Nacht schlafen sie in der Freien Universität. Am 5. Oktober 2012 ziehen sie von dort in die Innenstadt. Hunderte schließen sich ihnen auf den letzten Metern an. Am Abend berichtet die »Tagesschau« fast zwei Minuten lang über ihre Ankunft in Berlin und ihre Kritik an der Residenzpflicht. Es ist das erste Mal überhaupt, dass Deutschlands wichtigste Nachrichtensendung über Flüchtlingsproteste im Inland berichtet. Die Wahrnehmungsschwelle der großen Öffentlichkeit war durchbrochen. »Uns war das damals so nicht bewusst, dass es das vorher nicht gab«, sagt Kalali später.

BERLIN, ab dem 7. Oktober 2012: Über die Jahre sind in Deutschland immer mehr Gruppen entstanden, die sich mit Flüchtlingen befassen. Doch im Gegensatz etwa zur Anti-Atom- oder Friedensbewegung blieben sie viel vereinzelter, heterogener, fragmentierter. Die Ankunft des Marsches breitet sich jetzt wie ein Stromstoß durch all die Kirchen- und autonomen Gruppen, Flüchtlingsräte, Forschernetzwerke und NGOs aus, vor allem in Berlin. Zum ersten Mal gibt es einen gemeinsamen Bezugspunkt für die Solidaritätsszene. Die Entschlossenheit der Flüchtlinge, die immer wieder im Internet verbreiteten Bilder von ihrer Ankunft in Berlin, die Zelte auf dem Oranienplatz und die meist wohlwollenden Medienberichte ziehen auch die Aufmerksamkeit von Menschen an, die sich nie zuvor für das Thema interessiert haben, etwa aus der Piratenpartei. »refugeestrike« steht jetzt auf der Liste der meistgenutzten Hashtags bei Twitter. In dieser Zeit gehen über 100 000 Euro Spenden für den Marsch ein – eine bis dahin für Flüchtlings-Selbstorganisationen völlig neue Größenordnung.

Die Teilnehmer an dem Marsch sind in die Zelte auf dem Oranienplatz gezogen. Der Bezirk erklärt, die Flüchtlinge seien dort willkommen. Die linke Szene in Berlin ist aufgeregt. Die Flüchtlinge haben Aufbruchsstimmung in die Stadt gebracht, die Gruppe aus Würzburg wird wie Stars behandelt. Überall kleben nun Aufkleber mit dem »we will rise«-Logo. Auch Flüchtlinge, die in Heimen in Berlin leben, ziehen auf den Oranienplatz. In den Tagen nach der Ankunft des Marsches diskutieren die Flüchtlinge dort teils acht Stunden lang, wie sie weitermachen wollen, die Wortbeiträge müssen streckenweise in neun Sprachen übersetzt werden. Sie beschließen, den Winter über auf dem besetzten Platz zu bleiben. Sie wollen den Stopp aller Abschiebungen und das Ende der Residenzpflicht erzwingen – alles auf einmal.

Derweil schaukelt sich die Asyldebatte hoch. Von Syrern ist noch kaum die Rede, nur wenige von ihnen schaffen es bis nach Deutschland. Aber es kommen immer mehr Flüchtlinge aus den Balkanstaaten, viele von ihnen sind dort in Elend lebende Roma. [110] Innenminister Hans-Peter Friedrich (CSU) legt ein Konzept mit »Sofortmaßnahmen gegen Asylmissbrauch vor«.[111] Unter anderem will er bestimmten Flüchtlingen die Leistungen kürzen und seltener Bargeld auszahlen. Im Nachhinein bemerkenswert ist, dass das Bundesinnenministerium zu diesem Zeitpunkt im Monatsrhythmus Alarm schlägt und immer neue Gesetzesverschärfungen verlangt, als die Asylzahlen mit 77 000 (2012) und 127 000 (2013) vergleichsweise niedrig liegen. Die Sache ging so weit, dass die Bundesregierung Serbien und Mazedonien mit Erfolg dazu drängte, mutmaßliche Roma nicht ausreisen zu lassen, damit die in Deutschland kein Asyl beantragen.[112] Heute hält die CSU 200 000 Flüchtlinge im Jahr für »verkraftbar, und da funktioniert auch die Integration«.[113]

Eine Woche laufen die Vorbereitungen, am Samstag, dem 13. Oktober 2012, kommen über 6000 Menschen zur Kreuzberger Oranienstraße.

Die Stimmung ist euphorisch. In der ersten Reihe stehen die Flüchtlinge, die aus Würzburg hierher gelaufen sind. Es ist die mit Abstand größte Flüchtlingsdemo, die es bis dahin in Deutschland gab. Sie seien »glücklich, weil unsere Vorhersagen eingetroffen sind«[114], schreiben sie. Jetzt werde »eine neue Welle des Protests in der Hauptstadt« beginnen.

BERLIN, Oktober/November 2012: Die Ernüchterung kommt schleichend. Auf dem Oranienplatz brechen interne Konflikte auf. Für den Montag nach der großen Demo haben Aktivisten von The Voice eine Besetzung der nigerianischen Botschaft in Berlin-Mitte geplant. Der werfen sie vor, ein Geschäft mit Abschiebepapieren für Flüchtlinge zu betreiben, die teils gar nicht aus Nigeria stammen.[115] Die Aktion soll öffentlich als gemeinsames Projekt vom Oranienplatz präsentiert werden, doch ein Teil der Flüchtlinge dort fühlt sich übergangen. 200 Menschen ziehen vom Oranienplatz vor die Botschaft, etwa 20 gehen hinein. Die Berliner Polizei räumt die Besetzer am Abend ziemlich brutal und nimmt sie fest. Doch sie profitieren von der starken öffentlichen Aufmerksamkeit. Ihre Aktion werten sie als Erfolg.

Die Stimmung auf dem Oranienplatz aber wird schlechter. Nach der Botschaftsbesetzung gibt es Streit um die Frage, inwieweit die Voice- und Karawane-Aktivisten, die als Flüchtlinge anerkannt sind, bei Beschlüssen im Camp mitreden sollen. Am Ende dürfen anerkannte Asylbewerber an wichtigen Versammlungen nicht mehr teilnehmen. Die Flüchtlinge beginnen, sich entlang von Statusgruppen – Asylbewerber, Geduldete, Anerkannte – und Nationalitäten zu beharken. »Die Konflikte haben uns nach und nach gelähmt«, sagt Kalali. Eine Gruppe um die Iraner will es sich nicht einfach auf dem Platz gemütlich machen. Ihre Erfahrung aus Bayern ist, dass nur die Eskalation Fortschritte bringt. Sie wollen jetzt auch in Berlin in Hungerstreik treten. Doch der Vorschlag findet keine Mehrheit.

Nach 18 Tagen kommt es zur Spaltung, auch wenn die Flüchtlinge dies noch bestreiten. 23 Menschen vom Oranienplatz, darunter die Gruppe aus Würzburg, ziehen vor das Brandenburger Tor. Ein Großteil von ihnen war beim Marsch im September dabei. Am Morgen des 24. Oktober bauen sie zwei Zelte auf dem Pariser Platz auf. Die Polizei reißt sie ab, nimmt ihnen Schlafsäcke und Isoliermatten weg. Doch obwohl die Temperaturen nachts bereits auf den Gefrierpunkt zugehen, bleiben die Flüchtlinge auf Berlins bekanntestem Platz sitzen. Es ist eine Dauerkundgebung mit Hungerstreik, genau wie in Würzburg, nur ohne Zelt und mit mehr Zuschauern.

Hier, mitten im Regierungsviertel, geht es nicht mehr um die Lage in Bayern, sondern um die Asylgesetze insgesamt. In den letzten Monaten hat sich die Zahl von Asylanträgen aus den Balkanstaaten verdoppelt. Innenpolitiker von Union und SPD wollen jetzt auch die Visafreiheit für Serben und Mazedonier abschaffen und Balkanflüchtlinge schneller abschieben. Die Streikenden am Brandenburger Tor beziehen sich explizit auch auf die Roma vom Balkan. In der Vergangenheit waren die Roma in Sachen Abschiebeprotest nur sehr schwach organisiert. In den Flüchtlingsorganisationen waren sie kaum vertreten und deshalb oft auf sich allein gestellt (→ S. 48). Jetzt schließen die Non-Citizens sie in ihre Bleiberechtsforderung ein, freilich ohne dass Roma an ihrer Aktion beteiligt wären.

Die inneren Spannungen unter den Flüchtlingen haben nichts daran geändert, dass Hunderte, vielleicht Tausende Menschen in Berlin sie jetzt unterstützen. Selbst von der Siegessäule wird ein großes Transparent entrollt. Auf dem Oranienplatz und vor dem Brandenburger Tor werden fast ununterbrochen Spenden abgegeben: Lebensmittel, Kleidung, Decken, auch Geld. Vor dem Brandenburger Tor beschlagnahmt die Polizei fast alles. Alles, was »dem Witterungsschutz, dem Sitzen, dem Liegen oder in sonstiger Weise der Bequemlichkeit von Versammlungsteilnehmern dient«[116], hat das Verwaltungsgericht verboten. »Wir haben uns immer mehr Jacken übereinandergezogen«, sagt Omid Moradian. Schlafen ist verboten, die Flüchtlinge können immer nur kurz einnicken, dann wecken Polizisten sie wieder. Dutzende Menschen bleiben bei ihnen, viele auch nachts, Neugierige, Reporter, alte und neue Unterstützer. Einige filmen, wie Polizisten Decken beschlagnahmen, und streamen die Videos in Echtzeit ins Internet. Je länger der Hungerstreik dauert und je tiefer die Temperaturen fallen, desto lauter wird die öffentliche Kritik. Der Bezirk Mitte gestattet schließlich einen »Wärmebus«, die Integrationsbeauftragte der Bundesregierung, Maria Böhmer (CDU), vermittelt ein Gespräch im Bundestag. Die Flüchtlinge fangen daraufhin wieder an zu essen, bleiben aber auf dem Platz sitzen.

Ein Teil der Streikenden misst dem anstehenden Gespräch mit den Abgeordneten große Bedeutung bei. Die Iraner nicht. Für sie ist es eine PR-Inszenierung. »Wir haben in Bayern die Erfahrung gemacht, dass dabei nichts herauskommt«, sagt Kalali. »Wir haben Hunger, die anderen sind ausgeruht und sind Profis.« Das Koordinationskomitee stellt niemand in der Delegation, die am 22. November zur Anhörung im Bundestag geht. Ein Gespräch dieser Art hat es in Deutschland noch nie gegeben. Doch Kalali behält Recht: Bei dem Treffen kommt nichts heraus.

Böhmer klagt am nächsten Tag, die Flüchtlinge hätten das Gespräch »zu einer politischen Demonstration genutzt«. Was hatte sie sich wohl sonst vorgestellt?

Auch der CDU-Obmann im Innenausschuss Reinhard Grindel ist am nächsten Morgen noch aufgeregt: Ein »Skandal« sei das Treffen mit der Flüchtlingsdelegation gewesen, sagt er, eine »Zumutung«. Statt über »ihre persönliche Lage zu sprechen«, hätten die Flüchtlinge »nur politische Erklärungen« abgegeben und »Rassismusvorwürfe erhoben«. Das Gespräch sei »nicht geeignet gewesen, zu irgendeiner Art von politischer Konsequenz zu kommen«[117], so Grindel.

Der Ausschussvorsitzende Wolfgang Bosbach (CDU) sagt nach dem Treffen, er lehne sämtliche Forderungen der Flüchtlinge ab. Die hatten unter anderem den Stopp aller Abschiebungen verlangt.

Auch ihre Gesprächspartner sind unzufrieden mit dem Verlauf des Abends. »Man hat von uns erwartet, dass wir dankbar sind«, sagte die Iranerin Mansureh Komeigani. »Aber hier leben Menschen zehn Jahre im Lager, das belastet sie psychisch sehr. Warum sollen wir dafür dankbar sein?« Die Abgeordneten hätten nicht akzeptiert, dass die Flüchtlinge eine politische Erklärung abgeben wollten. »Wir sollten nur über uns selber sprechen. Aber wir waren eine Delegation für alle.« Besonders hat sie erbost, wie Grindel die Forderung nach einer Abschaffung der Sachleistungen abgelehnt hatte: mit der Begründung, dass Geldzahlungen zur Bezahlung von Schleppern benutzt werden könnten. »So werden wir als Kriminelle hingestellt, die kontrolliert werden müssen«, sagte Komeigani. »Die Abgeordneten wollten sogar, dass wir nicht das Wort ›Lager‹ benutzen. Aber es ist wie ein Gefängnis ohne Mauern.«

Der Wert dieser Begegnung aber liegt nicht in dem, was die Beteiligten sich zu sagen oder nicht zu sagen hatten. Die, die nie mitreden sollten in diesem Land, weil sie gar nicht da sein sollen – sie haben sich das Wort erkämpft, im Zentrum der Macht.

Unmittelbar nützen tut ihnen dies freilich nichts. Die Flüchtlinge treten jetzt wieder in Hungerstreik. Eine Woche später zerstört die

Polizei den Wärmebus. Entnervt und entkräftet brechen die Flüchtlinge den zweiten Hungerstreik am Pariser Platz nach zehn Tagen, am 2. Dezember, ab.

In der Zwischenzeit haben sich die Flüchtlinge vom Oranienplatz mit Aktivisten zusammengetan, die gegen die steigenden Mieten in Berlin protestieren. Am 8. Dezember besetzen sie gemeinsam die ehemalige Gerhart-Hauptmann-Schule in der Ohlauer Straße in Kreuzberg.

In den folgenden Monaten gibt es fast jeden Tag Solidaritätsaktionen für die etwa 70 Flüchtlinge, die den Winter über in den Zelten auf dem Oranienplatz ausharren.

Die Gruppe der Iraner aus Würzburg aber kehrt nicht mehr dorthin zurück. Sie bricht ihr Camp am Pariser Platz ab. In Wien und in den Niederlanden hatten Flüchtlinge, inspiriert von den Aktionen in Berlin, ähnliche, teils sehr ausdauernde Proteste gestartet, sie besuchen die Iraner. Danach zieht die Gruppe sich »etwas frustriert«, so sagt Kalali, wieder nach Bayern zurück. »Wir mussten erst einmal die Lage analysieren.«

Die Eskalation: Mit Durststreiks gegen die CSU

MÜNCHEN, März 2013: Die Analyse der jungen Iraner dauert einige Wochen, dann steht das Ergebnis. »Wir haben eine Theorie entwickelt«, sagt Houmer Hedayatzadeh. Er war schon beim Flüchtlingsstreik in Würzburg dabei. Die Theorie besage, dass Asylsuchende und Geduldete kein Teil der Gesellschaft seien. Sie seien »Non-Citizens«, »Nicht-Bürger«. Diese Begriffsschöpfung nennt Ashkan Khorasani, auch er aus der Kerngruppe des Flüchtlingsstreiks in Würzburg, einen »Schritt der Selbstermächtigung«.[118] Anders als »Refugee« kläre er »die Machtstrukturen«, sagt Khorasani. Ein »Refugee« könne »ein Kapitalist sein, er kann Banken, die deutsche Staatsbürgerschaft besitzen«. Zentral für die Situation der »Non-Citizens« aber sei der »Ausschluss aus dem Produktions-, Verteilungs- und Reproduktionssystem – und nicht unbedingt, Opfer von Rassismus zu sein«.[119] Khorasani, Dosthossein, Kalali, Hedayatzadeh und Moradian gründen den »Aktionskreis Unabhängiger Non-Citizen Kämpfe«.

Allerdings gibt es sehr wohl Geduldete und Menschen mit laufendem Asylverfahren – der Definition nach also »Non-Citizens« –, die eine Arbeitserlaubnis besitzen und somit an »den Kreisläufen der Produktion« teilhaben. Das wissen auch die Iraner. Ihr Bemühen, das Subjekt der Flüchtlingsbewegung neu zu definieren, ist wohl auch der Versuch, die politische Führerschaft in dieser Bewegung für sich zu reklamieren. Das Verhältnis zu den etablierten Gruppen ist nicht das Beste. Unter anderem gibt es heftigen Streit um die Führung des Spendenkontos. Der »Aktionskreis« lädt zu einem Kongress nach München ein. »Wir wollten den Kongress unabhängig von der Karawane und The Voice machen«, sagt Kalali dazu. Deren Motivation zu kommen wäre auch nicht besonders ausgeprägt gewesen.

Die Gruppe aus Würzburg hat, gleichsam als »freie Radikale«, mit ihren offensiven Aktionen genau die Massenmobilisierung entfacht, die den etablierten Organisationen nie geglückt war. Gleichzeitig konnte die »Refugee Tent Action« nur deshalb so schnell wachsen, weil andere vor ihnen in jahrelanger, mühseliger Arbeit bereits Netzwerke geknüpft hatten, die sich aktivieren ließen. Von der alten Generation aber haben mittlerweile fast alle Papiere.

»Natürlich machen wir einen Unterschied zwischen uns und anerkannten Asylbewerbern, auch wenn die Anerkannten mit uns kämpfen«, sagt Hedayatzadeh. »Die können nach dem Protest nach Hause gehen, wir nicht.«

Doch setzt sich das Non-Citizens-Konzept durch, ist ein erheblicher Teil der Bewegung zu Zuschauenden degradiert. »Diese Ära unseres Kampfes begann mit einem kleinen Zelt und erwuchs zu einer großen Bewegung, die sich in ganz Europa ausbreitet«, schreibt der Aktionskreis.

Doch auf dem Kongress in München schlägt der exklusive Charakter ihrer Non-Citizen-Definition voll durch. Aktivisten der Organisation Jugendliche ohne Grenzen (→ S. 35) klagen über eine Spaltung. »Einige unserer Aktivisten_innen wurden aufgrund ihres mittlerweile gesicherten Aufenthaltsstatus als ›citizens‹ markiert und von dem Plenum der ›non-citizens‹ ausgeschlossen«[120], schreiben sie. »Und das, obwohl sie [...] genau wissen, was es heißt, jeden Tag von der Abschiebung bedroht zu sein.« Sie hätten sich nicht an der Planung von Aktionen beteiligen dürfen, sondern sich »mit Theorien zu ›citizens‹ und ›non-citizens‹ befassen« müssen. Ihre Einwände dagegen hätten sie vorgetragen. »Wir wurden aber ignoriert«, schreiben sie.

Die Stimme der Non-Citizens müsse »die einzige Stimme des Widerstands der Non-Citizens sein«[121], lautet die Erwiderung.

Zu dem Kongress aber kommen auch viele, die bislang nicht an Protesten beteiligt waren. Die Iraner hatten wochenlang Heime in ganz Bayern abgeklappert, um sie einzuladen. Sie bilden jetzt die Basis für ihre neue Protestoffensive.

März 2013: Viele hatten den Flüchtlingen nicht zugetraut, den Winter auf dem Oranienplatz durchzustehen. Diese aber haben der Versuchung widerstanden, in ihre Heime zurückzugehen. Vor dem ersten Jahrestag der Aktionen in Würzburg gehen die Oranienplatz-Besetzer auf »Refugee Revolution Bus Tour«: Ähnlich wie die Iraner in Bayern klappern auch sie nun bundesweit Asylbewerberheime ab. Doch während die Polizei – vom Pariser Platz abgesehen – die Proteste bislang weitgehend laufen ließ, häufen sich jetzt die Konfrontationen. Am 8. März in Karlsruhe will der Sicherheitsdienst den Protestierenden den Zutritt zu einem Heim verwehren. Die Polizei greift ein, es gibt Festnahmen und Verletzte. Zwei Tage später in Köln nimmt die Polizei 15 Flüchtlinge fest, als sie im Heim in der Geisselstraße Flugblätter verteilen. Die Polizei setzt Hunde, Knüppel und Pfefferspray ein, es gibt 19 Verletzte. Auch am 19. März vor der Erstaufnahmestelle im schleswig-holsteinischen Neumünster geht die Polizei dazwischen.

Vier Tage später kommt die Tour mit einigen neuen Mitstreitern nach Berlin zurück. Am Wochenende erscheinen 2500 Menschen zur »Refugee Revolution Demo« vom Oranienplatz in die Innenstadt. Das sind nicht wenige, doch den Erfolg vom vorangegangenen Herbst, vor der Spaltung, können die Flüchtlinge nicht wiederholen.

Die Ausländerbehörden nehmen die Aktivisten jetzt zunehmend ins Visier. Der Ugander Patras Bwansi etwa hat die vergangenen sechs Monate nicht in seiner Unterkunft in Passau, sondern auf dem Oranienplatz verbracht, was verboten ist. Die Ausländerbehörde schickt ihm eine Ausweisungsverfügung – und schreibt ganz unverblümt, dass mit dieser »auch eine abschreckende Wirkung auf andere Ausländer erzielt werden« solle. Denen solle »unmissverständlich klar gemacht werden, dass im Falle des Untertauchens [...] unverzüglich aufenthaltsbeendende Maßnahmen durchgeführt werden«.[122] Dabei war Bwansi gar nicht untergetaucht – die Behörden wussten, dass er sich in dem Camp aufhielt.

BERLIN, Juni 2013: Die Fraktionierungen wirken nach, die Dynamik des Vorjahres ist abgeflaut. Jetzt versuchen die alte und die neue Protestgeneration sie wieder anzufachen. Denn angesichts der weiter steigenden Flüchtlingszahlen vom Balkan waren die Pläne der Innenminister, Gesetze zu verschärfen, konkreter geworden. Die Karawane lädt zu einem »Flüchtlingstribunal gegen die Bundesrepublik Deutschland« in Berlin. Die Aktion ist auch ein Versuch der Wiederannäherung an die Protestierenden auf dem Oranienplatz. Das Tribunal findet nicht dort statt, aber in unmittelbarer Nähe.

Die Besetzer dort haben in der Zwischenzeit mit der Hilfe Berliner Videoaktivisten ein eigenes Filmteam gebildet: die Crosspoint Selforganized Media Group. Die produzieren jetzt eine Serie professionell daherkommender Clips, in denen sie Aktivisten aus dem Karawane-Umfeld vorstellen, die beim »Tribunal« sprechen werden. Mit den Clips wird im Internet für die Teilnahme am »Tribunal« geworben.

Dabei soll es etwa um die Lage der Roma, deutsche Waffenexporte, um Frontex, geflüchtete Frauen gehen, die Liste der Vorwürfe ist lang. Verschiedene Generationen von Flüchtlingen treten auf die Bühne und halten »Anklagen«. Hier zeigt sich, wie künstlich die Unterscheidung in »Citizens und »Non-Citizens« ist, wie viel Erfahrungen und Wissen verliert, wer die ältere Bewegungsgeneration aussperrt. Mehrere Hundert Menschen hören bei dem drei Tage währenden Redemarathon zu. Die »Anklagen« sind nicht neu, aber die Flüchtlingsbewegung sendet damit ein Signal, auch nach innen: ›Wir sind noch da, und wir machen weiter. Wenn es irgendwie geht, zusammen.‹

MÜNCHEN, Juni 2013: Die Frist ist knapp: Drei Tage Zeit gibt eine Gruppe Flüchtlinge dem Staat, um ihre Forderungen zu erfüllen. Sie schicken einen entsprechenden Brief an Bundeskanzlerin Angela Merkel (CDU) und den Präsidenten des Bundesverfassungsgerichts, Andreas Voßkuhle.

Bei Besuchen von Heimen in Bayern hatte der »Aktionskreis« die Bewohner zum Protest aufgerufen. Am 22. Juni ziehen 50 Asylbewerber, die aus Iran, Afghanistan, Äthiopien, Syrien und Sierra Leone stammen, durch die Innenstadt. Auf dem Rindermarkt errichten sie ein Camp und treten in Hungerstreik. Leben in Isolationslagern und allnächtliche Albträume von Abschiebungen – sie seien »nicht willens, in dieser Situation zu leben – nicht einmal einen Tag mehr«[123], schreiben sie in dem Brief an Merkel und Voßkuhle. Für sie gebe es »nur eine Möglichkeit, und das ist die Anerkennung« – und zwar nach Artikel 16 des Grundgesetzes. Sie wollen die ausdrückliche Anerkennung als politisch Verfolgte. Kein Bleiberecht zweiter Klasse, kein subsidiärer Schutz (→ S. 246). Erhielten sie diese Anerkennung nicht, würden sie ab Dienstag nicht mehr trinken. »Wir haben unsere Familien, unser Land verloren, und jetzt leben wir im gleichen Gefängnis wie zuvor«, sagt der streikende Äthiopier Wado Watol. »In unserem Land werden wir durch eine Kugel getötet, hier sterben wir einen langsamen Tod«, fürchtet der ebenfalls aus Äthiopien stammende Lukas Johannes.[124] Anders als zuvor in Würzburg oder Berlin ist das Hungerstreiklager hier ein abgetrennter Bereich. Eine Gruppe von Unterstützern aus Berlin lässt niemand zu den Streikenden durch – sie sollen nicht von außen beeinflusst werden, sagen sie. Auf viele Beobachter wirkt die Aktion dadurch sektenhaft. Ashkhan Khorasani – der mittlerweile vom BAMF als politisch Verfolgter anerkannt wurde, weil er im Iran der kommunistischen Opposition angehörte – läuft als Versammlungsleiter zwischen den Streikenden und den wartenden Reportern, Polizisten, Verwaltungsbeamten und Zuschauern hin und her und überbringt exklusiv Botschaften. Lokalpolitik und Medien sind in heller Aufregung.

»Der Kongress im März war die Theorie, das hier ist die Praxis«, sagt Mohamad Kalili, der die Aktion mit initiiert hat. Anders als ein humanitäres Bleiberecht kann die Anerkennung nach Artikel 16a nur vom BAMF, nicht von den Innenministern erteilt werden. In drei Tagen ist das unmöglich. »Wir wollten damit sagen, dass wir aus politischen Gründen hier sind, und das sollte die Regierung sehen«, sagt Kalili dazu. Über die Anträge von etwa einem Drittel der Streikenden hatte das BAMF da noch gar nicht entschieden – ein lebensgefährlicher Durststreik, nur um ein Verfahren zu beschleunigen? »Die Flüchtlinge sind in den Lagern Menschen begegnet, die dort seit 8 oder 20 Jahren als Geduldete leben«, sagt Kalili. »Nicht zu wissen, was passiert, kann enorm belasten. Viele wollten aus dieser Situation raus.« In Berlin hatten sie ihre Aktion im Dezember ohne konkretes Ergebnis abgebrochen. Zuvor in Bayern aber hatte die Eskalationsstrategie der Iraner Erfolg. Daran wollen sie jetzt anknüpfen. In Bayern sind die Bedingungen für Flüchtlinge, was Essenspakete und Residenzpflicht angeht, bundesweit am strengsten.

Die Kanzlerin und der Verfassungsgerichtspräsident lassen die Frist tatenlos verstreichen. Das Auftreten der Flüchtlinge ist genau wie im Vorjahr in Würzburg: Sie fordern alles, nicht nur für sich, für alle, sofort. Keine Kompromisse. Und einmal mehr haben viele Beobachter den Eindruck, dass sie agieren wie Aktivisten in totalitären Regimen, in denen es keine Vermittlungsinstanzen gibt, deren Herrscher keine demokratische Aushandlung nötig haben.

Ab Dienstag trinken die Streikenden nichts mehr. Am Mittwoch gibt es einen ersten Verhandlungstermin. Im Alten- und Servicezentrum des Roten Kreuzes trifft Khorasani sich mit Behördenvertretern. Die Polizei hat denen geraten, nur dann Zugeständnisse zu machen, wenn die Flüchtlinge den Durststreik beenden. Ein Angebot für die Flüchtlinge gibt es deshalb nicht. »Da war nichts zu holen, es war eher eine offene Konfrontation«, erinnert sich Alexander Thal vom Bayerischen Flüchtlingsrat, einem flüchtlingspolitischem Dachverband.

Am nächsten Tag brechen die ersten Flüchtlinge zusammen, »teils im Zehn-Minuten-Takt«, sagt Thal. »Eine absolut dramatische Situation.« Insgesamt müssen 35 Flüchtlinge abtransportiert werden. Im Innern des Camps wurden sie auf eigenen Wunsch nur von Vertrauensärzten betreut, externe Ärzte warten draußen. Sie bringen die kollabierten Flüchtlinge in Krankenhäuser, aber viele kommen nach der Behandlung zurück und streiken weiter. Sie haben Patientenverfügungen unterzeichnet, in denen sie eine Einweisung in die Psychiatrie und eine medikamentöse psychiatrische Behandlung ausschließen.

Münchens Oberbürgermeister Christian Ude (SPD) und die Landesregierung richten einen Krisenstab ein. Die Asylbewerber »gehen sehenden Auges in den Tod«, sagt Ude.[125] Offenbar seien sie dazu entschlossen zu sterben, wenn ihre Forderung nicht erfüllt werden. Khorasani beharre »kalt auf der Maximalforderung«.[126] Doch diese sei im Rechtsstaat nicht erfüllbar. Die Anerkennung als Asylberechtigte nach Artikel 16a könne nicht pauschal für alle Streikenden erteilt werden.

Am nächsten Tag veröffentlichen die Flüchtlinge ein Kommuniqué in martialischem Duktus: »Dies ist unsere letzte Nachricht. Heute, am Freitag, den 28. Juni, verkündet die erste Gruppe der Asylsuchenden im trockenen Hungerstreik, bei vollem physischen und psychischen Bewusstsein, dass sie keinen Schritt zurückweichen wird, bis ihre Forderung erfüllt ist, und bis zu diesem Zeitpunkt weist sie jede Behandlung von Ärztinnen und Ärzten zurück! Die deutsche Regierung muss erkennen, dass politische Spiele vorüber sind und dass es nur zwei Einbahnstraßen zu beschreiten gibt: entweder die Erfüllung der exakten Forderung der hungerstreikenden Asylsuchenden oder Bobby Sands und Holger Meins auf den Straßen Münchens!«[127] Das IRA-Mitglied Bobby Sands war 1981, das RAF-Mitglied Holger Meins 1974 nach wochenlangem Hungerstreik im Gefängnis gestorben. Die »Rädelsführer« der Flüchtlinge hätten »sich selbst auf eine Ebene mit Terroristen gestellt«[128], sagt Bayerns Innenminister Joachim Herrmann (CSU). Er lehnt Zugeständnisse ab. Manfred Schmidt, der Präsident des BAMF, verspricht die Einzelfälle in zwei Wochen zu prüfen. Den Flüchtlingen ist das zu wenig.

Am nächsten Tag spitzt sich die Lage weiter zu. Am Vormittag erscheint der Flüchtlingsratsvertreter Thal beim Krisenstab im Rathaus. »Ich habe eine Botschaft«, sagt er. Die Flüchtlinge würden einlenken, wenn es für sie ein Bleiberecht »unterhalb von Artikel 16« gäbe. Zum Beispiel, so schlägt Thal vor, nach Paragraf 23 des Aufenthaltsgesetzes (AufenthG). Der gibt den Innenministern die Möglichkeit, Ausländern nach eigenem Ermessen ein Aufenthaltsrecht zu geben, etwa aus humanitären Gründen. Der Krisenstab will die Sache besprechen.

Normalerweise überleben Menschen sechs bis sieben Tage ohne zu trinken. Fünf sind jetzt verstrichen. Es ist die bislang wohl radikalste Aktion, zu der sich eine Flüchtlingsgruppe dieser Größe in Deutschland entscheidet. Doch der in Berlin vollzogene Bruch mit den Aktivisten vom Oranienplatz wirkt jetzt nach. Zudem ist der selbstmörderische Durststreik vielen in der Szene nicht ganz geheuer. Die Resonanz aus anderen Bundesländern ist jedenfalls erstaunlich verhalten. Es gibt bundesweit nur wenige Solidaritätsbekundungen. Die vom Verfassungsschutz beobachtete Rote Hilfe, eine Organisation, die sonst linken Aktivisten bei Strafverfahren beisteht, unterstützt den Protest auf dem Rindermarkt. Doch dass es »zu Todesopfern hätte kommen können, macht viele nervös«[129], sagt Bundesvorstand Michael Dandl der *FAZ*.

Thal hatte seinen Vorstoß zuvor mit Khorasani und dem bayerischen Integrationsbeauftragten Martin Neumeyer abgestimmt. Der telefoniert jetzt mit der Staatsregierung und wirbt für Thals Vorschlag. Um 16 Uhr treffen sich die zuständigen Minister und Oberbürgermeister Ude beim Ministerpräsidenten Horst Seehofer (CSU) und sprechen über die Forderungen der Flüchtlinge. Sie fällen eine weitreichende Entscheidung, die aber in den nächsten Monaten nicht an die Öffentlichkeit dringen soll. Sie wollen nicht als erpressbar dastehen.

Fürs Erste schickt die Landesregierung nur den ehemaligen SPD-Bundesvorsitzenden Hans-Jochen Vogel und den ehemaligen bayerischen Landtagspräsidenten Alois Glück (CSU) am Samstagabend als Vermittler. Es ist kalt und regnet, aber Hunderte Menschen stehen rund um das abgesperrte Protestcamp, Polizisten, Unterstützer, Schaulustige, Sanitäter und Reporter. Zwei Stunden warten alle, während Vogel, Glück, Khorasani und eine Rechtsanwältin im benachbarten Stadtmuseum verhandeln. Das Angebot der Vermittler ist dürftig: Sie bieten an, mit den Flüchtlingen eine »Arbeitsgruppe« einzurichten, die die Landesregierung in Sachen Asylheime berät. Khorasani läuft hinüber ins Camp. Die Streikenden entscheiden: Wir machen weiter. Doch ihre Hoffnung schwindet. Reihenweise kollabieren sie jetzt. Dutzende Sanitäter müssen sich um sie kümmern.

Die Forderungen der Flüchtlinge seien »unerfüllbar«, sagt Vogel am späten Abend auf einer Pressekonferenz. Khorasani sei ein »Fanatiker«.[130] »Wir gehen hier bedrückt weg«, sagt Glück. Innenminister Herrmann erklärt, die Gespräche seien an der »kompromisslosen, radikalen Positionierung dieses Rädelsführers« gescheitert.[131] Alexander

Thal vom Flüchtlingsrat widerspricht. »Die beiden hatten keinerlei Verhandlungsangebot dabei«, sagt er. »Sie forderten die Flüchtlinge lediglich auf, ihren Streik sofort zu beenden.« Dabei habe er schließlich selbst am Morgen »ein ganz klares Signal überbracht, dass sie verhandlungsbereit waren«. Wenn der politische Wille für ein substanzielles Verhandlungsangebot bestanden hätte, wäre eine Einigung also möglich gewesen, sagt Thal. Auch den von der CSU erhobenen Vorwurf, die Iraner hätten Zwang oder Druck auf die Flüchtlinge ausgeübt, weist er zurück: »Die Flüchtlinge hätten jederzeit gehen oder aus dem Krankenhaus nicht zurückkommen können.«

Um fünf Uhr am Sonntagmorgen rücken Hundertschaften der Polizei an. Was dann geschieht, schildern die Flüchtlinge so: »Die Polizei kam innerhalb von Sekunden auf das Gelände [...]. Es wurden Schmerzgriffe angewendet, Menschen zu Boden gedrückt, Gliedmaßen verdreht. [...] Drei Kinder [...] mussten dabei zusehen, wie ihre Eltern von der Polizei angegriffen und misshandelt wurden. Eine hochschwangere Frau wurde geschubst und fiel hin, während sie ihr 16 Monate altes Kind auf dem Arm hatte. [...] Auch Menschen mit offenen Wunden an Händen und Beinen wurden attackiert.«[132]

44 Asylbewerber werden in Krankenhäuser gebracht. Khorasani, Dosthossein und elf weitere Unterstützer werden wegen Widerstandes und Beleidigung festgenommen. Unter ihnen sind drei der Durststreikenden, die später berichten, stundenlang ohne ärztliche Behandlung im Polizeigewahrsam gehalten worden zu sein.

2015 wird das Landgericht München feststellen, dass die Räumung des Camps durch das Münchner Kreisverwaltungsreferat »formell und materiell rechtswidrig«[133] war.

Der Innenminister Herrmann plädiert am nächsten Tag für mehr Härte: Deutschland dürfe für die »internationalen Migrantenströme nicht noch attraktiver werden«[134], sagt er. In diesem Jahr sei mit über 10000 Asylanträgen zu rechnen. Abschiebungen müssten deshalb mit Nachdruck umgesetzt werden.

In den nächsten Wochen und Monaten zeigt sich, dass die hochriskante und lebensgefährliche Strategie offenbar Erfolg hatte. Fast alle am Rindermarkt-Streik Beteiligten können nach München umziehen und bekommen ein Aufenthaltsrecht. »Schnell, leise und ohne großen Popanz« sei das geschehen, sagt Thal. Er glaubt, dass die Landesregierung und das BAMF den radikalen Iranern so schnell wie möglich die

Gefolgschaft entziehen wollten. »Viele Flüchtlinge protestieren nicht, weil sie Angst haben, dann schneller abgeschoben zu werden«, sagt er. Ein Fehler. Der Ausgang der Rindermarkt-Proteste habe das erneut gezeigt: »Je konfrontativer du bist, desto eher kannst du bleiben.«

Juli 2013: Am 18. Juli lassen sich Unbekannte in das Rathausgebäude des Berliner Stadtteils Wedding einschließen. Sie hebeln die Türen zweier Büros auf, in denen Sozialleistungen für Asylbewerber bearbeitet werden, und legen einen Brand. Um 19.56 Uhr wird die Feuerwehr alarmiert. 1000 Akten verkohlen, 200 werden zerstört. Die Aktion erinnert an einen Brandanschlag 27 Jahre zuvor, der das Bundesverwaltungsamt in Köln zerstörte. In einem Bekennerschreiben der »Revolutionären Zellen« (RZ) hieß es damals: »Im Ausländerzentralregister ist das gesamte Herrschaftswissen über alle Nichtdeutschen, die in der BRD ›aufhältig‹ sind oder es jemals waren, in einem gigantischen Pool konzentriert […] Das Ausländerzentralregister ist ein rassistisches und totalitäres Register. Es muss deshalb weg.«[135]

Die Aktionsform der Brandstifter von 2013 ist dieselbe wie die der linksradikalen RZ, die politische Stoßrichtung auch. In den 1980er Jahren hing der Anschlag im luftleeren Raum. Es gab Flüchtlinge, aber keine Flüchtlingsbewegung. 2013 gibt es die überall, Resonanz bekommt der Anschlag allerdings praktisch keine.

Vor allem die bayerischen Behörden versuchen, die Flüchtlingsproteste als vereinzelte Aktionen radikaler Minderheiten hinzustellen. Doch sie erstrecken sich jetzt erneut auf das ganze Land (→ S. 252 f.). In Stuttgart demonstrieren Flüchtlinge vor dem grün geführten Integrationsministerium und treten in Hungerstreik. Einige kommen ins Krankenhaus. Nachdem die Ministerin Bilkey Öney (SPD) mit ihnen gesprochen hat, setzen sie den Streik aus. In Hamburg campieren 300 subsaharische Flüchtlinge, die nach dem Libyen-Krieg 2011 über Italien gekommen waren, auf den Straßen. Sie nennen sich »Lampedusa in Hamburg«. Sie wollen arbeiten dürfen und fordern, dass der Bürgermeister Olaf Scholz mit ihnen spricht. »Wir haben nicht den Krieg in Libyen überlebt, um auf Hamburgs Straßen zu sterben«[136], erklären sie. Scholz lässt ausrichten, er habe keine Zeit. Tausende Hamburger, von Autonomen bis Unternehmensberatern, schon. Sie solidarisieren sich.

In der Provinz geht es ähnlich zu: In Heiligenhaus protestieren Frauen gegen die Bedingungen in ihrem Flüchtlingsheim. In Witzenhausen in Nordhessen versammeln sich Flüchtlinge zu regelmäßigen Kundgebungen vor dem Gebäude der Kreisverwaltung. Das Sozialamt lege die Gesetze schikanös aus, klagen sie. In Eisenberg treten die Bewohner der Landesaufnahmestelle in Streik. Die Lebensbedingungen seien unwürdig. In Eisenhüttenstadt fordern Flüchtlinge Bleiberecht, sie treten in Hungerstreik, einige kommen ins Krankenhaus. In Bitterfeld errichten Asylbewerber ein Zelt, um gegen Abschiebungen und Schikanen der Ausländerbehörde zu protestieren. Sie wollen nicht mehr in Bitterfeld leben müssen. »Ich kann hier nicht mal eine Stunde durch den Ort gehen, ohne als Neger beschimpft zu werden«[137], sagt der seit 2002 geduldete Oumarou Ousman aus dem Iran. »Wir gehen nicht zurück ins Lager. Wir haben nichts zu verlieren.«

Es wird wieder so viel protestiert wie im Vorjahr. Wie damals gibt es keine übergeordnete Struktur, keine Koordinierungsstelle, aber die Aktionen entzünden sich aneinander und nehmen aufeinander Bezug. Die Zeitungen sind voll mit Berichten über sie.

»Das ist eine neue Dimension der Proteste«, sagt der Voice-Gründer Osaren Igbinoba. »Als wir uns damals organisierten, hatten wir keine Partner, die Medien haben sich nicht für uns interessiert.« Aber bis heute gebe es »viel Wut in den Heimen«, sagt er.

BERLIN, August 2013: Auf der Internetplattform *Indymedia* erscheint ein anonymer Text. Eine Unterstützerin kritisiert darin, »wie im Refugee-Protest-Camp mit ›Rape‹ [...] umgegangen wird«. Ein »Mann aus der Campstruktur« habe sich in einer Situation genommen, »was ihm, seiner Ansicht nach, zustand«. Sie wolle, dass dieser Vorfall publik werde, weil sie »hundertprozentig weiß, dass ich zu diesem Zeitpunkt bereits der dritte ›Rape‹-Fall innerhalb des Refugee-Protest-Camps war«.[138] Nähere Details nennt sie nicht.

Die *Bild*-Zeitung schreibt daraufhin vom »Sex-Verbrecher im Flüchtlingscamp«.[139] Sie zeigt das Foto eines afrikanischen Mannes, angeblich Sprecher des Camps, und zitiert ihn mit den Worten: »Jede Frau, die hier nachts reingeht, muss damit rechnen, vergewaltigt zu werden.« Der Berliner Staatssekretär Bernd Krömer (CDU) droht mit Räumung: »Der Senat duldet keinen rechtsfreien Raum«.[140]

Der Vorfall, den die Frau beschrieben hat, soll sich bereits Monate zuvor in einer Wohnung zugetragen haben. Der beschuldigte Mann und die Frau hatten sich offenbar bei ihrer gemeinsamen Tätigkeit als

Unterstützer kennengelernt – er war kein Bewohner des Camps, erklären diese in einer Stellungnahme. Warum die Frau dies nicht benannte und die Flüchtlinge in Verdacht geraten ließ, dafür haben sie keine Erklärung. Sie sind wütend auf die Zeitungen. Der Vorfall werde »komplett falsch von populistischen Medien aufgegriffen, um den Räumungsdruck auf das Protestcamp zu erhöhen«, schreiben sie. Der von der *Bild* zitierte »Flüchtlingssprecher« sei »weder Sprecher noch am Oranienplatz beteiligt«. Und er bestreite, den von der Zeitung kolportierten Satz gesagt zu haben.[141]

Die Vorwürfe kommen für die Flüchtlinge zur Unzeit. In den ersten Monaten nach der Besiedlung des Platzes hatten die Medien meist wohlwollend berichtet. Jetzt gibt es nur noch Negativschlagzeilen. Im Juni sticht ein Deutschtürke mit einem Messer auf einen Bewohner des Camps ein. Es gibt Tumult, die Polizei nimmt mit Schlagstock und Pfefferspray neun Campbewohner fest. Die Flüchtlinge, frustriert, weil sich nach Monaten des Protests nichts tut, blockieren jetzt vormittags die Straße vor dem Camp, eine wichtige Buslinie muss umgeleitet werden. Ein CDU-Abgeordneter sammelt Unterschriften für die Räumung. Der in Berlin einflussreiche konservative Journalist Gunnar Schupelius schreibt, das Camp habe den »Frieden gestört«[142] und müsse weg. Der Bezirksbürgermeister Franz Schulz (Grüne) versucht einen Runden Tisch zu organisieren, doch der Senat weigert sich teilzunehmen. Die Boulevardzeitung *BZ* ruft »Hygiene-Alarm im Flüchtlings-Camp« aus und warnt vor »Ratten« und »Gestank«.

Viele fürchten, dass bald die Räumung ansteht.

BAYERN, August 2013: Sechs Wochen Pause haben die Non-Citizens sich gegönnt, jetzt gehen sie wieder in die Offensive. Weil sie – mit Ausnahme von Arash Dosthossein – mittlerweile alle Aufenthaltspapiere erhalten haben, lösen sie den »Aktionskreis Unabhängiger Non-Citizen Kämpfe« auf, nicht ohne sich zu loben: Ihre Proteste hätten »wahres Potential in eine Szene voller Lethargie« gebracht.[143] Aus den Reihen des Rindermarkt-Protests gründet sich eine neue Gruppe. Sie heißt »Refugee Struggle for Freedom«. Es ist die dritte organisatorische Metamorphose. Der noch nicht anerkannte Dosthossein ist dabei, Khorasani, Moradian, Kalali und Hedayatzadeh »unterstützen«.

Am 20. August 2013 geht es los: Wieder wird marschiert, diesmal von Würzburg und Bayreuth nach München, auf zwei Routen. Und wieder wollen sie einen allgemeinen Abschiebestopp durchsetzen. Nach der Aktion am Rindermarkt im Juni geht die Polizei auf Konfrontationskurs: Täglich werden die Marschierer kontrolliert, teils von auf Festnahmen bei Ausschreitungen spezialisierten USK-Einheiten. Es gibt Verletzte. In Freising erwarten sie über 100 Beamte, die Lage eskaliert sofort. Die Flüchtlinge hätten sich gewehrt, gekratzt und gebissen, sagt die Polizei. Sieben Flüchtlinge müssen mit ihren Verletzungen ins Krankenhaus, zwei bleiben dort mehrere Tage. Elf werden wegen Verstoßes gegen die Residenzpflicht von der Polizei zurück in ihre Unterkünfte gebracht.

24 Asylbewerber kommen nach gut zwei Wochen in München an. Der DGB bietet ihnen an, sich in ihrem Gebäude zu beraten. »Zum Schutz von Leib und Leben«[144] nehmen die Flüchtlinge an – und besetzen das Gebäude der Gewerkschaft zwölf Tage lang. Die scheut eine Räumung und will den Besetzern gar Hotelzimmer bezahlen. Doch die bleiben. Sie erzwingen ein ergebnislos verlaufendes Treffen mit Abgeordneten von SPD und Grünen. Ein zunächst zugesagtes Gespräch sagt das BAMF wieder ab.

BERLIN, September 2013: Das Oranienplatz-Camp ist eine Zweiklassengesellschaft. Nur ist unklar, welche der beiden Klassen besser dran ist.

Da gibt es die Flüchtlinge, die den Platz 2012 besetzt haben. Sie haben in Deutschland Asyl beantragt und sind entweder noch nicht anerkannt oder wurden abgelehnt und geduldet. Sie unterliegen der Residenzpflicht, manche müssen ihre Abschiebung fürchten. Aber sie bekommen Sozialleistungen und dürfen unter bestimmten Bedingungen arbeiten. Sie kämpfen um ihre Asylverfahren.

Und dann gibt es die, die in den letzten Monaten dazugekommen sind. Einer von ihnen ist der Malier Tenemon Kamara. Er wird wütend, wenn Fotografen Bilder von ihm machen wollen. »Immer kommen die Reporter. Sie schreiben, dass wir vergewaltigen und dass es hier dreckig ist«, sagt er. »Sie sagen, die Leute müssten erfahren, was hier los ist. Aber das wissen sie längst, und es ändert sich nichts.« Seit 72 Tagen lebt der Malier Kamara, 36 Jahre alt, auf dem Platz. 2009 verlässt er Bamako und geht nach Libyen. Es verschlägt ihn in die Küstenstadt Zuwara, wo er Arbeit als Gärtner findet. »Dort war es gut für afrikanische Verhältnisse.« Bis 2011, dann beginnt der Krieg. »Die Nato hat gebombt, die Rebellen haben alles zugemacht. Sie hielten uns für Gaddafis Helfer.« Kamara flieht. 900 Dollar zahlt er für die Passage nach Lampedusa, 300 Menschen sind auf dem Boot, es ist die Zeit, in der Tausende, die dasselbe tun, ertrinken. Kamara kommt durch. Nach kurzer Zeit bekommt er einen Flüchtlingspass, darin ein Stempel, der ihm ein dreijähriges Aufenthaltsrecht in Italien garantiert. Doch in Italien muss er auf der Straße leben. Mit seinem Papier kann er sich frei in der EU bewegen, aber außer in Italien nirgends arbeiten. Wohl auch, so darf man unterstellen, damit die Flüchtlinge Italien verlassen, zahlt das Land ihnen 500 Euro als Starthilfe. Am 7. Juni erreicht Kamara Kreuzberg. Seine Enttäuschung ist groß. »Ich dachte, es gibt hier Häuser, aber wir wohnen in Zelten.« Er versteht nicht, warum er so lebt. »In Afrika dürfen die Deutschen doch auch arbeiten. Und hier die ganzen Spanier, die Italiener, die Türken. Alle arbeiten, alle haben Wohnungen.« Er hat jetzt nicht mal mehr Geld. Manchmal spenden Passanten etwas am Eingang des Camps. Das muss reichen. Denn er und die anderen »Lampedusas«, wie sich die subsaharischen Flüchtlinge im Camp untereinander nennen, »kriegen keine 328 Euro im Monat vom Staat wie die anderen«, sagt Kamara. Das deutsche Asylrecht interessiert die Lampedusas nicht. Sie wollen eine Arbeitserlaubnis, sonst nichts.

3. Oktober 2013: Bei einem Brand auf einem Flüchtlingsschiff vor der Mittelmeerinsel Lampedusa sterben 360 Menschen. »Wir haben keine Hoffnung mehr, Überlebende zu finden«[145], sagt ein Sprecher der italienischen Polizei. »Es ist wie in einem Horrorfilm, da unten ist eine Masse von eingeklemmten Körpern, einer über dem anderen im Laderaum«, sagte der Taucher Rocco Canell. Das von der libyschen Hafenstadt Misrata kommende Schiff war gegen vier Uhr morgens nur einen Kilometer vor der Küste Lampedusas in Seenot geraten. Die aus Eritrea stammenden Flüchtlinge entzünden eine Decke, um Hilfe herbeizuwinken. Das Schiff fängt Feuer und sinkt.

Es gab schon viele solcher Unglücke im Mittelmeer. Über 20000 Migranten sollen dort in den letzten 20 Jahren ertrunken sein. Aber dieses Unglück ist anders. Vielleicht sind es die grauenvollen Umstände, vielleicht ist es die hohe Zahl der Toten auf einmal oder die Summe der bislang geschehenen Unglücke. Es ist, als habe genau diese eine Katastrophe gefehlt, damit das Sterben nicht länger ignoriert werden kann. Italien ruft Staatstrauer aus. Das gab es noch nie wegen toter Flüchtlinge. »Heute ist ein Tag des Weinens«, sagt Papst Franziskus. In einer

Wellblechhalle am Hafen von Lampedusa bauen Helfer die Särge der 290 geborgenen Opfer auf, darauf legen sie 290 rote Rosen mit langem Stiel. »Ich werde diesen Anblick für den Rest meines Lebens mit mir herumtragen«, sagt die EU-Innenkommissarin Cecilia Malmström danach. »Das ist das Bild einer Union, die wir nicht wollen.«[146] Gemeinsam mit Kommissionspräsident José Barroso war sie auf die Mittelmeerinsel gereist. Es ist die erste Geste dieser Art der EU-Führung. Die kann nicht weitermachen wie bisher. Die Toten im Wrack von Lampedusa haben ganz Europa gezwungen, die Folgen seiner Flüchtlingspolitik zu sehen. Die Union steht unter Zugzwang, politisch, moralisch. Und damit auch Deutschland. Das Unglück verändert die Debatte um die protestierenden Flüchtlinge. Wenn sie sprechen, schwingt Lampedusa jetzt immer mit, viel stärker als zuvor.

BERLIN, 8. Oktober 2013: Die Bilder sind genau die Gleichen wie ein Jahr zuvor. Flüchtlinge aus Bayern – jetzt allerdings nennen sie sich »Non-Citizens« – sitzen vor dem Brandenburger Tor, in unbefristetem Hungerstreik. Viele waren zuvor beim Marsch nach München und der Besetzung des DGB-Hauses dabei. Das Berliner Verwaltungsgericht hat ein Urteil zu dem Hungerstreik vor einem Jahr gefällt: »Einfache Mittel« zum Schutz vor schlechtem Wetter hätten nicht weggenommen werden dürfen. Doch Zelte und Schlafsäcke gestattet die Polizei den 27 Männern und zwei Frauen auch jetzt nicht.

Die Streikenden nehmen Bezug auf das Unglück im Mittelmeer: »Wir sind Lampedusianer_innen und tausend andere Geflüchtete, die an den Europäischen Grenzen sterben, aber wir haben es bis hierher geschafft«.[147]

Viele sind durch die monatelangen Aktionen zuvor geschwächt. Bis zum 6. Tag des Hungerstreiks werden fünf von ihnen ins Krankenhaus gebracht. Dann stellen die Flüchtlinge das Trinken ein. Sie veröffentlichen einen offenen Brief an den Bundesinnenminister und das BAMF. Weitere 25 Flüchtlinge kommen ins Krankenhaus, die meisten kehren nach der Behandlung aber zum Pariser Platz zurück. Es gibt ein Gespräch mit dem BAMF-Vize Michael Griesbeck, der Berliner Integrationssenatorin Dilek Kolat (SPD) und dem SPD-Innenpolitiker Rüdiger Veit. Die sagen zu, sich für die Forderungen einzusetzen. Die Flüchtlinge beenden den Hungerstreik und ziehen sich in die evangelische Kirchengemeinde Heilig-Kreuz (→ S. 177) zurück.

BERLIN, Ende Oktober 2013: Vielleicht tragen die Bemühungen der letzten Jahrzehnte langsam Früchte, vielleicht hat die Streikwelle des letzten Jahres, die Innenpolitiker immer wieder zu Gesprächen mit den Flüchtlingen gezwungen hatte, ein Übriges getan.

Auch wenn es viele Einschränkungen gibt: Kein Regierungsprogramm der letzten Jahrzehnte hat auch nur annähernd so viele Forderungen aus der Flüchtlingsbewegung berücksichtigt wie der Koalitionsvertrag, den Union und SPD jetzt ausgehandelt haben.

Das Arbeitsverbot für Asylbewerber und Geduldete soll auf drei Monate verkürzt werden. Die EU hatte schon kürzlich eine Beschränkung auf höchstens neun Monate verfügt. Erhalten bleibt allerdings der sogenannte Nachrangigkeitsvorbehalt: Nur wenn kein Deutscher einen Job will, darf ein Asylbewerber ihn annehmen. Vor allem in Gebieten mit hoher Arbeitslosigkeit bleibt der Jobmarkt vielen so verschlossen.

Die Prüfung von Asylanträgen soll nicht länger als drei Monate dauern. Tatsächlich war die bislang teils jahrelange Dauer für viele zermürbend, ein Auslöser vieler Proteste. Fraglich ist, ob das BAMF hierzu organisatorisch überhaupt im Stande ist. Zudem fürchten Flüchtlingsorganisationen, dass die neuen Schnellverfahren vor allem dazu dienen, schnell abzuschieben.

Für die 36 000 Menschen, die seit mehr als sechs Jahren mit einer Duldung leben, wie Meryem Kaymaz (→ S. 35), soll es endlich die lange geforderte Bleiberechtsregelung ohne Stichtag geben. Bedingung ist allerdings die »überwiegende Lebensunterhaltssicherung« – wie auch immer die von Geduldeten gewährleistet werden soll. Die Behörden sollen allerdings solchen Ausländern das Bleiberecht verweigern dürfen, die in der Vergangenheit »mangelhaft« an der Vorbereitung ihrer eigenen Abschiebung mitgewirkt haben. Eine der schikanösesten und umstrittensten Regelungen des Asylrechts wird gelockert: Künftig soll die EU-weit einzigartige Residenzpflicht vom Landkreis auf das Bundesland ausgeweitet werden. Bis auf Sachsen und Bayern war dies aber ohnehin schon überall der Fall. Für Aufenthalte bis zu einer Woche außerhalb des Bundeslandes soll künftig eine bloße Mitteilung an die Ausländerbehörde ausreichen. Bislang war ein förmlicher, teils gebührenpflichtiger Antrag nötig – den die Behörden nach Gutdünken ablehnen konnten. Für Studium, Beruf und Ausbildung soll ein Anspruch auf Befreiung von der Residenzpflicht bestehen. Völlig frei im Land bewegen dürfen sich Asylbewerber und Geduldete weiterhin nicht.

Die Behandlung unbegleiteter 16- und 17-Jähriger als »voll verfahrensmündig« soll beendet werden. Künftig genießen alle unbegleiteten Minderjährigen Schutz. Erst mit 18 können sie ihr Verfahren betreiben.

Der Koalitionsvertrag ist eine Absichtserklärung, kein Gesetz. Doch nach dem Karlsruher Sozialleistungs-Urteil vom Vorjahr ist die zweite deutliche Stärkung von Flüchtlingsrechten auf dem Weg. Das ist umso bemerkenswerter, als konservative Innenpolitiker angesichts steigender Flüchtlingszahlen jetzt immer lauter auf Verschärfungen drängen. Doch im Moment können sie sich nicht durchsetzen.

Die Flüchtlingsbewegung ignoriert all dies weitgehend. Eigene Erfolge anzuerkennen gehört nicht zu ihren Stärken.

ZIRNDORF, Ende Oktober 2013: Die Sache mit dem Essen, die lief so im Freistaat: Der Bestellschein ist blassblau, zur Wahl stehen etwa »Heringsfilet in Tomatensoße«, »Kiwi (2 St.)«, »Mischbrot (500 Gramm)«, »Obst in Glas/Dose« oder »Kräutertee (20 Beutel)«. Die Auswahl ist gleich, seit Jahren. Zweimal pro Woche teilen die Hausmeister etwa in Neuburg an der Donau das blaue Formular aus, dienstags und donnerstags. Dann können die gut 12 000 Bewohner der 130 bayerischen Sammelunterkünfte für Asylsuchende für die nächsten Tage ihr Essen bestellen. In neun Rubriken dürfen sie insgesamt 23 Kreuze machen, ein Gegenwert von 132,94 Euro im Monat je Erwachsenem soll sich maximal ergeben. Zwei Tage später werden die Lebensmittel in grauen Plastikboxen geliefert, 30 Minuten dauert die Ausgabe. Wer unpünktlich ist, dem kann es passieren, dass er oder sie nichts bekommt. Selber einkaufen, vielleicht in Läden, in denen es türkische, arabische oder afrikanische Lebensmittel gibt – für Asylbewerber und Geduldete in Bayerns Sammelunterkünften ist das nicht möglich.

Die Essenspakete sind ein Residuum des Asylkompromisses von 1993. Es ist eine radikale Beschneidung der Autonomie. Sie ist gedacht als Weg zu sagen: Wir wollen euch nicht. Nur Bayern hält im Jahre 2013 noch daran fest. Das Bundesland sei »der menschenrechtliche Hinterhof Deutschlands«, sagt Alexander Thal vom Bayerischen Flüchtlingsrat. »Immer das Gleiche: Die exakt gleiche Putenwurst, der exakt gleiche Käse, jahraus, jahrein. Das macht die Leute wahnsinnig.«

Jahrelang hatten Flüchtlinge in Bayern immer wieder gegen die Essenspakete protestiert, oft mit Hungerstreiks. Ohne Erfolg. »Wer mit den Leistungen in Deutschland nicht zufrieden ist, kann jederzeit zurück«[148], sagte die bayerische CSU-Sozialministerin Christine Haderthauer. Nach der Landtagswahl im September 2013 folgt ihr Emilia Müller im Amt. Zwei Wochen nach ihrem Amtsantritt besucht sie das BAMF in Zirndorf. Vor der Tür ihres Ministeriums in München sitzen da seit einigen Tagen Flüchtlinge im Hungerstreik. »Ich will, dass wir Asylbewerber gut behandeln«[149], so Müller. »Ich will weg von den Essenspaketen hin zu Geldleistungen.«

Tatsächlich war es nicht Müller, die diese Entscheidung getroffen hatte. Sie verkündet sie lediglich. Vor einem halben Jahr, an jenem Samstagnachmittag im Juni, als die Situation am Münchner Rindermarkt eskaliert war, hatten der Ministerpräsident Horst Seehofer, die damalige Sozialministerin Christine Haderthauer und der Innenminister Joachim Herrmann (alle CSU) entschieden: Die Essenspakete kommen weg. Und auch der Satz, die Unterbringung in Sammelunterkünften »soll die Bereitschaft zur Rückkehr in das Heimatland fördern«[150], in der bayerischen »Durchführungsverordnung Asyl« wird gestrichen.

Die radikale Aktion der Durststreikenden hatte durchgesetzt, woran andere Proteste jahrelang gescheitert waren. Doch die bayerische Landesregierung behielt ihren Entschluss erst einmal für sich. Zum einen wollte sie nicht den Eindruck erwecken, sich von den Flüchtlingen erpressen zu lassen. Zum anderen wollte sie eine Abstimmung über das Thema im Landtag vermeiden – womöglich wären nicht alle Abgeordneten mitgegangen. Also beschloss sie, bis nach der Wahl zu warten und dann auf dem Verwaltungsweg den Sozialämtern die Möglichkeit zu geben, von Essenspaketen auf Gutscheine umzustellen. Das war den Ämtern wiederum zu kompliziert. Also gibt es jetzt Bargeld.

Viele in der CSU finden das falsch. Sie halten dies für einen zusätzlichen Anreiz, nach Deutschland zu kommen, vor allem für Roma aus Südosteuropa. Intern muss Müller Kritik einstecken. Doch jetzt kann die Landesregierung nicht mehr zurück. In den folgenden Monaten laufen die Verträge, die bayerische Bezirksregierungen mit der Drei-König-Lebensmittelservice GmbH abgeschlossen hatten, aus.

Die Intensität der Rindermarkt-Proteste im Juni 2013 habe alle Beteiligten überrascht, sagt der bayerische Integrationsbeauftragte Martin Neumeyer (CSU). »Das war eine surreale Situation, nicht einfach zu begreifen, und man hat sich schon gefragt, wie man verhindern kann, dass so etwas immer wieder passiert. Man lässt sich ungern von außen was sagen, aber da hat mit Sicherheit ein Umdenken eingesetzt.«

HAMBURG, November 2013: Die Lampedusas in Hamburg erfahren Solidarität in ungekanntem Ausmaß. Sie sind »das beherrschende Thema in der Stadt«[151], schreibt die *taz*. Die Karawane war die erste Gruppe, die im Frühjahr Kontakt zu den Flüchtlingen aufgenommen hatte. Jetzt ist sie eine von Hunderten. Unterstützer blockieren Bürgerschaftssitzungen und stören Auftritte von Bürgermeister Olaf Scholz (SPD). Sie grillen, kochen, essen, basteln, spielen Fußball mit den Flüchtlingen. Sie besetzen Schornsteine, Parteibüros, leerstehende Häuser, verüben Anschläge auf Behördengebäude und Dienstwagen. Zwischen Mai und Dezember 2013 gibt es etwa 30 größere Demonstrationen für die Lampedusas in der Stadt, dazu eine Dauerkundgebung und eine Reihe Mahnwachen. Resolutionen, Manifeste, Erklärungen werden veröffentlicht, Kunst, Konzerte ihnen gewidmet. Prominente und Auschwitz-Überlebende setzen sich für sie ein, große Theater inszenieren Stücke mit den Flüchtlingen, Ver.di nimmt sie als Mitglieder auf. Unterstützer planen eine »Bürgerpartnerschaft« zwischen St. Pauli und der Gemeinde Lampedusa, wollen gar ein Flüchtlingsboot von dort an die Elbe holen, um es als Mahnmal aufzustellen – eine Idee, die die Flüchtlinge allerdings als Geldverschwendung abtun.

Insgesamt aber ist es eine Win-Win-Situation: Die Flüchtlinge brauchen Unterstützung, St. Pauli gefällt sich bombig in der Rolle des rebellischen Stadtteils, und die Lampedusas sind ein hervorragender Weg, dieses Image zu pflegen. Die Flüchtlinge werden kurzerhand in die seit langem schwelenden Auseinandersetzungen um Aufwertung und steigende Mieten integriert. Der Kampf gegen Zwangsräumungen und der gegen Abschiebungen, in St. Pauli sind sie jetzt eins. Die Kirche am Hafenrand hat 80 der Afrikaner aufgenommen, die Übrigen schlafen bei Privatleuten oder auf der Straße. Doch jetzt kommt der Winter.

Solidaritätsinitiativen rufen zum »Aufstand gegen die Flüchtlingspolitik«. Am Samstag, dem 3. November 2013, marschieren rund 15 000 Menschen durch die Stadt. Sie fordern ein Aufenthaltsrecht für die rund 350 Afrikaner. Der Rekord für die größte Demo für Flüchtlingsrechte vom Vorjahr im Oktober in Berlin ist eingestellt.

Fußballfans, Christen, Autonome, Gewerkschafter, Schüler und Künstler sind da, in der ersten Reihe laufen die Lampeduses: »Krieg, Flucht, Entrechtung – genug ist genug! We are here – Bleiberecht Paragraf 23«, gemeint ist der Paragraf 23 des Aufenthaltsgesetzes, steht auf ihrem Transparent. Doch kaum etwas fürchtet der Hamburger Senat mehr als das mit einem humanitären Bleiberecht verbundene Signal. Es wäre »ein weiterer Torpedo auf das Dublin-System«, sagt ein Aktivist von der Interventionistischen Linken, einem Zusammenschluss undogmatischer Linker. Er ist Anwalt und befasst sich seit Jahren mit dem europäischen Asylrecht. Tatsächlich laufen die Dublin-Regularien aus dem Ruder. Wer erfahren will, warum die europäische Flüchtlingspolitik so krachend scheitert, bekommt in diesen Wochen in Hamburg ein Lehrstück geboten: 40 300 Flüchtlinge kommen 2013 über das Mittelmeer nach Italien.[152] Die sogenannte Dublin-Verordnung der EU legt fest, dass sie nur dort einen Asylantrag stellen können. Italien protestiert seit Jahren gegen diese unfaire Lastenteilung, stieß aber vor allem bei der deutschen Regierung auf taube Ohren. Das rächt sich jetzt. Italien kann die hohe Zahl allein nicht bewältigen und unterläuft die Regel still: Es stellt den Ankommenden schnell Aufenthaltstitel aus und setzt sie ohne Sozialleistungen auf die Straße. Arbeit gibt es für die Flüchtlinge in Italien nicht genug. »Die Leute haben auf der Straße gebettelt, es gab Prostitution und Drogen«[153], sagt der Nigerianer Asuquo Udo, der Sprecher der Lampedusa-Gruppe. »Es gab nichts zu tun, keine Perspektive. Es war furchtbar.«

Also tun viele, was sie ohnehin vorhatten: Sie ziehen weiter nach Norden. Mit den italienischen Papieren dürfen sie sich drei Monate in jedem EU-Staat aufhalten. Sozialleistungen aber bekommen sie nirgends, und arbeiten dürfen sie außerhalb Italiens auch nicht. Genau das wollen die Lampedusas in Hamburg jetzt erzwingen. Und die deutschen Behörden fürchten, dass Hunderttausende folgen, wenn sie nachgeben.

Immer wieder kontrollieren Polizisten die Flüchtlinge auf der Straße. Wütende Proteste aus der linken Szene sind die Folge. Den Sommer über schaukelt sich der Konflikt in der Stadt auf. Die Kirche versucht zu vermitteln. Der Senat will nur individuelle Anträge von jedem Einzelnen der Afrikaner prüfen. Dazu müssten die aber ihre Identität preisgeben und würden ihren italienischen Aufenthaltstitel verlieren. Danach könnten sie in ihre Heimatländer abgeschoben werden.

Die Flüchtlinge wollen das nicht. »Sie haben den Krieg in Libyen überlebt, die Überfahrt über das Mittelmeer überlebt und die Flüchtlingslager in Italien überlebt«, sagt Udo. Sie wollen eine pauschale Entscheidung für die ganze Gruppe. Erst danach, wenn keine Abschiebung mehr droht, wollen sie ihre Identität preisgeben.

Kurz vor der Demo fordert die evangelische Bischöfin Kirsten Fehrs die Flüchtlinge auf, sich auf die Einzelfallprüfung einzulassen. »Es gibt aus meiner Sicht keinen anderen Weg.«[154] Doch den Lampedusas schwant, dass für sie am Ende die Abschiebung steht. Die Gruppe bestehe auf »eine Lösung gemäß Paragraf 23«, sagt Udo.[155]

BERLIN, Dezember 2013: Vor einem Jahr haben die Oranienplatz-Flüchtlinge die Gerhart-Hauptmann-Schule in Kreuzberg besetzt. Viele hofften, das Gebäude könnte ein Flüchtlingszentrum werden, in dem die Proteste überdauern, auch wenn der Platz eines Tages geräumt wird. Doch danach sieht es nicht aus. Für die Boulevardpresse ist die Schule nur noch das »Horror-Haus«, das »Haus ohne Gesetz« oder das »Flüchtlingshaus des Grauens«. Etwa 200 Menschen leben jetzt darin, die meisten sind Flüchtlinge, die im Zuge der Oranienplatz-Proteste nach Berlin kamen. Es sind mehr Personen, als in der Schule unter erträglichen Umständen Platz haben. Unter den Bewohnern sind offensichtlich auch Dealer aus dem nahen Görlitzer Park. Vor kurzem stach ein Afrikaner auf dem Gelände der Schule auf einen anderen ein und verletzte ihn schwer. Ein Sondereinsatzkommando rückte an. Der Kreuzberger Bau-Stadtrat Hans Panhoff (Grüne) versucht, die Lage zu beruhigen. Es sei falsch, den Schluss zu ziehen, »dass in der Schule eine besonders aggressive Stimmung herrscht«[156], sagt er. »Angesichts der Enge geht es eher erstaunlich friedlich zu.« Doch der Druck auf Panhoff, räumen zu lassen, ist enorm.

Es gibt in der Schule einen Bereich, der keine Schlagzeilen macht, obwohl er Beachtung verdient hätte. Die aus Brasilien stammende Aktivistin Denise Garcia Bergt hat in einem separaten Trakt der Schule den »International Women Space« aufgebaut; ein geschützter Raum für Frauen, mit Arbeitskreisen, Sprachkursen und Rechtsberatung. Der Frauentrakt, so sagen viele, ist das einzige funktionierende Projekt in der Schule.

»Wir treffen uns dort seit einem Jahr dreimal die Woche. Sieben Frauen leben in unserem Trakt. Angegriffen wurde noch keine von uns«, sagt Bergt. Gewalt gebe es, doch sie spiele sich zwischen den männlichen Bewohnern ab. Die meisten von ihnen seien Asylsuchende oder Geduldete, sie hätten keine Arbeit und keine Perspektive. Angesichts der Umstände sei die Gewalt »minimal«. Die Probleme erklärt Bergt auch mit der Entstehung des Projekts. »Als wir im vergangenen

Dezember hier angefangen haben, haben sich Leute vom Oranienplatz mit anderen gemischt. Es war nie eine homogene Gruppe, nicht alle haben gleich verstanden, worum es geht.« Die einen hätten »gegen das Asylsystem gekämpft«, die anderen hatten keine Bleibe. So teilen sich Leute wie Garcia Bergt, die ein politisches Projekt schaffen wollten, die Schule mit anderen, die nur ein Dach über dem Kopf brauchen.

Anfangs wurden alle Versammlungen, die die Schule betrafen, nicht dort abgehalten, sondern am Oranienplatz. Der Organisierung in der Schule tat das nicht unbedingt gut. Erst nach und nach wurden die Versammlungen dorthin verlegt. »Nach einer langen Flucht sind Plena nicht unbedingt deine erste Priorität«, sagt Bergt.

Zum Leben sei die Schule bestimmt nicht der beste Ort, räumt sie ein. Unter anderem fehle es an Duschen. Dennoch sei das Schulgebäude für viele Bewohner das kleinere Übel. »Die Alternative für sie ist bestenfalls ein Lager irgendwo auf dem Land, abgeschnitten von allem. Warum sollten sie dahin zurück? In der Schule sind sie zusammen, sie können eine Community aufbauen. Das ist besser als die Isolation. Die macht die Menschen fertig. In der Schule können sie das durchbrechen.«

Februar 2014: Der Europa-Wahlkampf läuft langsam an. Die CSU hatte im Dezember bei ihrer Tagung in Wildbad Kreuth ihre Linie festgelegt: »Wer betrügt, der fliegt«, hatte sie erklärt. Gemünzt war der markige Spruch auf Rumänen und Bulgaren, die seit Jahresbeginn unbeschränkt nach Deutschland ziehen dürfen. Die CSU warnte vor »Armutszuwanderung«[157], sie fordert Beschränkungen beim Sozialleistungsbezug und härtere Strafen. Nun gab es keinerlei Evidenz, dass Rumänen und Bulgaren in Deutschland öfter arbeitslos waren als andere EU-Ausländer. Auch dass sie sich betrügerisch Sozialleistungen erschleichen, ist eine Erfindung: 2012 und 2013 sind deutschlandweit insgesamt nur 23 solcher Fälle bekannt geworden.[158] Doch die xenophobe Anti-Rumänen- und Anti-Bulgaren-Kampagne der CSU mischte sich mit der schon bestehenden Dynamik gegen Migration vom Balkan insgesamt, vor allem gegen Asylbewerber aus Ländern wie Serbien und Mazedonien. Die Folge sind immer neue Vorschläge für Asylrechtsverschärfungen, und der Bundestag beschließt ein Gesetz, das es möglich macht, EU-Bürger aus Deutschland auszuweisen, wenn sie länger als sechs Monate keinen Job finden. Eine Lex Roma.

BERLIN, März 2014: Seit dem Schiffsunglück vor Lampedusa im Oktober 2013 ist vor allem die EU-Grenzschutzagentur Frontex in die Kritik und unter Druck geraten. Ihre Aufgabe ist es, illegale Grenzübertritte zu verhindern – ein kaum auflösbarer Widerspruch zu Flüchtlingsrechten. Denn legale, sichere Wege nach Europa gibt es für Flüchtlinge so gut wie nicht. Deshalb wird Frontex für die Toten im Mittelmeer mitverantwortlich gemacht. Jetzt wird bekannt, dass die EU-Mittelmeeranrainer Frankreich, Italien, Griechenland, Spanien und Malta verhindern wollen, dass Frontex eine besondere Pflicht zur Seenotrettung auferlegt wird. Offenbar wollen die Länder, dass für Flüchtlinge das Risiko, nicht aus Seenot gerettet zu werden, hoch bleibt, um sie abzuschrecken. Außerdem gibt es Pläne, dass Frontex künftig Flüchtlinge auf hoher See stoppen und zurückschleppen soll.

Die sonst sehr verschwiegene Behörde geht in die Kommunikationsoffensive. Unter anderem kommt ihr Direktor Gil Arias zu einem Auftritt in die EU-Vertretung nach Berlin. Schon Stunden vorher stehen Dutzende Demonstranten vom Oranienplatz auf der Straße Unter den Linden. Einige von ihnen haben die lebensgefährliche Fahrt über das Mittelmeer selbst hinter sich gebracht. Die EU will sich dialogbereit zeigen und lässt die Demonstranten in den Konferenzsaal. Sie haben ein zehn Meter langes schwarzes Transparent dabei. »EU – Stop Killing Refugees« steht darauf. Als Arias das Wort ergreift, rufen sie immer wieder »Mörder, Mörder.« Frontex sehe sich nicht als Instrument für Migrationspolitik, sondern für Grenzkontrolle, sagt Arias. »Wir sind nicht für Asyl zuständig.«[159]

BERLIN, April 2014: Um 6.55 Uhr kommt die SMS: »Alarm! Der Oranienplatz wird geräumt.« Seit Monaten hatten viele damit gerechnet, dass Berlins Innensenator Frank Henkel (CDU) diesen Schritt geht. Jetzt scheint es so weit zu sein. Doch die Lage an diesem Morgen ist kompliziert: Statt Räumpanzern sind nur ein paar Zivilpolizisten vor Ort – es sind Flüchtlinge, die die Zelte und Hütten abreißen. Mit Hämmern, Brechstangen und bloßen Händen reißen sie Bretter von den Wänden, ziehen Planen von den Dächern und werfen Möbel heraus. Bagger greifen die Trümmer und fahren sie zu zwei Schuttcontainern. Die Stimmung ist aufgeheizt, denn nicht alle Flüchtlinge sind damit einverstanden, den Platz aufzugeben.

»Hört auf«, brüllt ein Mann eine Gruppe an, die sich gerade eine

Holzhütte vornimmt. »Bete für ein besseres Leben statt darum, hierzubleiben«, entgegnet ihm einer von denen.

»Ich lande auf der Straße, und das wisst ihr.«

»Alles, was wir wissen, ist: Das Spiel hier ist vorbei, Bruder.«

Seit Januar hatten die Flüchtlinge mit dem Berliner Senat über eine Räumung des Platzes verhandelt. Der Senat bietet an, Unterkünfte für sie zu finden und ihre Anträge auf Aufenthalt einzeln zu prüfen, wenn sie den Oranienplatz freiwillig räumen. Viele der Flüchtlinge mit deutschen Asylverfahren fürchten jedoch, zurück in ihre Lager irgendwo in Deutschland geschickt zu werden. Sie lehnen ab. Eine Ausnahme ist die Fraktion, die in Italien bereits Asyl erhalten hat: die Lampedusas. Sie dürfen sich eine Zeit lang legal in Deutschland aufhalten. Sie brauchen nur eine Arbeitserlaubnis. Ihre Lage ist genau wie die der Lampedusas in Hamburg, bloß mit dem Unterschied, dass sie in Berlin die Einzelfallprüfung akzeptieren.

Ihr Wortführer ist Bashir, ein massiger Mann aus Nigeria. Er hat die Verabredung mit dem Senat unterzeichnet – gegen den Willen der Mehrheit der Verhandlungsdelegation. Heute ist er der Wortführer des Abreißtrupps. »Wir haben die Hütten gebaut, wir reißen sie auch wieder ab«, bekräftigt er. Ein Umstehender nickt. »Ich war Elektroingenieur in Niger, ich kann für mich sorgen«, sagt er. »Wir haben keinen Bock mehr, auf diesem Platz zu leben und zu hoffen, dass die Leute uns Kleingeld zuwerfen.«

Die Gruppe um Bashir knöpft sich die nächste Hütte vor. Einzelne versuchen den Abriss aufzuhalten. »Lasst uns arbeiten«, brüllt einer der Afrikaner und schubst die Blockierer weg.

Der ganze Frust der letzten zwei Jahre bricht jetzt durch. Wild hämmern die Flüchtlinge auf die Hütten ein, als seien die schuld an verpassten Chancen, verlorener Zeit. »Die sind ja wie im Rausch«, sagt eine junge weiße Frau. Immer mehr Menschen kommen, die in den letzten Monaten versucht haben, eine Räumung zu verhindern. Sie sehen zu, wie der Müllberg langsam wächst, einige haben Tränen in den Augen. »Wir können nichts machen, oder?«, fragt eine andere junge Frau in die Runde. »Nein«, antwortet ein Umstehender. »Scheiße.« Andere versuchen noch schnell, Dinge zurückzubekommen, die sie den Flüchtlingen geliehen hatten.

Vor seiner Hütte steht Prince, 24, beige Lederjacke, weißer Hemdkragen. Er stammt aus Ghana, ist gelernter Schweißer. Seine Hütte hat er letztes Jahr gebaut, sie ist eine der schönsten und stabilsten auf dem Platz. »200 Euro habe ich ausgegeben«, sagt er. Elektrokabel von Bauhaus, Dachpappe, Isolierstoff. Warum er nicht auf das Angebot des Senats eingehen will und in eine der Notunterkünfte zieht? »Wenn wir erst da sind, gibt es keinen Protest mehr«, sagt er. »Dann interessiert sich niemand für uns.« Etwas später steht er neben einem Haufen, der vor kurzem noch sein Haus war. Darunter sind Möbel und Kleidung zu sehen. Will er nichts retten, bevor der Bagger kommt? »Den Schrott brauche ich jetzt auch nicht mehr«, sagt er. »Was ich brauche, ist eine Idee, wie mein Leben weitergehen soll.«

Am Rande des Platzes steht der Kreuzberger CDU-Abgeordnete Kurt Wansner. Er hatte Unterschriften für die Räumung des »Drecksplatzes« gesammelt. Jetzt gibt er dem *ZDF* ein Interview. »Das ist das Beste, was denen passieren konnte«, sagt er. »Sie kriegen jetzt endlich richtige Betten. Wer will denn so wohnen?«

BERLIN, Mai 2014: Es sei kein schlechtes Geschäft gewesen, sagt Ahmed Salisu. Vorher habe er auf dem Oranienplatz »mit Ratten im Schmutz gewohnt«. Wenn er morgens aufwachte, wusste er nie, was er den ganzen Tag tun sollte; sich zu waschen war jeden Tag aufs Neue ein Problem. Dazu die Blicke der Passanten. Rassismus, das hat Salisu da gemerkt, funktioniert auch ohne Worte. Dann die, die nicht bloß abfällig glotzten. »Das hier ist nicht Afrika, geht dahin, wo ihr hergekommen seid«, sagten sie. Und die, die weiter gingen: das von Unbekannten gelegte Feuer im Toilettenhäuschen. Die Angriffe auf den Infopunkt. Die Zeltküche, in der Salisu am Anfang oft für alle gekocht hatte. Teuer war das nicht, sagt er. 70 Euro reichten für Reis, Hähnchen, Tomaten, und alle im Camp wurden satt. Doch am Ende war das Spendenkonto leer, und die Teller blieben es auch.

2010 floh Salisu aus Nigeria nach Libyen, 2012 musste er das Land verlassen, über Italien kam er nach Berlin. Er bedauert es nicht, den Oranienplatz nach fast 14 Monaten verlassen zu haben. Und er bedauert auch nicht, als Mitglied der Verhandlungsgruppe die umstrittene Vereinbarung mit der Integrationssenatorin Kolat unterschrieben zu haben. Der Vertrag bedeutete das vorläufige Ende der Proteste im Zentrum Berlins – aber aus Salisus Sicht wurde für Hunderte Flüchtlinge womöglich eine Perspektive eröffnet. Was sagt er denen, die ihm Verrat vorwerfen? »Es musste sein. Wir wollten etwas Neues.«

Das Neue sah so aus: Im Tausch für den Zeltplatz gab es für einen Teil der Flüchtlinge kleine weiße Plastikkarten. Auch Salisu hat eine bekommen. »Teilnehmer Vereinbarung Oranienplatz« und »Gültig nur in Verbindung mit einer Krankenversicherungskarte« steht darauf. Salisu hat die Nummer 31. Die Karte berechtigt zum Bezug von 362 Euro im Monat, die im Wohnheim bar ausbezahlt werden.

Salisu ist in ein ehemaliges Hostel im Berliner Stadtteil Friedrichshain gezogen. Am Eingang stehen Wachmänner, Besuch zu empfangen ist schwierig. Sein Zimmer teilt er mit einem Mann aus Niger, sie sprechen dieselbe Sprache, manchmal kochen sie zusammen in der Gemeinschaftsküche. Duschen kann er in seinem eigenen Bad nun jeden Morgen, »und wenn ich will, auch zweimal am Tag«. Vor allem aber: »Wir müssen nicht mehr um Hilfe betteln.«

467 Namen sollen auf der Liste gestanden haben, die die Flüchtlinge dem Berliner Senat übergeben haben. Wie viele von ihnen die Karte bisher bekommen haben, ist unklar, die Liste ist offenbar ein totales Chaos. Es kursiert eine Zahl von etwa 250. Viele haben Schwierigkeiten, weil sie aus Angst vor Abschiebung einen anderen Namen angegeben haben als den, unter dem sie bei den Behörden registriert sind. Die Korrektur ist mühselig. Andere wurden offenbar gar nicht erst aufgeschrieben – weshalb, ist unklar. Der Senat hat bisher nicht für alle einen Platz gefunden, noch nicht alle bekommen die Sozialleistungen. Und die versprochenen Verfahren zur Erteilung von Aufenthaltstiteln haben noch nicht begonnen – erst will der Senat die Liste abarbeiten. So dauert es lange, bis die Aussicht auf eine Duldung, später möglicherweise auf eine Aufenthaltserlaubnis etwas konkreter wird. Oder eben nicht – eine Garantie konnten die Flüchtlinge dem Senat nicht abringen.

STRASSBURG, Mai 2014: Jede Protestaktion braucht eine Exit-Strategie: Einen identifizierbaren Punkt, an dem er beendet werden kann, wenn es keinen Sinn mehr hat, weiterzumachen. Er muss vermeiden, dass sich die Öffentlichkeit einfach an ihn gewöhnt. Oder er muss spektakulärere Aktionsformen wählen. Doch das ist eine Strategie, die schnell an Grenzen stoßen kann.

Der Oranienplatz ist jetzt geräumt, die Bewegung, die zwischenzeitlich als ein Block wahrgenommen wurde, zerfällt in Interessen-, Nationalitäten- und Statusgruppen. Die Medien berichten seltener über sie. Wie soll es weitergehen?

Schon lange vor der Räumung waren die Flüchtlinge vom Oranienplatz durch Europa gereist und hatten für eine gemeinsame Aktion geworben: den »Marsch für die Freiheit«. 450 Kilometer, von Straßburg bis Brüssel, den beiden Zentren der EU. Dazwischen liegen drei Landesgrenzen, die sie legal nicht übertreten dürfen. Ziviler Ungehorsam, genau wie 2012, als sie demonstrativ die Residenzpflicht verletzten und von Würzburg nach Berlin liefen.

Am 18. Mai 2014 starten sie, mit einer Schweigeminute für die Toten an den EU-Außengrenzen. Das Motto des Marsches: »Freedom not Frontex« – die Organisation, die versucht, Europas Grenzen dicht zu halten. Als sie loslaufen, singen sie »No border. No nation. Stop deportation«. Eine Kollegin von der *taz* schreibt, die Euphorie der Flüchtlinge wirke, als »breche sich eine Energie Bahn, die lange kein Ziel hatte«. Jetzt fühlt es sich wieder an wie damals, vor zwei Jahren, als sie die »Refugee Revolution« ausgerufen haben, als sie in ganz Deutschland von sich reden machten. Warum soll das nicht auch in Europa glücken? Schon beim Grenzübertritt von Kehl nach Straßburg auf der Rheinbrücke hätten sie festgenommen werden können. Sofort wären die Bilder von Knüppel und Pfefferspray durch die sozialen Medien gegangen. Es ist auch ein Spiel mit dem Gesetzesverstoß, mit Medien, Skandalisierung, öffentlicher Aufmerksamkeit. Das Spiel, das sie vor zwei Jahren zu spielen begonnen und bei dem sie bisher oft gewonnen haben.

Unter den Marschierenden ist die Kenianerin Napuli Langa. In Berlin war sie als eines der Gesichter der Oranienplatz-Proteste berühmt geworden. »Jetzt wird unser Anliegen international«[160], sagt sie. »Wir bauen hier Brücken, die auch über Europa hinaus reichen.« Vorerst zeigt Europa seine freundliche Seite. Die Freizügigkeit, sie gilt in den ersten Tagen für alle, die marschieren. Niemand will Papiere sehen.

Mal sind rund 80, mal ein paar Hundert Menschen dabei. Mit der Transnationalisierung hat es nicht geklappt: Die meisten sind aus Deutschland angereist.

Sie laufen nach Schengen in Luxemburg, wo einst die Verträge zur europäischen Freizügigkeit geschlossen wurden. Dort ziehen sie orangefarbene Rettungswesten an, in kleinen Schlauchbooten paddeln sie über den Grenzfluss Mosel. Sie wollen an die Opfer der Abschottung des Schengen-Raums erinnern. Das Denkmal für die Unterzeichnung der Verträge wickeln sie mit Stacheldraht ein. Die blaue EU-Fahne, die vor dem Denkmal gehisst ist, holen sie herunter, beschmieren sie mit roter Farbe und ziehen sie wieder den Mast hinauf, als sei sie mit dem Blut toter Migranten getränkt.

Fünf Tage später treffen sich die EU-Innenminister in Luxemburg. Auf der Tagesordnung: die Sicherung der Außengrenzen. Auch die »Freedom not Frontex«-Marschierer sind da. Sie wollen zu den Ministern vorgelassen werden. Aber die Türen bleiben zu. Ihre Sitzblockade vor dem Konferenzgebäude löst die Polizei mit Hunden auf, nimmt 13 Flüchtlinge fest.

Zwei Wochen später erreichen sie die Stadtgrenze Brüssels. Die letzte Nacht campieren sie auf einem Sportplatz im Vorort Saint Genisius. Ab dem Morgen eskortieren sie Polizeikolonnen. Es ist der 20. Juni, Weltflüchtlingstag. An einer Tankstelle in der Nähe der Autobahnausfahrt stehen drei Busse. Die Menschen darin waren 1996 mit ganz ähnlichen Märschen berühmt geworden. Es sind die Veteranen der Sans-Papier-Bewegung, der papierlosen Einwanderer in Frankreich. Diese hatte den Anstoß für die Organisierung von Flüchtlingen in ganz Europa gegeben. Gemeinsam laufen sie in die Innenstadt. Einige der Demonstranten tragen Attrappen von Maschinengewehren mit sich. »Europa hat Waffen in unsere Länder gebracht und damit Kriege ermöglicht, wegen denen Menschen fliehen müssen. Deswegen bringen wir diese Waffen jetzt zurück«, sagt Turgay Ulu, ein Oranienplatz-Aktivist.

»Die Menschen bekommen immer zu hören, die Abschottung sei der einzige Weg, ihren Wohlstand zu sichern. So entsteht Rassismus«, sagt Amir, ein im Iran geborener staatenloser Asylsuchender, während der Abschlusskundgebung. »Aber wir sind keine Gefahr.« Auf dem Marsch seien Flüchtlinge aus vielen Ländern zusammengekommen. »Wir haben schon mal gezeigt, wie es ohne Grenzen sein könnte.«

Sommer 2014: Das Bundesinnenministerium geht jetzt von 200 000 Asylanträgen in diesem Jahr aus, die Intensität von Dublin-Rückschiebungen in andere EU-Staaten nimmt zu.

Die Proteste der letzten beiden Jahre haben die Praktiken der Flüchtlingskämpfe verändert. In der Vergangenheit haben sich erschreckend viele Flüchtlinge in deutscher Abschiebehaft getötet (→ S. 106), den Suizid als Druckmittel eingesetzt aber haben sie so, wie es jetzt geschieht, nicht. »Der Staat fürchtet Flüchtlinge, die sich vereinigen, mehr als solche, die sich zu Tode hungern«, sagt etwa der Voice-Gründer Osaren Igbinoba dazu. Turgay Ulu war eine der führenden Figuren auf dem Oranienplatz. In der Türkei hat er 15 Jahre in den berüchtigten, »F-Typ« genannten Hochsicherheitsgefängnissen für politische Häftlinge gesessen. Dort hat er sich mehrfach an langen Hungerstreiks beteiligt. »Nicht sofort« sei eine seiner Lehren aus dieser Zeit, sagt er, als sich 2013 die Auseinandersetzungen um den Oranienplatz zuspitzen. »Das ist die finale Aktion, das macht man ganz am Ende. Ich weiß, wovon ich rede. Hier haben wir noch andere Möglichkeiten.«

Die iranischen Non-Citizens aber haben sogar den Durststreik etabliert. Wenn man sie fragt, ob sie diese Protestform aus dem Iran mitgebracht haben, weisen sie dies zurück. Die *FAZ* aber liegt wohl nicht ganz falsch, wenn sie Sätze wie »Mein Tod ist eine Option in dieser Auseinandersetzung« von Arash Dosthossein als »in der iranischen Diktatur möglicherweise nicht unübliche [...] Märtyrerhaltung« einschätzt.[161]

In manchen Unterstützerkreisen gibt es eine merkwürdige Faszination für die lebensgefährliche Protestform – als ob es nicht schon genug tote Flüchtlinge gebe. In Berlin hängen nun Plakate in den Straßen, die die Durststreiks als einzigen Weg befürworten. Der Staat müsse einlenken und Bleiberecht erteilen, sonst, so wird beschwörend gedroht, sei es »nur eine Frage der Zeit, bis der erste Flüchtling stirbt«. Das Plakat liest sich, als könne der Verfasser den Endkampf auf Leben und Tod kaum abwarten. Bei Szene-Debatten wird der Durststreik auch gutgeheißen, wenn es bloß um die Beschleunigung noch gar nicht entschiedener Asylverfahren geht. Einige Jahre zuvor war die Meinung eher: Solange nicht entschieden ist, wird wenigstens nicht abgeschoben. Hinzu kommt, dass sich in Teilen der Unterstützerszene die seltsame Auffassung breitgemacht hat, dass es niemandem zusteht, Aktionsformen der Flüchtlinge zu kritisieren, weil diese Opfer weißen Rassismus seien. Weiße hätten deshalb die Klappe zu halten und lediglich »reliable allies«, »verlässliche Verbündete«, zu sein. Diese Haltung wurde etwa von der Gruppe reclaim society! eingefordert, die sich dem Kampf gegen »weiße Vorherrschaft«[162] verschrieben hatte, nach heftiger Kritik an ihrem Dogmatismus allerdings 2013 selbstkritisch auflöste. Während des Rindermarkt-Streiks gibt es aus der linken Szene vereinzelt Widerspruch: »Es ist nicht richtig, tatenlos dabei zuzusehen, wie Menschen versuchen, sich umzubringen«[163], stand beispielsweise in einem anonymen »dringenden Aufruf« auf dem Internetportal *Indymedia*. Doch vor allem jüngere Aktivisten hatten sich den Dogmatismus von reclaim society! zu eigen gemacht. Womöglich entstand eine Wechselwirkung mit den Erwägungen der protestierenden Flüchtlinge. In jedem Fall: Immer öfter drohen die dem Staat jetzt mit Suizid.

Seit dem 20. Mai 2014 gibt es in der Würzburger Fußgängerzone wieder ein dauernd besetztes Protestzelt. Am 23. Juni stellen fünf Iraner dort das Trinken ein. Arash Dosthossein, Mohammad Kalali und ihre Freunde sind dieses Mal nicht mehr dabei. »Der Tod ist besser als das Leben im Heim«, sagt der abgelehnte Asylbewerber Teyeb Naseri.[164] Ihr Leben im Heim sei »ein langsames Sterben«. Seit drei Jahren warteten sie auf die Anerkennung als Flüchtlinge, das sei »genug. Wir sind müde. Wir sind bereit, unser Leben gegen die Anerkennung einzutauschen.« Der Bischof Friedhelm Hofmann verspricht, ihr Anliegen beim BAMF vorzutragen. Daraufhin brechen die Iraner den Streik ab.

Fast zur selben Zeit errichten Flüchtlinge auch in der Nürnberger Innenstadt wieder ein Protestzelt. Am 3. Juli besetzen sie das BAMF-Gelände. »Irgendwann sieht man keine andere Möglichkeit mehr, sich anders zu helfen«, sagt der 21-jährige Naquid Hakimi aus Afghanistan. Seit drei Jahren lebt er in Deutschland. »Mein Antrag wurde abgelehnt, ich habe dagegen erfolglos geklagt. Wir haben Demos gemacht, ein Protestzelt errichtet, dem Bundesamt Briefe geschrieben. Aber wir wurden immer ignoriert. Es fühlt sich an, als sei man ein Tier, das irgendwo in einem Stall lebt, dem man Essen und Trinken gibt, das man aber nicht hinauslässt.« Er könne nicht nach Hause und auch nirgendwo anders hin. »Die Ablehnung wurde vom Gericht bestätigt, das ist wie eine Mauer«, sagt er. »Ich bin 21 Jahre alt, ich muss endlich anfangen, eine Ausbildung zu machen. Ich will eine richtige Zukunft und nicht abhängig von jemandem sein.«

Am Morgen kommt der BAMF-Präsident Manfred Schmidt und bittet sie, zu gehen. Einige ketten sich am Zaun des Geländes an. Schmidt zeigt sie wegen Hausfriedensbruchs an, die Polizei räumt. Anders als die Flüchtlinge vom Münchner Rindermarkt beißen sie auf Granit. »Zusagen an die erneute Prüfung bereits abgelehnter Asylanträge wurden vom Bundesamt nicht gemacht«[165], sagt BAMF-Chef Schmidt. »Alle noch offenen Fälle werden auf normalem Wege geprüft und entschieden. Die Teilnahme an der Demonstration und die Besetzung des Hofes haben keinen Einfluss auf den Ausgang der Asylverfahren.«

Noch am selben Tag treten die Flüchtlinge im Nürnberger Protestzelt in Hungerstreik, drei Tage später stellen sie das Trinken ein. Es sei keine Erpressung, sagt Naquid Hakimi. »Wir bedrohen niemanden. Mit dem Hungerstreik mache ich nur meinen eigenen Körper kaputt, sonst nichts. Der Staat oder die Gesellschaft erleiden keinen Schaden, sie verlieren nichts. Ich muss später mit einer möglichen Krankheit leben, oder ich sterbe womöglich. Es ist das Gegenteil von einer Drohung. Wir versuchen uns nur zu verteidigen, in einer für uns fast ausweglosen Lage. Aber nicht mit Waffen oder mit Steinen, sondern mit unserem eigenen Körper.« Am nächsten Tag kollabieren die ersten Streikenden und kommen ins Krankenhaus. Die Gruppe bricht den Streik ab.

Aber einfach aufgeben, das wollen sie nicht. Es geht für sie um alles. Alle hier wissen, was die Non-Citizens in den Jahren zuvor erreicht haben – und wie. Die Nürnberger Flüchtlinge versuchen dasselbe. Sie fahren nach Berlin und besetzen die Aussichtsplattform im Fernsehturm am Alexanderplatz. Die Polizei trägt sie heraus. Dann besetzen sie den Platz vor dem Brandenburger Tor, treten in Hungerstreik. Die Polizei räumt sie sofort.

Die Haltung des BAMF hatte sich nach den Rindermarkt-Protesten im Vorjahr geändert. Damals habe die Behörde gedacht, die Eskalationsstrategie gehe allein auf die Iraner zurück, die als »Non-Citizens« aufgetreten seien, sagt Alexander Thal vom Bayerischen Flüchtlingsrat. Nun stellten sie fest, dass immer mehr Flüchtlinge deren Methoden übernehmen. Die Behörde fürchtet, einen Präzedenzfall geschaffen zu haben. »Die hatten Angst, dass das immer weitergeht«, so Thal. »Danach hat das Amt komplett dichtgemacht. Es gab keinerlei Verhandlungslösung mehr.« Das Zeitfenster, um ein Bleiberecht für die ganze Gruppen zu erzwingen, hat sich geschlossen.

BERLIN, Juni 2014: Ein Großaufgebot der Polizei holt die Bewohner aus der seit 2012 besetzten Gerhart-Hauptmann-Schule. Rund 200 Menschen, Flüchtlinge, Roma-Familien und Obdachlose, haben bis jetzt dort gelebt. Den Flüchtlingen werden Heimplätze und eine Prüfung ihres Aufenthaltsstatus angeboten. Viele lassen sich darauf ein. Ein harter Kern, rund 40 Menschen, aber bleibt. Sie fordern ein dauerhaftes Bleiberecht. Sie verschanzen sich auf dem Dach. Es heißt, sie hätten Benzin. Die Dachbesetzer weisen das zurück. Sie wollen niemandem etwas tun, sagen sie. Außer sich selbst. Wenn die Polizei sie räumen will, würden sie vom Dach springen. Eine neue Form der Suiziddrohung.

Die Polizei riegelt den ganzen Block um die Schule tagelang ab. Teils sind über 1000 Menschen an der Absperrung, viele bleiben auch nachts. Sie winken den über den Baumwipfeln zu erkennenden Gestalten auf dem Dach zu und beklatschen sie, Bands geben auf der Dauerkundgebung Konzerte. Am ersten Tag erlaubt die Polizei, dass Unterstützer Essen, Trinken und Decken in die Schule bringen. Ab dem zweiten Tag darf niemand mehr hinein – auch nicht die Presse. Die lange Absperrung sorgt für enormen Unmut bei den Anwohnern, doch der grünregierte Bezirk fürchtet, die Räumung der Schule anzuordnen. Was, wenn wirklich jemand springt?

Am Ende handelt der Baustadtrat Hans Panhoff einen Kompromiss aus: Ein Teil der Bewohner darf in einem Bereich des Gebäudes bleiben, während dies renoviert wird. Für alle anderen ist der Zutritt verboten. Was danach aus dem Haus wird, ist offen.

Bald darauf verbarrikadieren sich zehn Männern, die auf der Oranienplatz-Liste standen, auf dem Dach eines Hostels in der Gürtelstraße im Stadtteil Friedrichshain. Das Landesamt für Gesundheit und Soziales hatte die in dem Hotel untergebrachten Männer gemeinsam mit etwa 130 anderen Flüchtlingen aufgefordert, ihre Unterkunft zu verlassen. Ihre Anträge waren negativ beschieden worden. Die Polizei riegelt den Dachzugang ab. Auch Lebensmittel werden nicht durchgelassen, die Flüchtlinge bekommen gerade so viel Wasser, dass sie nicht verdursten. Die Organisation Ärzte für die Verhütung des Atomkriegs (IPPNW) schreibt dem Berliner Innensenator Frank Henkel (CDU), sie sei »in großer Sorge um die Gesundheit und das Leben«[166] der Männer. »Sollte es zu irreparablen gesundheitlichen Schäden oder gar Todesfällen kommen, so tragen Sie dafür Verantwortung.«

Nach 13 Tagen verlassen die Flüchtlinge das Dach und das Hostel. Zugeständnisse hat ihnen der Senat keine gemacht.

Ende eines Zyklus: Der Protest verflüchtigt sich

August 2014: Der CDU-Bundestagsabgeordnete Martin Patzelt, bis 2010 Oberbürgermeister von Frankfurt (Oder), erinnert sich an seine eigene Biografie als Ostvertriebener, wenn er die Lage der Flüchtlinge heute sieht. »Die Bedingungen in den Massenquartieren werden [...] besonders für Kinder schwer erträglich«, schreibt er in einer Pressemitteilung. Angesichts der »gegenwärtigen, erschütternden Bürgerkriege« wolle er einen »Paradigmenwechsel« anregen: »Deshalb rufe ich die Menschen in unserem Lande auf, über eine zeitnahe Aufnahme von Flüchtlingen, insbesondere von Müttern mit Kleinkindern, in ihren eigenen Häusern oder Wohnungen nachzudenken.« Schließlich stelle die wachsende Zahl der Schutzsuchenden die Kommunen vor »zunehmende finanzielle Herausforderungen«. Die Deutschen, so klagt Patzelt, seien es »gewohnt, dass unsere Hilfsleistungen über staatliche Stellen (Steuergelder) oder Träger der Wohlfahrt (Spenden) geleistet werden«. Dies stoße nun an Grenzen. Und da es in vielen Häusern Gästezimmer gebe, sei die Aufnahme von Flüchtlingen »organisatorisch wie finanziell keine wesentliche Last«. Daher »wage« er diesen Aufruf. Denn schließlich, so schickt er hinterher, waren seine Familie und die seiner Frau »nach dem Zweiten Weltkrieg als Vertriebene auch auf Hilfe und Barmherzigkeit anderer Menschen angewiesen«.[167]

Nach dem Zweiten Weltkrieg – ein dramatischer Vergleich. Für 2014 rechnet das BAMF mit 200 000 Asylanträgen. Ist es da nötig, die Assylbewerber in Privathäuser zu stecken? Müsste es nicht eher darum gehen, den Rechtsanspruch auf anständige Unterbringung zu stärken, statt den Staat per Appell an den Bürgersinn aus der Verantwortung zu entlassen?

Ist das Panikmache vor einer Zuwanderungswelle, die Ausmaße annimmt wie zwischen 1945 und 1950, als etwa 14 Millionen Deutsche aus Mittel- und Osteuropa vertrieben wurden? Wie kommt das an in einem Land, in dem die Innenminister gewohnheitsmäßig Alarm wegen zu vieler Flüchtlinge schlagen? Ist das das Signal: Es sind zu viele, der Staat schafft es nicht mehr? Sind es Botschaften wie die von Patzelt, die wenige Monate später zur Geburt von Pegida beitragen?

Andererseits: Politiker wollen gewählt werden. Vorschläge machen sie meist nicht, um die Menschen vor den Kopf zu stoßen. Sollte ein solcher Aufruf Sympathien bringen? Ist der Vorstoß Patzelts ein Indiz dafür, dass die protestierenden Flüchtlinge ihr Ziel erreicht haben und die Mehrheitsbevölkerung ihnen nun empathisch gegenübersteht?

Auf jeden Fall ist sein Vorschlag auch ein erstes Anzeichen für einen Paradigmenwechsel in der Flüchtlingssolidarität. Es gibt eine Art Syrien-Effekt. Die steigenden Asylzahlen der letzten Jahre gingen zu einem großen Teil auf Anträge aus den Balkanstaaten zurück, gestellt meist von Roma. Die gelten vielen als illegitime Flüchtlinge, Innenpolitiker schlugen gegen sie aggressive Töne an. Doch jetzt kommen immer mehr Syrer. Die gelten als legitime Flüchtlinge. Diese Unterscheidung ist so verbreitet, dass teilweise selbst NPD-Anhänger sie mittragen. Immer mehr Menschen in Deutschland engagieren sich jetzt für sie, doch wie sich zeigen wird, leisten sie vor allem Sozialarbeit, statt, wie viele Aktivisten zuvor, politische Auseinandersetzungen der Flüchtlinge zu unterstützen. Es gibt Backkurse und Grillabende statt Hungerstreiks.

BERLIN, 19. September 2014: Eine Viertelstunde redet Deutschlands erster grüner Ministerpräsident Winfried Kretschmann im Bundesrat. Dann spricht er aus, was da längst durchgesickert war: dass das grün regierte Baden-Württemberg für eine Verschärfung des Asylrechts stimmen wird. Es tritt in Kraft, was Union und SPD im Bundestag bereits beschlossen hatten: Serbien, Bosnien-Herzegowina und Mazedonien gelten künftig als »sichere Herkunftsstaaten«. Wer von dort kommt, kann schneller abgeschoben werden. Seit Jahren hatten Unions-Innenminister diese Regelung gefordert, waren aber an der Blockade der Grünen gescheitert.

»Wir wissen um die Diskriminierung, Ausgrenzung und Drangsalierung von Roma in den Staaten des westlichen Balkan«[168], sagt Kretschmann jetzt. Doch der sei nicht mit dem Asylrecht beizukommen. Die Bundesregierung verspricht sich von der Reform Erleichterungen für die Kommunen – diese haben zunehmend Probleme, die ankommenden Flüchtlinge unterzubringen. »Es darf bezweifelt werden«, sagt Kretschmann, dass sich diese Hoffnung erfüllt, die Flüchtlingszahlen würden hoch bleiben. Die Zugeständnisse, die die Union den Grünen in anderen Asylrechtsfragen macht, hätten ihn dennoch zur Zustimmung bewogen. »Das sind substanzielle Verbesserungen«, sagte er. »Wir können uns im Sinne der Flüchtlinge und im Sinne des gesellschaftlichen Ganzen nicht versperren.« Sein Votum ist in der Partei hochgradig umstritten.

Die Umdeklarierung der drei Balkanstaaten kauft die Union den Grünen mit der teilweisen Aufhebung dreier zentraler Elemente des Asylkompromisses von 1993 ab.

Jetzt soll ab dem vierten Monat in Deutschland die generelle Residenzpflicht aufgehoben werden. Asylbewerber und Geduldete können sich ab dann frei innerhalb des ganzen Landes bewegen. Es ist eine weitergehende Lockerung, als der Koalitionsvertrag vorgesehen hat. Die Formulierung aber lässt eine Hintertür: Sie ermöglicht Ausländerbehörden auch weiter, Geduldeten »räumliche Beschränkungen« aufzuerlegen. Wer etwa nicht an seiner Abschiebung mitwirkt, kann dann auch in Zukunft der Residenzpflicht unterliegen.

Das Arbeitsverbot soll weiter verkürzt werden, das hatte allerdings bereits der Koalitionsvertrag vorgesehen. Außerdem soll die sogenannte Vorrangprüfung (→ S. 247) für Geduldete und Asylbewerber entfallen, sobald sie 15 Monate in Deutschland sind. Dann können sie jede Arbeit annehmen, die sie wollen. Das Problem: Ob überhaupt eine Arbeitserlaubnis erteilt wird, liegt weiterhin im Ermessen der Ausländerbehörden. Und die meisten Geduldeten unterliegen einem Arbeitsverbot – in Berlin sind es etwa 90 Prozent. Sie haben von der Regelung nichts.

Schließlich soll das Primat der Sachleistungen entfallen: Bislang verlangt das Gesetz, dass Sozialleistungen für Flüchtlinge »vorrangig« als Gutscheine oder Essenspakete ausgegeben werden. Die Kreise und Städte haben aber Ermessensspielraum, und viele geben schon jetzt der Einfachheit halber Bargeld aus. Aber wenn Kommunen wollen, können sie an den Gutscheinen festhalten.

Gleichwohl: Die Verbesserungen könnten erheblich sein. Zwei Jahrzehnte waren Flüchtlinge gegen diese Regelungen zu Felde gezogen. Viele in Berlin sind deshalb der Meinung, diese waren gewissermaßen sturmreif. Kanzleramtsminister Peter Altmaier habe die Zugeständnisse in den Stunden vor der Bundesratssitzung nur deshalb in die Verhandlungen mit den Grünen eingebracht, weil die Bestimmungen ohnehin nicht mehr zu halten waren. Es ist fraglich, ob die Reformen nicht auch ohne den Balkan-Deal gekommen wären.

Denn gleichzeitig haben die Grünen mit den sicheren Herkunftsstaaten asylpolitisch eine Tür geöffnet. Viele fürchten, dass die Union nun nach Belieben immer mehr Länder auf diese Liste setzen wird, wenn ihr die Antragszahlen von dort zu hoch erscheinen. Schon bald zeigt sich, dass diese Prognose zutreffend ist: 2015 setzt die Union Albanien, Montenegro und Kosovo und Serbien auf die Liste, Anfang 2016 werden Marokko, Tunesien und Algerien vom Kabinett als »sicher« eingestuft, selbst das dschihadgeplagte Mali will die CSU folgen lassen.

Verbittert reagieren die Roma auf das Bundesratsvotum. »Ein syrisches Leben ist mehr wert als das eines Roma«, sagt dazu Marko Knudsen. Der Rom leitet das Europäische Zentrum für Antiziganismusforschung in Hamburg, gleichzeitig ist er Gründer der »Grünen Gruppe der Sinti und Roma« und will für die Partei in die Hamburger Bürgerschaft. Er schätzt, dass etwa 90 Prozent der zwischen Januar und September 2014 rund 16 000 gestellten Asylanträge aus den drei neuen sicheren Herkunftsstaaten von Roma stammen. »Die Entscheidung ist hanebüchen, aber das jetzt alles den Grünen in die Schuhe zu schieben, ist nicht ehrlich«, sagt er. Ihn erbost vor allem, dass die Union die Rechtsverschärfung damit begründet hat, künftig anderen Flüchtlingsgruppen besser helfen zu können. »Man macht uns wieder zu Opfern zweiter Klasse – genau wie nach 1945«, sagt Knudsen.

Dabei würden die Roma auf dem Balkan sehr wohl verfolgt: »Neonazis, Polizeiübergriffe, Pogrome – in diesen Ländern werden wir vollständig ausgegrenzt.« Asyl in Deutschland sei eine »Überlebensstrategie vieler Roma, um vor dem Winter auf dem Balkan zu flüchten, den sie in Wellblechhütten verbringen müssen«, sagt Knudsen. »Künftig werden dort wieder mehr von uns erfrieren.«

Wohl kaum ein Tag ist so sehr gleichermaßen Sieg wie Niederlage für die Flüchtlingsbewegung wie dieser Freitag.

Zu dieser dringt das nur langsam vor.

JENA, Oktober 2014: Zwei Wochen nach dem Bundesratsbeschluss, am 3. Oktober 2014, wird die Flüchtlingsorganisation The Voice Refugee Forum 20 Jahre alt. Das Motto der Feier in Jena heißt: »Vereint gegen soziale Ausgrenzung«. Eingeladen sind auch die Non-Citizens.

Zwei Tage davor sitzt der Voice-Gründer Osaren Igbinoba in seinem Büro im Dachgeschoss eines alternativen Zentrums in Jena. An diesem Morgen fällt Sonnenlicht durch die Dachluke herein, die Nachrichten, die in Igbinobas Mailaccount und auf seinem Anrufbeantworter landen, sind eher düster. Suizide und Übergriffe, Abschiebungen, Flüchtlinge, die nicht mehr weiterwissen. Tage zuvor ist Stanley Utubor, ein nigerianischer Asylbewerber, unter unklaren Umständen im Asylbewerberheim im Wolfsburger Stadtteil Fallersleben erschossen worden. Es ist das Heim, in dem auch der Voice-Aktivist Sunny Omwenyeke (→ S. 69) anfangs lebte. Igbinoba verschickt eine Nachricht über Mailinglisten, wie er ähnliche schon so oft verschickt hat: den Aufruf gegen »das Unrecht in Fallersleben«, geschrieben von den dortigen Heimbewohnern. Für sie ist Utubor ein weiteres Opfer der Flüchtlingspolitik. Seit Jahren hatten Voice-Leute in Fallersleben die Schließung der Unterkunft verlangt – durch die Lebensbedingungen dort seien »Streitigkeiten vorprogrammiert«, schrieben sie schon 2011.

Seit Igbinoba das Büro Ende der 1990er Jahre bezogen hat, hat sich nichts hier verändert. Es ist, als habe die Entfesselung der Flüchtlingsproteste in den letzten Jahren diesen Ort, wo alles anfing, so unberührt gelassen wie ein Hurrikan sein Zentrum.

Igbinoba ist guter Dinge, wenn er zurückblickt, sagt er. Die alte russische Kaserne, in die er 1993 verteilt wurde, ist mittlerweile geschlossen; ebenso wie insgesamt zwölf der besonders schlimmen Heime in Ostdeutschland. »Wir haben so lange protestiert, sie konnten nicht anders. Zwischen 2003 und 2011 haben sie wegen uns sogar aufgehört, Afrikaner nach Thüringen zu verteilen.« Er lacht so laut, dass er sich am Zigarettenrauch verschluckt und husten muss. »Die Ausländerbehörden schauen heute jeden Tag auf unsere Homepage«, sagt er. Niemand hat ein solches Netzwerk in den Flüchtlingsunterkünften wie er.

Wäre es richtig gewesen, auf Methoden zu setzen wie die Iraner?

»Es gibt immer Unterschiede, alle Menschen sind verschieden«, sagt Igbinoba. Er halte Hungerstreiks nur für »das allerletzte Mittel«. Er selbst habe die Erfahrung gemacht, dass es »andere Mittel des Kampfes« gebe. Aber er wolle nicht werten: »Die Non-Citizens waren wütend. Da muss jeder selbst entscheiden, was er tut«. Und doch sei niemand »glücklicher als ich, dass es so gekommen ist«, so Igbinoba. »Schließlich haben sie genau das gemacht, wozu wir immer aufgerufen haben.« Das Wichtigste sei, die Solidarität der Flüchtlinge untereinander zu stärken. Er wird etwas pathetisch. »Das ist unser Licht und unsere Waffe.«

Zwei Tage später kommen die Geburtstagsgäste in den Pulverturm, ein historisches Gebäude in der Stadtmauer von Jena. Einige stammen aus der Gründergeneration, andere sind erst seit ein paar Monaten in Deutschland. Auch Arash Dosthossein ist angereist. Die Stimmung ist versöhnlich.

Ein Abend Feier muss reichen, den Rest des Wochenendes werden neue Kampagnen geplant. Die gerade angekommenen Flüchtlinge fürchten ihre Abschiebung, das Leben im Heim setzt ihnen zu, sagen sie. Von den Reformen, die in Berlin beschlossen wurden, hat noch keiner etwas gehört. Als sie erfahren, dass die Residenzpflicht bald gelockert wird, sie arbeiten dürfen und keine Gutscheine mehr bekommen sollen, hellen sich ihre Gesichter auf.

Januar 2015: Anfang und Ende eines Protestzyklus zu bestimmen ist schwierig, selbst mit einem gewissen Abstand. Aber vieles spricht dafür, dass der Zyklus der Flüchtlingskämpfe, die nach dem Tod Mohammed Rahsepars in Würzburg begonnen haben, Anfang 2015 ein Ende findet.

Die Vereinbarung, die der Senat mit den Flüchtlingen vom Oranienplatz geschlossen hat, war für diese das Papier nicht wert, auf dem sie geschrieben stand. Sieben Monate haben die Behörden geprüft, ob die Flüchtlinge ihr Asylverfahren in Berlin durchführen können. Jetzt ist das Ergebnis da: Von den 464 Flüchtlingen bekommen ganze drei Männer eine Aufenthaltserlaubnis für Berlin – und diese auch nur, weil sie eine deutsche Person geheiratet haben. Zwei weitere konnten Ende 2014 vor Gericht ein Bleiberecht erstreiten, ein paar kommen für die sogenannte Härtefallregelung in Frage. Alle anderen sollen die Stadt verlassen, zurück in das Bundesland, in dem ihr Asylverfahren läuft, oder in das EU-Land, über das sie gekommen sind. Viele können oder wollen das nicht. Sie sitzen jetzt in Berlin auf der Straße. Rettungsanker ist eine Gruppe von Freiwilligen, die seit Oktober Schlafplätze vermitteln. Wer ein Bett für die Nacht braucht, geht zwischen 18 und 20 Uhr zum Oranienplatz. Aktivisten telefonieren eine Liste mit privaten Schlafplatzangeboten ab. Vielen wird so eine Unterkunft vermittelt, oft allerdings nur für ein paar Nächte. Anders würden manche von ihnen den Winter nicht überstehen.

In Bayern ist die Gruppe Refugee Struggle for Freedom weiter aktiv. Nach der Rückkehr aus Berlin tritt sie erneut auf dem Platz am Sendlinger Tor in Hunger- und Durststreik. Danach errichtet sie wieder ein Protestzelt am Karlsplatz, die Stadt München richtet einen »Runden

Tisch« ein. Doch es scheint, als hätten sich Öffentlichkeit und Politik jetzt an ihre Aktionen gewöhnt. Die Resonanz lässt nach.

Am 12. Januar 2015 muss der Iraner Arash Dosthossein für 30 Tage ins Gefängnis. Er soll Widerstand gegen die Polizei geleistet haben, als die im Juni 2013 den Rindermarkt stürmte. »Widerstand ist kein Verbrechen«, schreibt Dosthossein. Er sehe sich »nicht als Täter und habe nicht den geringsten Respekt für das Gerichtsurteil«. »Rebell! Refuse! Resist!«[169], schreibt er. Doch außer dem Facebook-Post eines Genossen vom Oranienplatz geht die Nachricht jetzt unter.

Nach einer großen Demo am 31. Januar 2015 wird es stiller um die Gruppe Lampedusa in Hamburg. Von ihren 350 Mitgliedern haben 69 beim Senat eine Aufenthaltserlaubnis beantragt. Sie sind geduldet, die Prüfung dauert an. Laut dem *NDR* leben etwa 100 von ihnen illegal in Hamburg.

Die Flüchtlinge haben die Debatte über ihre Lage auf die politische und gesellschaftliche Agenda gerückt, wie es vorher kaum jemand für möglich gehalten hätte. Sie nahmen nicht hin, dass es für sie dort wo sie herkamen, nur Tod, Gefängnis oder Elend geben sollte. Sie gingen so globale Umverteilung praktisch an und hielten damit den Gedanken an eine gerechtere Ordnung wach. Sie sagten, warum sie hier sind. Und sie entließen die Gesellschaft, in die sie kamen, nicht aus der Verantwortung für Unrecht, das sie mit hervorbringt.

Das heißt nicht, dass Flüchtlinge nun gleiche Rechte hätten. Doch zwei Jahrzehnte Flüchtlingskämpfe haben nicht nur Abschiebungen verhindert und Menschen das Gefühl zurückgegeben, Einfluss auf ihr Schicksal zu haben. Residenzpflicht, das Arbeitsverbot, die Nachrangigkeitsklausel, Heimunterbringung, das Sachleistungsprinzip, die Essenspakete, die stark reduzierten Sozialleistungen – all dies wurde gelockert oder, vorerst, aufgegeben. Bei jeder Mahnwache, jeder Demo, jedem Hungerstreik sind Menschen auf sie aufmerksam geworden. Kontakte, Freundschaften, Netzwerke bildeten sich. Die Flüchtlinge wurden wahrgenommen, ihre Forderungen weitergetragen, diskutiert, neu artikuliert. Schon bald wird sich zeigen, wie wichtig das war.

Aufmerksamkeit haben die Flüchtlinge am Ende auch wegen der selbstzerstörerischen Formen des Protests bekommen. Es ist eine Blamage für die gesellschaftlichen Vermittlungsinstanzen, dass Flüchtlinge erst androhen müssen, sich umzubringen, damit man ihnen zuhört.

Demokratien zeichnet aus, dass niemand es nötig haben sollte, den Weg zu beschreiten, den die Non-Citizens gegangen sind.

Die in Würzburg begonnene Konfrontation war wie ein Katalysator, doch die Aktionen hätten niemals solche gesellschaftlichen Folgen haben können, wenn nicht andere das Feld bereitet hätten. Osaren Igbinoba scheint recht zu behalten, wenn er sagt, dass die Selbstorganisierung der Flüchtlings-»Community«, wie er es nennt, der inneren Vernetzung, das Wichtigste für die Flüchtlinge ist. Sie ist Erfahrungs- und Ressourcenpool, Interessenvertretung, Schutz und Stimme für sie. Sie ist nicht von Interessen anderer, von politischen Konjunkturen abhängig. Diese Strukturen, die die erste Protestgeneration aufgebaut hat, sie sind noch da.

Die zweite Generation war konfrontativer, aber auch schnelllebiger. In nur 18 Monaten sind aus dem Kreis um die Iraner aus Würzburg drei neue Gruppen entstanden und wieder aufgelöst worden. Sie hatten enorme Ausstrahlung, bis ins Ausland: Die Besetzung der Wiener Votivkirche ab Ende 2012 etwa bekam in Österreich große Resonanz. Doch die Strukturen zerfallen, das Label der »Non-Citizens« benutzt außer ihnen selbst fast niemand.

Es gibt 2015 noch eine Bustour, und in Berlin sind eine Reihe Projekte aus der Phase des Oranienplatzes erhalten geblieben. Viele der Flüchtlinge aus der zweiten Protestgeneration haben unmittelbar davon profitiert, dass sie in die Öffentlichkeit getreten sind. Manche konnten ein Bleiberecht erstreiten, andere haben dies über soziale Kontakte bekommen. Manche wurden abgeschoben, andere sind untergetaucht, viele sind noch da. Insgesamt aber haben sie die zwischendurch gewonnene Kraft, sich in der öffentlichen Aufmerksamkeit zu halten, wieder verloren.

Dafür springen jetzt andere auf. Bei manchen ist das Grauen des Syrien-Krieges der Auslöser, bei anderen die Abscheu vor Pegida. Bei manchen sind es persönliche Begegnungen, die sie mit Flüchtlingen hatten, andere entdecken eine Möglichkeit, dem Elend der Welt nicht tatenlos zuschauen zu müssen. Manche wollen einen Job, andere Abenteuer. Manche wittern ein Geschäft und manche die Revolution. Wann dieser Sog eingesetzt hat, ist schwer zu sagen. Aber spätestens Anfang 2015 hat Flüchtlingssolidarität allen anderen sozialen Bewegungen den Rang abgelaufen.

Wenn in der Karawane für die Rechte der Flüchtlinge und MigrantInnen früher jemand Geld für den Farbdruck statt der ewigen Schwarz-weiß-Kopien von Flugblättern beschafft hatte, konnte es passieren, dass einige in der Gruppe sagten: »Das verteil' ich nicht. Das sieht ja aus wie Werbung.« Viele, die jetzt in Sachen Flüchtlingssolidarität auf den Plan treten, sind da ganz anders: netzaffin, jung und frei von Berührungsangst mit Staat und Kapital. Werbeagenturen produzieren aufwändige Infografiken zu Fluchtursachen und verschicken sie an Zeitungsredaktionen – von sich aus, einfach so, weil sie wollen, dass Journalisten wohlwollender über Flüchtlinge berichten. Modedesigner machen »Refugee Fashion«, der Erlös geht an Flüchtlingsprojekte. BWL-Studenten kündigen eine »Refugee-Jobbörse« als Start-Up an – und kommen schon für den bloßen Plan in die Zeitung. Berater für digitale Unternehmenskommunikation, die sonst für große Pharma- oder Handelskonzerne arbeiten, machen sich in sozialen Medien für Flüchtlingsrechte stark. Andere Wirtschaftsstudenten rufen zum Kochen mit Flüchtlingen auf, produzieren mit den Rezepten ein Hochglanzkochbuch. Sie gewinnen »Social Entrepreneur«-Preise, die Freundin des Bundespräsidenten besucht sie, und sie dürfen sich auf dem deutschen EXPO-Pavillon in Mailand präsentieren. Junge Juristen konzipieren professionell aufbereitete »Wissenspakete«, um Flüchtlinge auf die Asylanhörung vorzubereiten. Das Geld, um diese in den Heimen zu verbreiten, sammeln sie im Internet per Crowdfunding: »Schon mit 10 € können wir wichtiges Wissen an 20 Geflüchtete weiter geben.« Eines der Spendenziele: »Schaffen von Reichweite und Nachhaltigkeit, durch Einbinden von neuen qualifizierten Freiwilligen«.[170] Fast nie, versteht sich, fehlen bei diesen Initiativen professionell aufgenommene Fotos der »Social Entrepreneurs« in der Rubrik »Über uns« – dafür fehlen Berührungspunkte mit politisch organisierten Flüchtlingen.

Im März 2015 lädt die Bertelsmann-Stiftung zu einem Workshop mit Journalisten aus Online-Medien und Bildredaktionen. Der Stiftung ist aufgefallen, dass bei der Berichterstattung über steigende Asylzahlen oft stereotype Bilder benutzt werden. Immer wieder würden »religiöse Migrantinnen und ›Massen‹ von Flüchtlingen« gezeigt, steht in einer kleinen Studie, die der Mediendienst Integration für die Stiftung geschrieben hat und die mit der Einladung verschickt wird. Flüchtlinge aus afrikanischen Ländern oder dem Nahen Osten würden »anonym« und »passiv« dargestellt. Auf diese Weise entstehe eine »›wir‹-›ihr‹-Trennung, die die abgebildeten Menschen als ›andere‹ markiert. Im englischsprachigen Diskurs spricht man hier vom ›Othering‹«. Die Stiftung möchte deshalb eine Bilddatenbank mit möglichst stereotypfreien Bildern zu Migrationsthemen aufbauen, auf dass große Medien diese künftig nutzen. Auf dem Workshop will sie nun klären, welche Voraussetzungen die Bilder dazu erfüllen müssen. Leitende Bildredakteure einiger der größten Medien folgen der Einladung. Die Idee finden sie hervorragend. Tiefer kann die postkoloniale Kritik, die antirassistische Gruppen lange formuliert haben, kaum in den Mainstream vordringen.

Seit dem Unglück vor Lampedusa im Oktober 2013 (→ S. 135) war die Mitverantwortung Deutschlands für die Lage im Mittelmeer gesellschaftlich weitgehend anerkannt. Die Bundesregierung und die EU hatten versprochen, für Abhilfe zu sorgen, doch geschehen war wenig. Die Opfer des Lampedusa-Unglücks waren seither ein Fixpunkt der Asyldebatte. Gruppen der protestierenden Flüchtlinge nannten sich nach der Insel, die zum Synonym für das Massensterben geworden war (→ S. 140). Nach den Anschlägen der 1990er Jahre in Hoyerswerda, Mölln oder Lichtenhagen war Lampedusa nun der zweite Sündenfall, der die deutsche Diskussion über Flucht, Migration und Grenzen formte.

Im April 2015 geschieht es wieder. In nur einer Woche ertrinken über 1000 Menschen vor Libyen, 750 Flüchtlinge allein in der Nacht zum 19. April. »Das schlimmste Massensterben, das jemals im Mittelmeer gesehen wurde«[171], sagt eine UN-Sprecherin. Nur 24 Tote werden geborgen und auf Maltas Hauptfriedhof Santa Maria Addolorata bestattet, in sechs anonymen Gräbern, Nummer 47 bis 52, Sektor D, neben den Kindergräbern. Eine Woche nach dem Unglück liegen die Toten unter einer grauen Abdeckplatte, die Einfassung ist mit hellem Zement abgedichtet, ein paar Blumen verwelken. Zwischen den prächtigen Gruften und Familienkapellen der erzkatholischen Insulaner sieht es aus, als wären die toten Flüchtlinge gar nicht da. Doch an ihnen kommt jetzt keiner mehr vorbei.

Jahrelang hatte Malta wie kein anderes Land unter dem Dublin-System gelitten, immer wieder hatte es eine andere Flüchtlingspolitik in der EU gefordert. Deutschland, als Profiteur der Regelung, hatte sich dafür nie interessiert. Jetzt kommt der deutsche Bundespräsident Joachim Gauck nach Malta. Er will dort über die Flüchtlingsfrage sprechen. Langsam dämmert es Deutschland, dass es die zu lange ignoriert hat.

Es ist zu spät.

Zu Hause kocht die Empörung über die vielen vermeidbaren Toten hoch. Vor dem Bundeskanzleramt gibt es Dauermahnwachen, Aktivisten veranstalten »Die-Ins«. Künstler holen gar Leichen von Mittelmeertoten nach Berlin und werden dafür gefeiert. Es gibt jetzt drei private Initiativen zur Seenotrettung im Mittelmeer: Das Watch The Med Alarm-Phone (→ S. 101) nimmt bis Dezember 2015 Notrufe von Booten entgegen, in denen insgesamt 60 000 Menschen sitzen. Die Gruppe SeaWatch kauft ein eigenes Boot zur Seenotrettung und bekommt in kurzer Zeit so viele Spenden, dass sie gleich noch ein zweites anschaffen kann. Und auch der Verein SOS Mediteranee sticht spendenfinanziert mit der »MS Aquarius« in See. Die Zeit, in der die Gesellschaft der Abschottungspolitik gleichgültig gegenüberstand, ist vorbei.

Auch die Wirtschaft macht in Sachen Migration Druck. Den deutschen Unternehmen geht es hervorragend – bis auf den Mangel an Arbeitskräften. 2014 konnte der deutsche Mittelstand über 300 000 Stellen nicht besetzen und verlor deshalb Umsätze in Höhe von 31 Milliarden Euro, rechneten die Unternehmensberater von Ernst & Young aus.[172] Ein Jahr später stellt das arbeitgebernahe Institut der deutschen Wirtschaft fest, dass es in 96 von 619 Berufen in Deutschland »anhaltende Fachkräfteengpässe«[173] gebe. Ein »Albtraum für den Mittelstand«[174], sagte der Präsident des Bundesverbandes mittelständische Wirtschaft, Mario Ohoven, dazu. Ende 2015 hatten laut Ohoven neun von zehn Unternehmen Probleme, offene Posten zu besetzen.[175]

Seit langem verlangen die Wirtschaftsverbände deshalb mehr Zuwanderung. Insbesondere für die Union, die viel auf ihre Kernkompetenz Wachstum hält, wurde es dadurch immer schwerer, ein Einwanderungsgesetz abzulehnen, ohne als fremdenfeindlich dazustehen. Das Gesetz zögert sie jetzt noch hinaus, das Dogma der Nichteinwanderungsgesellschaft aber zerbröselt.

Dies zeigt sich auch in der Auflösung eines Tabus: der Vermischung von Asyl- und Arbeitsmigration. Klaus Bade, der wohl bekannteste Migrationsforscher Deutschlands, macht den Anfang. Am Tag nach dem großen Lampedusa-Unglück 2013 sagt er: »Man sollte endlich dazu kommen, die Grenze zwischen Flucht und Arbeitsmigration fließend zu machen.« Er wolle nicht einsehen, wieso jeder Ankommende gefragt wird, ob er »politisch verfolgt ist, und nur dann können wir darüber nachdenken, ob er bleiben darf«. Europa müsse Wege finden, das »Potenzial derjenigen, die kommen, aufzufangen«. Lange hatten viele Befürworter einer liberaleren Einwanderungspolitik die Vermischung von Asyl und Erwerbsmigration gescheut. Sie fürchteten, das Asylrecht werde delegitimiert, wenn allen Abgelehnten noch eine zweite Chance zum Bleiben gegeben würde. Das sehen 2015 immer weniger Leute ein. »Niemand prüft die Qualifikation und Leistungsfähigkeit der Flüchtlinge, um festzustellen, ob sie unser Land nicht trotzdem bereichern könnten. Ich finde das falsch«[176], sagt etwa der Chef des Chemiekonzerns Evonik, Klaus Engel. Die im Land halten, die nützlich sind: Ein utilitaristischer Blick auf Migration. Aber ein Fortschritt gegenüber dem, was vorher Usus war: die Leute rauszuwerfen, selbst wenn sie volkswirtschaftlich von Nutzen sind. Der aufkommende Pragmatismus ist ein Indiz dafür, dass die Realität der Migration langsam akzeptiert wird.

Ein wahrer Solidaritätshype kommt jetzt in Gang. Begonnen hat er zu den Hochzeiten der Oranienplatz-Bewegung in Berlin und der Lampedusas in Hamburg. Jeden Tag wurden da Dutzende Mails verschickt, in denen ganze Heerscharen freischaffender Sozialarbeiter, Lebensmittel, Geld, Schlafplätze, Thrombosestrümpfe oder gefälschte Arbeitsbescheinigungen erbitten. Manche Leute ergänzten ihre Mail-Signaturen mit Phrasen wie »Solidarisch mit den Geflüchteten vom Oranienplatz«, selbst wenn es in der Mail um vollkommen andere Dinge ging.

Im Frühsommer 2015 wird die Lage in den deutschen Flüchtlingsaufnahmeeinrichtungen erst »äußerst kritisch«[177], dann »katastrophal«[178]. Im August stellt mein Kollege Gereon Asmuth nach einer Helferschicht im für die Erstregistrierung zuständigen Berliner Landesamt für Gesundheit und Soziales (LAGeSo) »Staatsversagen«[179] fest. Er ist nicht der Einzige.

Die Zivilgesellschaft läuft zu Höchstform auf. Die Anregung des Abgeordneten Patzelt (→ S. 154) ist hervorragend angekommen. Allerorten werden »Soli-Zimmer« vermittelt, der Berliner Senat lässt großformatig Werbung dafür schalten. Mancherorts gehört es jetzt zum guten Ton, Flüchtlinge in der WG zu haben. Es geht so weit, dass ein anderer Kollege sich in der *taz* dafür rechtfertigt, *keinen* Syrer in seine Wohnung aufnehmen zu wollen. Eine Gruppe von Studenten in Neukölln fängt an, Geld zu sammeln, damit sie Wohnungen kaufen – kaufen! – und an Flüchtlinge vermieten können; sie finden willige Spender. Schauspieler Til Schweiger will ein »Vorzeige-Flüchtlingsheim« im Harz bauen, der saarländische Innenminister Klaus Bouillon (CDU) verlegt wochenlang seinen Schreibtisch in die Landesaufnahmestelle für Flüchtlinge. Der Lesben- und Schwulenverband Berlin startet ein Mentorenprogramm für homo- und transsexuelle Flüchtlinge. Google ruft Muttersprachler auf, seinen Online-Übersetzungsdienst Arabisch-Deutsch für Flüchtlingshelfer zu verbessern, die Zahl der Übersetzungen für diese Sprachen aus Deutschland hatte sich verfünffacht. Einer Berliner Gruppe, die sich um die Bewohner eines Asyl-Heims am Stadtrand kümmert, schließt sich ein deutscher Botschafter im Ruhestand an. Die *Bild*-Zeitung ruft die »Wir helfen«-Kampagne aus. Unter der Überschrift »Warum wir uns auf euch freuen« druckt sie Fotos von Passanten mit selbstgeschriebenen Willkommensbotschaften.[180] Auch an vielen Orten in Ostdeutschland mit teils starker Präsenz von Rechtsradikalen gibt es mutige Willkommensinitiativen.

Doch nicht überall ist man begeistert, auch dort nicht, wo Solidarität mit Flüchtlingen zum politischen Programm gehört: »Wir leben gerade den Traum der FDP. Der Staat zieht sich zurück und die Bürger springen ein«, schreibt die Publizistin Mely Kiyak.[181] Dass die beste Hilfe die ist, die sich selbst überflüssig macht, indem sie Rechte einfordert, statt Spenden zu sammeln – der Gedanke hat nicht gerade Hochkonjunktur in diesen Wochen.

Die marxistische Gegenstandpunkt-Initiative spottet über die »Weltflüchtlingsmacht Deutschland«,[182] die sich »wieder ein Sommermärchen spendiert«, nicht ohne, wie immer, hinterherzuschieben, dass das Ganze bloß ein ausgefallenes Manöver in der Standortkonkurrenz ist. Alexander Nabert wittert in der *Jungle World* eine Art Moralnationalismus. Symptomatisch sei etwa der Aufruf zu einem »Autocorso für Flüchtlinge«: Autos mit deutschen Flaggen und einem »Refugees Welcome«-Logo. »Dass es einen Zusammenhang von Nationalstolz und der Ausgrenzung von ›den anderen‹ gibt, will man [...] nicht hören«[183], schreibt Nabert. »Zu schön ist es, zu den moralischen Gewinnern der ›Flüchtlingskrise 2015‹ zu gehören.« Die von Deutschland betriebene Flüchtlingspolitik »tritt in den Hintergrund«, die ganze öffentliche Aufmerksamkeit liege »auf den helfenden Deutschen und den herzerwärmenden Geschichten vom guten Deutschland«. Aber war es nicht die ganzen Jahre genau das Problem der Flüchtlinge, dass sich niemand für sie interessiert hat?

Viele Konservative, wie die CSU-Politikerin Christine Haderthauer, werfen Flüchtlingshelfern vor, die Objekte ihrer Solidarität zu instrumentalisieren.[184] Dasselbe denken auch manche Flüchtlinge: »Uns passt die Richtung der Hilfe nicht, die immer mehr in Mode kommt«, sagt im August 2015 der Voice-Aktivist Rex Osa. 2012 organisierte er die Besetzung der nigerianischen Botschaft in Berlin, jetzt ist die deutsche Waffenindustrie dran: »Wer Instrumente der Gewalt produziert oder die Wirtschaft eines Landes ausbeutet, erntet Flüchtlinge«, sagt Osa. Im August 2015 initiiert er ein Flüchtlings-Protestcamp gegen die Waffenfirmen Diehl, Movag und ATM am Bodensee. Doch die Aktion richtet sich nicht nur gegen die: »Uns geht es vor allem um die Bigotterie der sogenannten Flüchtlingshelfer.« Die Leute leisteten humanitäre Hilfe, oft ohne darüber nachzudenken, dass sie »auch Ursache des Problems sind«. 80 Prozent der Steuereinnahmen der Stadt Überlingen etwa stammten von der Waffenfirma Diehl. »Die meisten kennen das Problem ja durchaus, aber statt etwas dagegen zu tun, wollen sie lieber ein bisschen Flüchtlingen helfen.«

Neben Kritik von links kommt massiv zunehmende Gewalt von rechts. Es war nicht die Frage, ob es passiert, sondern wann und wie schlimm es wird. Spätestens seit dem Erscheinen von Pegida hatte sich ein gesellschaftlicher Großkonflikt abgezeichnet. 2013 und 2014 verdoppelte sich die Zahl der Angriffe auf Flüchtlinge und ihre Unterkünfte im Vergleich zum jeweiligen Vorjahr. 2015 geht die Kurve dann noch steiler nach oben: abgefeuerte Gewehrkugeln, Brandsätze, Körperverletzungen. Im Juli und August 2015 explodiert die Gewalt förmlich. »Wir kommen gar nicht hinterher, diese Karte zu aktualisieren«[185], twittert Jörgen Camrath, der für die *Berliner Morgenpost* eine Online-Grafik zu den rechten Attacken betreute. Für 2015 summiert das BKA die Zahl der Angriffe auf Flüchtlingsunterkünfte schließlich auf 1005, davon 901 mit eindeutig rechtsradikalem Hintergrund.[186] Dauerhaft mit dieser Zeit verbunden bleiben wird der Name der sächsischen Stadt Heidenau bei Dresden. Am 21. August 2015 richtet Sachsen dort in einem ehemaligen Baumarkt eine Notunterkunft für 600 Flüchtlinge ein. Das Pogrom beginnt noch am selben Abend. Bevor die ersten Flüchtlinge mit dem Bus ankommen, errichten Neonazis Barrikaden, blockieren die Zufahrtsstraße. Mit Steinen, Flaschen und Feuerwerkskörpern greifen sie die Polizei an und belagern die Unterkunft. Drei Tage geht das so, rund 1000 Menschen beteiligen sich an den Angriffen. Dutzende Polizisten werden verletzt. Erst am dritten Tag stoppt die Polizei die Ausschreitungen. »Eine Katastrophe mit Ansage«[187], sagt der Grünen-Landesvorsitzende Jürgen Kasek. »Die Saat von Pegida geht auf«,[188] schreibt das Antifa-Bündnis »Dresden Nazifrei«.

Das war die Lage Ende August 2015.

Kreml-Astrologie – so hieß im Kalten Krieg der Versuch, die rätselhaften Entscheidungen in Moskau von außen zu erklären. Jetzt wird Merkel-Astrologie betrieben: Bis heute rätseln viele, warum die deutsche Kanzlerin im Spätsommer 2015 die deutschen Grenzen aufmachte. Sie selbst begründet es so: »Ich muss ganz ehrlich sagen, wenn wir jetzt anfangen, uns noch entschuldigen zu müssen dafür, dass wir in Notsituationen ein freundliches Gesicht zeigen, dann ist das nicht mein Land«[189], sagte sie im September. »Das war nicht mehr und nicht weniger als ein humanitärer Imperativ«[190], erklärte sie auf dem CDU-Parteitag im Dezember 2015.

Ist das vorstellbar? Jahrelang hatte die Union unter Führung der Bundeskanzlerin mit dafür gesorgt, dass Europas Grenzen dicht blieben. Die Zahl der Toten an den Außengrenzen ging in die Zehntausende. Und jetzt, plötzlich, dem moralischen Imperativ folgen? Funktioniert die große Politik am Ende doch so emotional? Auch bei jemandem, als dessen herausragende Eigenschaft die Nüchternheit, die Abwägung gilt?

In den Wochen zuvor sind drei Dinge geschehen, die eine Rolle gespielt haben könnten:

Ende Juli hatte Merkel bei einer öffentlichen Veranstaltung in einer Rostocker Schule die halb gelähmte 14-jährige Reem Sahwil zum Weinen gebracht. Ihrer aus dem Libanon geflohenen palästinensischen Familie drohte die Abschiebung, Sahwil schildert Merkel ihre Zukunftshoffnungen. »Politik ist manchmal hart«, antwortet die. »Es werden manche wieder zurückgehen müssen.«[191]

Kurz darauf wurden bei Wien die Leichen von 71 erstickten Flüchtlingen aus Afghanistan, Irak und Syrien in einem abgestellten LKW entdeckt. Einem Mitarbeiter der Autobahninspektion war aufgefallen, dass aus dem 7,5-Tonner Flüssigkeit tropfte. So etwas war schon öfter passiert. Doch dieses Unglück trifft eine Art moralischen Nerv der Öffentlichkeit, genau wie die beiden großen Katastrophen vor Lampedusa. Nur viel näher.

Schließlich wird die Leiche des dreijährigen Aylan Kurdi an der türkischen Küste nahe Bodrum angespült. In der Nähe liegen der Leichnam seiner Mutter und der seines Bruders. Die Familie war von Damaskus über Aleppo und Kobane geflohen, das Schleuserboot in Richtung Griechenland war gekentert. Kurdi ist nur einer von fast 3800 toten Flüchtlingen im Mittelmeer 2015. Aber das herzzerreißende Bild der Kinderleiche wird berühmt und gibt dem ganzen Grauen der Syrien-Flüchtlinge ein Gesicht.

Waren es solche Dinge, die Merkel beeindruckt haben?

Ende August 2015 stauen sich Tausende Menschen am Budapester Bahnhof Keleti. Es geht für sie nicht vor und nicht zurück. Sie sind der sichtbarste Teil eines sich in diesen Tagen immer weiter zuspitzenden humanitären Notstands entlang der Balkanroute, von der Westtürkei bis zur deutschen Grenze.

Die UN-Flüchtlingsorganisation UNHCR kann genau erklären, warum jetzt so viele kommen: Um die rund vier Millionen Flüchtlinge rund um Syrien das Jahr 2015 über zu versorgen, hätten die Hilfsorganisationen nach UN-Berechnungen 5,5 Milliarden US-Dollar[192] gebraucht. Darin enthalten sind Ausgaben, die der Bevölkerung der Aufnahmeländer zugutekommen, um Spannungen abzubauen. Eine regionale Versorgung entspricht auch dem Wunsch vieler Flüchtlinge, die oft möglichst nah an ihrer Heimat bleiben wollen, wenn es irgendwie geht. Seit dem Herbst des Vorjahres hatte der UNHCR mit Nachdruck weltweit um dieses Geld gebeten. Unter anderem kam UNHCR-Direktor Antonio Guterres im Dezember 2014 nach Deutschland, um den Hilfsplan im Auswärtigen Amt vorzustellen. Deutschland zahlte 2015 etwa 344 Millionen Euro.[193]

Insgesamt aber machen die Geber bis September 2015 nicht einmal die Hälfte der notwenigen Summe locker.[194] Das habe sich »dramatisch in Kürzungen der Lebensmittelrationen niedergeschlagen« auf einen Gegenwert von knapp 0,50 US-Dollar am Tag, im Verlust des Zugangs zu medizinischer Versorgung, im Verlust der kostenpflichtigen Aufenthaltsgenehmigungen im Libanon. »Die sinkende humanitäre Hilfe wurde sowohl von Flüchtlingen im Irak, in Jordanien, im Libanon und in Ägypten als […] Auslöser [...] nach Europa zu gehen, angegeben«,[195] so der UNHCR.

Am 5. September entscheidet die Bundesregierung, dass Sonderzüge mit den Flüchtlingen aus Budapest nach Deutschland fahren dürfen. »Eine Republik oder ein Fürst müssen sich den Anschein geben, als täten sie aus Großmut, wozu sie die Notwendigkeit zwingt«[196], schrieb der Staatsphilosoph Niccolò Machiavelli. So wird es auch jetzt gewesen sein. Humanitäre Überlegungen mögen eine Rolle gespielt haben, aber letztlich war es der Druck der Migration, der die Dublin-Grenzen aufgebrochen hat. Genau wie auf dem Münchner Rindermarkt sahen die Flüchtlinge auf der Balkanroute keine andere Chance für sich als die Konfrontation. Hätten sie die Aufnahme nicht unter Lebensgefahr erzwungen, wären sie im Elend der überfüllten Lager rund um Syrien geblieben. Merkel hat die Konsequenz aus einem politischen Notstand gezogen, den die Absurdität und Ungerechtigkeit der europäischen Asylarchitektur erst herbeigeführt haben. Bis Herbst 2014 profitierte Deutschland vom Dublin-System. Ab dann konnten oder wollten Länder an den Außengrenzen es kaum noch durchsetzen. Ungarn sah nicht länger ein, immer mehr Flüchtlinge ins Land zu lassen, um die es sich dann laut EU-Recht ganz allein hätte kümmern müssen – obwohl die Flüchtlinge selbst ja gar nicht im Land bleiben wollten. Ungarn machte dicht, mit höchst brutalen Mitteln. Merkel hätte zusehen können, wie das Land die Flüchtlinge Richtung Balkan zurückschiebt oder womöglich auf sie schießen lässt. Die wahrscheinlichsten Folgen wären eine Destabilisierung von Ungarn bis zur Ägäis gewesen – und irreparable Schäden für die EU. Die Aufnahme der Flüchtlinge aus dem Transit der Balkanroute, in einer Dimension, wie Deutschland sie während der Jugoslawien-Kriege in den 1990er Jahren bereits gestemmt hatte, schien da günstiger. Zumal die Ankunft der Flüchtlinge aus Ungarn die Hilfsbereitschaft der Deutschen zunächst noch anspornt.

Die Solidaritätswelle ist jetzt, im September 2015, auf ihrem Höhepunkt. Die heranrollenden »Trains of Hope« mit den Flüchtlingen aus Ungarn werden begrüßt wie einst die letzten Republikflüchtlinge aus der zusammenbrechenden DDR. Menschen aus allen Milieus stehen in München, Frankfurt, Fulda, Saalfeld oder Berlin mit Essen, Wasser und Kleidung an den Gleisen. Eine Art Parallelverwaltung entsteht, gespeist von schier unerschöpflicher Eigeninitiative. Zehntausende versuchen die Mängel der staatlichen Flüchtlingsversorgung mit Erfindungsreichtum, Zuwendung, Geld, Zeit, Lernbereitschaft und Offenheit auszugleichen. Als Hamburg über 1000 Flüchtlinge in einer Messehalle unterbringt, kommen 400 Menschen zu einer Versammlung, um Hilfe für sie zu organisieren. In einer Stunde gründen sie 16 Arbeitsgemeinschaften wie »Deutschunterricht«, »Sport & Spaß« oder »Kleiderkammer«. Der Lokalblog St.-Pauli-News schreibt: »Das kann wohl nur St. Pauli.«[197] Das stimmt nicht. In Berlin, München, Hohen Neuendorf oder Dalgow, überall im Land tun Menschen jetzt dasselbe. Das zweifellos Beste daran sind der persönliche Kontakt, die Begegnungen, die viele jetzt zum ersten Mal mit Flüchtlingen haben. Die sind wichtiger als reparierte Fahrräder und Theaterprojekte, als Zahnpasta-Spenden, Backkurse, Ventilatoren und Stofftiere. Echte soziale Beziehungen sind die entscheidende Hilfe für jene, die sich jetzt in Deutschland ein neues Leben aufbauen müssen. Sie wirken potenziell auf alle Lebensbereiche. Und sie sind wie ein Antiserum gegen Fremdenhass.

2015 zählen die deutschen Behörden 1 091 894 ankommende Flüchtlinge.

Nicht nur die Zivilgesellschaft, auch die Institutionen haben sich verändert. Die Realität der Migration hat sie zur Anpassung gezwungen. Was lange verhindert werden sollte, kann jetzt bestenfalls verwaltet werden. Zwar ist die Diskussion über schnellere Abschiebungen Ende 2015 voll entbrannt, aber niemand bezweifelt, dass eine sehr große Zahl der Gekommenen bleiben wird. Pragmatismus macht sich breit.

Arbeitsagenturen und Handelskammern lassen sich von ehemaligen NoBorder-Aktivisten im Umgang mit Flüchtlingen beraten, Gewerkschaften und Arbeitgeber schließen Beschäftigungspakte für Flüchtlinge, große Firmen starten Initiativen zur Arbeitsmarktintegration, Behörden greifen auf die Ressourcen zivilgesellschaftlicher Gruppen zurück, Universitäten lassen Flüchtlinge als Gasthörer zu und erleichtern die Bedingungen für die Immatrikulation.

Der Pragmatismus gilt allerdings nur für die, die schon da sind. Er gilt nicht für die, die noch kommen könnten. So tiefgreifend der gesellschaftliche Wandel war, so wuchtig ist der asylpolitische Rollback. Nicht nur Nazis, Pegida oder die AfD wollen weitere Zuwanderung unbedingt verhindern. Die CSU, die seit Monaten immer stärker auf Distanz zur Kanzlerin gegangen war, geht sie nun an, als sei sie die Chefin einer Regierung der Linkspartei. Sie stellt ihr ständig neue Ultimaten für eine »Wende« der Flüchtlingspolitik, drückt jeden Tag neue Vorschläge für neue Verschärfungen in die Zeitungen, so zahlreich, dass selbst Asylrechtsexperten den Überblick verlieren. Die CDU wird zunehmend nervös, auch aus der eigenen Partei heraus wird Merkel attackiert, obwohl die Bundesregierung alles tut, um die Ankunft weiterer Flüchtlinge zu verhindern: von Milliarden für Türsteherdienste der Türkei bis hin zur Einschränkung des Rechts auf Familiennachzug – eine für Kriegsflüchtlinge wohl unermessliche Härte. Aber auf symbolischer Ebene mochte Merkel auch nicht nachgeben, als der Druck wuchs: Die Obergrenze lehnte sie konsequent ab.

Eine Gruppe von Abgeordneten bringt den Vorschlag eines Grenzzauns um Deutschland auf: Die »Prüfung einer Grenzbefestigung darf kein Tabu sein«[198], sagt der Abgeordnete Christian von Stetten. Der grüne Ministerpräsident Winfried Kretschmann bekennt sich zu Asyl-»Obergrenzen«[199], sein Parteifreund Boris Palmer sagt, die EU brauche »bewaffnete Grenztruppen« an den Außengrenzen.[200] Kommentatoren, wie etwa der Publizist Franz Alt[201], weisen darauf hin, dass das, was jetzt in Europa von manchen diskutiert wird, auf einen Schießbefehl hinaus laufen könnte.

Wie groß die gesellschaftlichen Verwerfungen sind, zeigt sich endgültig nach den sexuellen Übergriffen durch nordafrikanische Männer in der Silvesternacht 2015/16 in Köln. Sie verschieben die Koordinaten des Migrationsdiskurses weit in Richtung von Pegida. Selbst die Linken-Fraktionschefin Sahra Wagenknecht macht danach die Vermischung von Asyl- und Strafrechtsdebatte mit: »Wer sein Gastrecht missbraucht, der hat sein Gastrecht eben auch verwirkt.«[202] Auch nach Keleti waren die Medien nicht in Panik geraten, sie bemühten sich vielmehr, Merkels »Wir schaffen das« zu bekräftigen. Köln schwärzte diesen Tenor deutlich ein. Immer öfter heißt es nun, die Flüchtlinge könnten Merkel das Amt kosten.

Im Januar dann ruft die Pegida-Frontfrau Tatjana Festerling zu »konsequenter Vertreibung«[203] von Flüchtlingen auf. Kurz darauf erklärt die AfD-Politikerin Frauke Petry, dass die deutschen Grenzbeamten »notfalls auch von der Schusswaffe Gebrauch machen«[204] sollten. Die AfD-Vizevorsitzende Beatrix von Storch präzisiert: Auch Frauen sollten mit Waffengewalt am Grenzübertritt gehindert werden.[205] Die AfD wird in Umfragen bei bis zu 17 Prozent in Sachsen-Anhalt gehandelt.

Im Nachhinein ist man immer schlauer. Aber für jeden, der die überbordenden Flüchtlingslager in der Türkei, im Libanon, in Jordanien, den Notstand auf den Ägäisinseln, auf dem griechischen Festland und in Süditalien gesehen hat, war klar, dass Deutschland die Flüchtlinge so nicht würde fernhalten können. Hätte man dies früher akzeptiert und sich darauf eingestellt, die Monate nach Keleti wären anders verlaufen. Und auch die Zukunft wäre eine andere als die, die jetzt bevorsteht. Denn als die politische Krise um die Flüchtlinge einen vorläufigen Höhepunkt erreicht hatte, stellte der EU-Wirtschaftskommissar Pierre Moscovici seine Herbstprognose zum Wirtschaftswachstum vor. Und ganz beiläufig teilte er den Journalisten da auch mit, mit wie vielen Flüchtlingen die EU 2016 und 2017 rechnet.

Es sind zwei Millionen.[206]

Die Akteure

Die deutsche Linke

Die Flüchtlinge in Deutschland waren bei ihren Protesten nie ganz allein. Doch die Unterstützung, die sie erfahren, ist wechselhaft.

»Internationale Solidarität« wurde in den 1970er Jahren für viele Linke zum Thema. In Einwanderungsländern wie den USA, Frankreich oder Großbritannien bezog sich der Internationalismus meist auf dort lebende ethnische Minderheiten. In der BRD ging es vor allem um Solidarität mit Befreiungsbewegungen anderswo. Deutsche Linke solidarisierten sich mit den Opfern des Kriegs in Vietnam, mit Palästina, Nicaragua, El Salvador, Kurdistan, den Schwarzen im Apartheid-Regime Südafrikas oder den Gegnern der Militärdiktaturen in Argentinien und Chile. Mit Flüchtlingen kamen viele nur in Berührung, wenn Exilanten der unterstützten Gruppen nach Westdeutschland flohen. Es war eher eine Zeit des Antiimperialismus als des Antirassismus.

Eine echte Fluchtalternative bot auch die DDR nicht. Zwar stand in der DDR-Verfassung, Artikel 23 Absatz 3, dass der Staat »unter gewissen Voraussetzungen Ausländern Asyl gewähren (könne). Der Minister entscheidet über Gewährung und Aberkennung des Asylrechts.« Die Ausländerverordnung von 1956 bekräftigt dies: »Ausländern wird der Aufenthalt [...] gestattet, wenn sie für die in der Verfassung der Deutschen Demokratischen Republik niedergelegten Grundsätze eingetreten sind und deshalb im Ausland verfolgt werden. Sie werden weder ausgeliefert noch ausgewiesen.«[207] Doch einklagbar war dieses Recht nicht. So war es vor allem eine Gruppe von etwa 1300 Griechen, die vor der Militärdiktatur in ihrer Heimat flohen, und weitere rund 2000 Chilenen, die nach Allendes Sturz das Land verließen, denen die DDR Asyl gewährte. Knapp 455 anerkannte Flüchtlinge lebten 1989 noch im Land.[208]

Im Westen war die Zahl der jährlichen Anträge lange nicht der Rede wert. Zwischen 1977 und 1980 dann versechsfachte sie sich auf 108 000.[209] Zum ersten Mal kamen jetzt in nennenswerter Zahl Menschen, die nicht aus Osteuropa stammten. Die Kohl-Regierung richtete Sammellager ein, die Flüchtlingszahlen gingen zunächst zurück. »Die Buschtrommeln« hätten signalisiert: »Geht nicht nach Baden-Württemberg, dort müsst ihr ins Lager«[210], sagte Baden-Württembergs Ministerpräsident Lothar Späth 1982. Flugblattaktionen, Demos, Blockaden, militante Aktionen und direkte Unterstützung von Asylsuchenden waren die Folge.

1983 baten drei palästinensische Familien aus dem Libanon die Heilig-Kreuz-Gemeinde in Berlin-Kreuzberg um Hilfe. Sie sollten in den vom Bürgerkrieg zerrütteten Libanon abgeschoben werden. Kirchenmitarbeiter und Unterstützer »besorgten Lebensmittel, betreuten die Kinder und berieten die Erwachsenen in juristischen Fragen. Ein Lastwagen voller Matratzen fuhr vor. Der Staat blieb draußen«, erinnert sich der damalige Pfarrer Jürgen Quandt.[211]

In der Silvesternacht 1983 starben sechs Häftlinge bei einem Brand im Abschiebegewahrsam am Augustaplatz in Berlin-Steglitz. Gefangene hatten das Feuer selbst gelegt, offenbar, um gegen ihre Situation zu protestieren. Die benachbarte Johannesgemeinde bot daraufhin einer palästinensischen Familie Kirchenasyl, 1985 kamen neun weitere Berliner Gemeinden hinzu. Sie gründeten das ökumenische Netzwerk »Asyl in der Kirche«, dessen Mitgliedsgemeinden bis heute Tausenden Flüchtlingen Schutz geboten haben.

In diesen Jahren konnten vor allem Flüchtlinge aus Palästina und Tamilen aus Sri Lanka vergleichsweise einfach nach Deutschland reisen. Es gab Flugverbindungen zum DDR-Flughafen Schönefeld, die BRD erkannte die innerberliner Grenze nicht an und kontrollierte den Übergang am Checkpoint Charlie nicht.

Neben den Kirchenasylen bildeten sich Netzwerke, die Flüchtlinge in Privathäusern verstecken. Das Erste dieser Art, von Menschen aus dem Umfeld der Alternativen Liste, hieß Fluchtburg Berlin.

»Sehr lebendig, widersprüchlich, voller Aktivitäten«, sagt Helmut Dietrich, Antirassismus-Aktivist seit jener Zeit und Mitbegründer der Forschungsgesellschaft Flucht und Migration, über die 1980er Jahre: »Alle späteren Strömungen waren schon im Ansatz angelegt.«

Über eine »neue Menschenrechtsbewegung« schreibt der *Spiegel* 1986.[212] In Bremen bekennen sich »60 Gruppen zur guten Flüchtlingstat«. Linke, Grüne, Autonome, Menschenrechtsorganisationen und Kirchengemeinden erklären Kommunen zu »Freien Flüchtlingsstädten«, Hamburgs Grün-Alternative Liste beschließt, »alle Ausländer, denen die Abschiebung droht, dem ›dem Zugriff des Staates‹ zu entziehen«. Auch in Karlsruhe kündigt der »Arbeitskreises gegen Ausländerfeindlichkeit« an, privat Unterschlupf zu gewähren. Der »Richterratschlag«, ein Zusammenschluss von Richtern und Staatsanwälten, klagt die »Aushöhlung des Asylrechts« an. Eine Nonne wird berühmt, weil sie Flüchtlinge vor der drohenden Abschiebung noch schnell aus Berlin ins Bundesgebiet schleust. »Ich habe meine Asylanten ganz offen durchgemogelt«, zitierte der *Spiegel* die Dame.[213] Es ist eine Zeit großer Hilfsbereitschaft in bestimmten Teilen der deutschen Gesellschaft.

Militante Linksradikale setzen das Thema auf ihre Agenda, kommen dabei aber ohne jene aus, um die es geht: »Niemand hatte ein Problem damit, eine Flüchtlingskampagne ohne Flüchtlinge zu starten«, schreibt die Gruppe Revolutionäre Zellen in einer Rückschau.[214] Am 28. Oktober 1986 schießen die RZ dem Leiter der Berliner Ausländerbehörde, Harald Hollenberg, und am 1. September 1987 dem für Asylsachen zuständigen Richter am Bundesverwaltungsgericht Günter Korbmacher in die Beine. Dessen »höchstrichterliche Absegnung von Asylverweigerung« sei »Mittel, die Metropolen gegen die Flüchtlingsbewegung abzuschotten«, und »Praxis internationaler Aufstandsbekämpfung«.[215] Die Aktionen werden später in der autonomen Szene kritisiert, allerdings nicht wegen ihrer Brutalität: Sie seien zu »wenig eingebettet«[216] in soziale Bewegungen gewesen.

Nach der deutschen Einheit verteilt die Bundesrepublik Flüchtlinge aus den alten Bundesländern in den Osten: in alte NVA-Kasernen, leergezogene Plattenbau-Wohnheime oder Baracken. Autonome Linke bemühen sich zunehmend um Solidarität mit den Opfern rechtsradikaler Gewalt. Flüchtlinge werden dabei »als ›die zu Beschützenden‹ betrachtet und [...] wohlwollend bevormundet«[217], schreibt ein Aktivist aus dieser Zeit, der unter dem Pseudonym »Che 2001« bloggt.

Im September 1991 greifen 500 Menschen über sechs Tage lang immer wieder ein Wohnheim für Flüchtlinge und mosambikanische Vertragsarbeiter in Hoyerswerda an. Aktivisten aus Berlin kommen in die Stadt. Als die Angriffe vorüber sind, besetzen sie gemeinsam mit Flüchtlingen aus Hoyerswerda Räume der TU Berlin. Sie wollen den Senat zwingen, die Flüchtlinge aus Hoyerswerda, wo sie noch immer in Gefahr sind, in Berlin unterzubringen. Doch der Berliner Innensenator Dieter Heckelmann (CDU) lehnt dies ab. Die Flüchtlinge treten in Hungerstreik. Auch die CDU-Landeszentrale Berlin, das BAföG-Amt der FU Berlin und das Rote Rathaus werden besetzt. Schließlich sagt Bürgermeister Eberhard Diepgen (CDU) Hilfe zu.

Zur selben Zeit suchen 75 Asylbewerber 106 Tage lang in der Norderstedter Shalom-Kirche Zuflucht. Ihr Wohnheim in Greifswald war zuvor von Nazis überfallen worden. Autonome Linke unterstützen ihr Kirchenasyl, die Gemeinde stellt ihnen ein Ultimatum. Das *Hamburger Abendblatt* giftet gegen die »selbsternannten Beschützer« der Asylsuchenden. Die Norderstedter Kirchenbesetzung gilt vielen als die Geburtsstunde einer sich selbst so bezeichnenden antirassistischen Bewegung in Deutschland. Sie ist zu dieser Zeit noch stark auf Distanz zu liberalen und kirchlichen Kreisen bedacht.

Nach den Ausschreitungen von Rostock-Lichtenhagen im August 1992 demonstrierten 15000 Menschen, von Autonomen bis Kirchengruppen, in Rostock unter dem Motto »Stoppt die Pogrome«.[218] Die Ereignisse in Rostock verankern Flüchtlingspolitik als Thema dauerhaft.

In der linken Szene setzt sich langsam die Auffassung durch, dass die Flüchtlinge nicht nur selber einbezogen werden müssen, sondern vielmehr Speerspitze des Kampfes sein könnten. »Für die neu entstandenen autonomen Antirassismus-Gruppen »gelten die Flüchtlinge nun als ›revolutionäres Potential‹«, so Che 2001. Die Autonomen betrachten es als ihre Aufgabe, ihre Revolten zu unterstützen.

Massen bringt die Bewegung jedoch nicht auf die Straße. Nachdem die Zahl der jährlichen Asylanträge 1992 auf über 400000 steigt, soll der Bundestag am 26. Mai 1993 über den sogenannten Asylkompromiss (→ S. 249) abstimmen. Am Tag der Entscheidung versuchen 2000 Menschen, das Bundeshaus in Bonn zu blockieren – vergeblich.

Der The Voice-Gründer Osaren Igbinoba verweist schon früh auf Verbindungslinien zwischen den Kämpfen der Flüchtlinge und anderen sozialen Bewegungen. Die staatliche Behandlung von Flüchtlingen sei »die ausgefeilteste Form sozialer Unterdrückung«, sagt er, doch sei »ein Unterdrückungsinstrument erst einmal entwickelt, stellt sich direkt die Frage, wo es sonst noch eingesetzt werden kann«. Bestätigt sieht er diese These später etwa durch die Agenda 2010: Die bis dahin an Flüchtlinge ausgegebenen Gutscheine und »residenzpflichtartige Kontrollen« würden jetzt auch bei Arbeitslosen angewandt. Solidarität mit Flüchtlingen sei deshalb kein paternalistisches, asymmetrisches Projekt, sondern Teil einer Auseinandersetzung um Unterdrückungsverhältnisse insgesamt: die Flüchtlinge als natürliche Verbündete Erwerbsloser, Homosexueller, von Drogenkonsumenten, Frauen oder Arbeitsmigranten. Doch dazu kommt es erst einmal nicht. Die Kontakte zwischen den politisch selbstorganisierten Flüchtlingen und diesen Gruppen bleiben in den 1990er Jahren spärlich.

1996 protestieren die »Sans Papiers«, illegalisierte (→ S. 247) Einwanderer, in Frankreich gegen Lohnbetrug, rassistische Gewalt und Abschiebungen. Die Regierung in Paris legalisiert danach den Aufenthalt vieler von ihnen. Auf der Documenta X in Kassel veröffentlichen Aktivisten daraufhin im Juni 1997 den Appell »Kein Mensch ist illegal« (KMII). Er ist benannt nach einem Zitat des Holocaust-Überlebenden Eli Wiesel: »Ihr sollt wissen, dass kein Mensch illegal ist. Das ist ein Widerspruch in sich.«[219] Tausende schließen sich dem Aufruf an. Sie fordern medizinische Versorgung, Ausbildung und soziale Absicherung für alle – unabhängig vom Aufenthaltsstatus. Schon bald ist KMII die Klammer der antirassistischen Szene. Es bildeten sich »Bündnisse von kirchlichen und antirassistischen Gruppen, die bisher ein distanziertes Verhältnis zueinander hatten«[220], schreibt der nordrhein-westfälische Verfassungsschutz.

Das von weißen Deutschen dominierte KMII-Netzwerk macht sich die »Flankierung der Selbstorganisierung« zur Aufgabe. Es unterstützt etwa kurdische Flüchtlinge bei einem mehrmonatigen Asyl in einer Reihe von Kirchen 1998 oder hilft bei der Besetzung eines Büros der Grünen in Köln 1999 durch Flüchtlinge, denen die Abschiebung droht.

Im selben Jahr erstickt der Sudanese Aamir Ageeb während seiner Abschiebung in einem Lufthansa-Flugzeug, als zwei Polizisten des Bundesgrenzschutzes versuchen, ihn ruhigzustellen. KMII startet eine Kampagne mit dem Titel »deportation.class«: Fluggesellschaften sollen auf das teils tödliche Geschäft mit den Abschiebungen verzichten. Während der Lufthansa-Aktionärsversammlung im Juni 2001 legen etwa 13 000 Internetnutzer die Homepage der Airline mit einer eigens geschriebenen Protest-Software lahm. Es ist die erste große Online-Demonstration dieser Art in Deutschland. Eine Reihe von Fluggesellschaften entscheidet, künftig keine Passagiere mehr gegen deren Willen zu befördern.

Das zweite große Projekt von KMII ist eine Serie »antirassistischer Grenzcamps«: Proteste wie autonome Ferienlager. Vor dem EU-Beitritt Polens sterben Menschen bei dem Versuch, Oder und Neiße zu durchqueren, der Bundesgrenzschutz (BGS) versucht, Taxifahrer mit Schleppereivorwürfen zu kriminalisieren, wenn diese papierlose Migranten als Fahrgäste akzeptieren. Hunderte Campteilnehmer demonstrieren 1998 in Görlitz und 1999 in Zittau mit »Keine Schleuserhatz«-Transparenten. 2000 errichten die Camper in Forst in der Lausitz symbolisch eine »BGS-freie Zone«. 2001 belagern sie den Frankfurter Flughafen mit seinem geschlossenen Asylbewerber-Lager, in dem Flüchtlinge bis zu einer Entscheidung im Transitbereich festgehalten werden. Die Abflughalle des Airports bleibt wegen der Aktion tagelang gesperrt, Passagiere, die hineinwollen, müssen sich an der Tür durchsuchen lassen und ihr Ticket vorweisen. Die Aktion schafft es bis in die »Tagesschau«.

2002 campieren knapp 2000 Menschen in Straßburg. Sie protestierten am EU-Parlament und am Sitz der Biometriedatenbank EURODAC. Mit der Speicherung der Fingerabdrücke in der Datenbank wird die Durchsetzung der Dublin-Verordnung überhaupt erst möglich. Die französische Polizei beschießt sie mit Tränengasgranaten. 2003 kommen zum vorerst letzten Grenzcamp in Köln 1000 Menschen. Sie protestieren unter anderem gegen Abschiebungen von Roma (→ S. 48). Die Polizei räumt das Zeltlager.

Die Camps waren auch der Versuch, Kampagnen von Flüchtlingen und Gruppen weißer Deutscher zusammenzuführen – ein schwieriger Prozess. Ein Aktivist hat unter dem Pseudonym Gregor Samsa die Auseinandersetzungen mit der autonomen Szene nachgezeichnet.[221] Die erste, jahrelang nachwirkende Eskalation ereignet sich 2000 in Forst: Einem Mann aus dem Umfeld der Gruppe The Voice wird vorgeworfen, einen sexistischen Übergriff auf eine Frau aus der linken Szene in Weimar verübt zu haben. Deutsche Aktivisten verlangen, The Voice möge »solche Übergriffe in Zukunft unmöglich« machen. Sonst werde die Zusammenarbeit beendet. Die Flüchtlinge schäumen, zumal der Beschuldigte gar kein Mitglied ihre Gruppe war: Sexismus werde so zum Spezialproblem schwarzer Männer erklärt, erwidern sie. Sie wollen nicht hinnehmen, dass sie – und nicht etwa alle Männer in der Szene – eine besondere Verantwortlichkeit für die Vermeidung solcher Übergriffe übernehmen sollten.

Zum nächsten Camp, 2001 am Frankfurter Flughafen, kommen die Flüchtlingsselbstorganisationen mit Dutzenden Aktivisten. Doch sie »leben dort in Paralleluniversen«, schreibt Samsa: »Gegessen, geschlafen und gebadet wurde weitgehend getrennt; auf dem Abschlussplenum erklärten zwei Flüchtlingsaktivisten außerdem, dass sie es vorgezogen hätten, während des Camps keinen Kontakt mit weißen Frauen aufzunehmen – aus Angst vor Sexismusvorwürfen.« Gleichwohl, vielleicht auch deshalb will The Voice, dass das nächste Grenzcamp in Jena stattfindet. Denn hier, in den ostdeutschen Heimen, hat der Flüchtlingswiderstand seine größte Basis. Das Camp könnte dies stärken. Weiße Gruppen lehnen ab: Dies leiste einem »›flüchtlingspolitisch verkürzten Antirassismus‹ Vorschub« wenden sie ein, erinnert Samsa. »Der Blick fürs Ganze ginge verloren, stattdessen drohe […] als karitativer Paternalismus daherkommendes Unterstützungs-Kleinklein. Als Ort radikaler Gesellschaftskritik hätte das Grenzcamp damit ausgedient.«

Die weißen Deutschen wollen das Camp lieber nach Hamburg verlegen, wo die autonome Szene damals erbitterte Auseinandersetzungen mit der Regierungskoalition aus CDU und rechter Schill-Partei austrägt.

»Rassistisch« findet The Voice das. »Die Deutschen haben unsere Positionen nie ernst genommen«, sagt der Voice-Gründer Osaren Igbinoba später. »Sie haben versucht, unsere Sprache zu disziplinieren: Sagt nicht ›Apartheid‹. Sagt nicht ›Lager‹! Sagt nicht ›konzentrieren‹!, haben sie gesagt.« Viele linke Deutsche empfinden diese Begrifflichkeit als Relativierung der Shoah. Die Flüchtlinge haben dafür kein Verständnis. Auch den Slogan »Wir sind hier, weil ihr unsere Länder zerstört«, hätten linke Deutsche kritisiert: »Es geht nicht um Fluchtgründe, sondern um Bewegungsfreiheit als Grundrecht, haben sie gesagt«, erinnert sich Igbinoba.

2003 in Köln entscheiden die Teilnehmer, angesichts gegenseitiger Vorwürfe und Konflikte kein weiteres gemeinsames Camp zu veranstalten. Am Ende stand »der kommunikative Kollaps«[222], schreibt Samsa.

Was bleibt, ist eine Art Gesprächskreis, mit dem Deutsche aus dem KMII- und Flüchtlinge aus dem The Voice-Umfeld versuchen, ihre politischen Differenzen zu verarbeiten. Jahrelang diskutieren sie über die Knackpunkte. Israel etwa (sehen die Flüchtlinge eher kritisch) oder Nation und Religion (sehen die Deutschen eher kritisch). Manche Verhaltensweisen, die in afrikanischen Ländern als völlig normal gelten, werden in der linken deutschen Szene als sexistischer Übergriff betrachtet – wie ist eine Annäherung möglich, ohne belehrend zu sein? Vor allem aber diskutieren sie darüber, wie sie mit ihrem Grundkonflikt umgehen sollen: die einen als Opfer rassistischer Verhältnisse, die anderen als strukturell Privilegierte.

Ab etwa 2005 gibt es wieder Versuche gemeinsamer Aktionen. Das No-Lager-Netzwerk war entstanden, als explizit gemischte Organisierung von Flüchtlingen und Deutschen. Die Flüchtlinge stellen jetzt Ansprechpersonen für den Fall sexueller Übergriffe und demonstrieren im queeren Pink-Puschel-Dress – ein kulturelles Zugehen auf ihre deutschen Genossen.

Die wiederum machen sich Gedanken über den Vorwurf, mit ihren Camps belanglosen sommerlichen Polit-Tourismus veranstaltet zu haben und den Flüchtlingen nie auf gleicher Augenhöhe begegnet zu sein. Doch nur wenn sie dies täten, das hatte The Voice ihnen klargemacht, könne das »Interesse der anderen zum eigenen Interesse« werden – und umgekehrt. »Für karitativen Paternalismus gibt es unter solchen Umständen kaum noch Platz. Denn sobald die eigene Genossin von Abschiebung bedroht ist (was allerdings voraussetzt, dass Flüchtlinge und Nicht-Flüchtlinge GenossInnen werden), schließen sich politischer Anti-Abschiebekampf, persönlicher Wunsch und konkrete Solidarität kurz«[223], so Samsa.

Dem Verhältnis zwischen Flüchtlingen und Unterstützern ist die Asymmetrie, die Ungleichheit, als Grundkonstante eingeschrieben. Jeder Wunsch nach Solidarität muss damit umgehen. Da gibt es den gesellschaftlichen, den historischen Rassismus, der die Aktivisten, seien sie schwarz oder weiß, prägt und das Feld für alle Interaktionen absteckt. Da gibt es die materielle Ungleichheit. Und es gibt die Lebenslage: Die einen können die politische Arbeit theoretisch jederzeit einstellen, sich für das Geldverdienen oder Familienleben entscheiden – und die allermeisten tun dies irgendwann auch. Flüchtlingsaktivisten haben diese Wahlmöglichkeiten nicht. Andererseits kommt es für manche deutsche Aktivisten nicht in Frage, sich ins Private zurückzuziehen. Einige drehen den Spieß gar um und werfen Flüchtlingen vor, nur so lange politische Arbeit zu leisten, bis ihr eigenes Bleiberecht gesichert ist. In solchen Konstellationen ist die Gefahr von Paternalismus, von Brüchen, Verletzungen und Konflikten riesig. Die Idee, zu einem »gemeinsamen Wir«, wie die Gruppe transact! es nennt, zu kommen, scheint da geradezu utopisch. So gab es immer wieder Versuche, getrennte Wege zu gehen, die von beiden Seiten ausgingen. Die einen betrieben Antirassismus ohne Flüchtlinge, die anderen erklärten ihn zu einer exklusiven Veranstaltung von Leuten mit schwarzer Haut oder ohne Aufenthaltsrecht. Aber die Geschichte des Verhältnisses von Flüchtlingen und deutschen Aktivisten zeigt auch den Wunsch, sich verstehen und voneinander lernen zu wollen, nach Respekt und Achtung, um Solidarität möglich zu machen. Und so wurden Differenzen immer wieder erstaunlich produktiv gewendet.

Im Sommer 2009 hält die Szene erneut ein NoBorder-Camp ab, diesmal aber weit weg: auf der Ägäisinsel Lesbos, die bis heute Hotspot der Migration nach Europa ist. Die EU-Außengrenzen geraten in den Fokus, mit Themen wie Frontex und Dublin II/III. Nach dem Scheitern in Köln entsteht aus den alten Strukturen ein ganz neuer Strang. Gruppen wie Welcome2Europe oder Afrique Europe Interact (→ S. 100), Border Monitoring Europe oder Watch the Med halten dem europäischen Grenzregime die Forderung nach Bewegungsfreiheit entgegen. Flüchtlinge und Deutsche sind dort gemeinsam aktiv. Als sich die Lage an den EU-Grenzen ab 2010 zuspitzt, schließen sie Bündnisse mit Gruppen in Griechenland, Frankreich, Tunesien, Marokko, Italien, Spanien, der Ukraine, Bulgarien, selbst Mali. Sie bauen etwa das Watch The Med Alarm-Phone zur Seenotrettung im Mittelmeer auf ebenso wie Anlaufstellen auf der Insel Lesbos und dem griechischen Festland. Die sind für viele Flüchtlinge die einzige Hilfe, als dort 2015 alles zusammenbricht. Und auch als im Spätsommer 2015 Balkanländer Zäune bauen, zahlt sich die jahrelange Arbeit dieser Gruppen aus. In nur wenigen Tagen starten sie das Projekt »Moving Europe«: ein Kleinbus als mobile Info- und Unterstützungsstation vor Ort, um Informationen zu sammeln und Präsenz gegenüber den »Sicherheitskräften« zu zeigen. Es ist eingebunden in ein Netzwerk von Aktivisten, die an den Grenzübergängen und Brennpunkten zwischen der Ägäis und Skandinavien regelmäßige Updates zur Lage erstellen – und für die aufbereiten, die sie für ihre Reise benötigen. »Wir wollen so dazu beitragen, den ankommenden Menschen – und damit uns selbst – den Weg in ein neues Europa offenzuhalten«[224], schreiben sie zum Auftakt.

Die Aktivistinnen und Aktivisten

Brückenkopf nennen Migrationsforscher die Erfahrungen und Ressourcen von Landsleuten, die vorangegangen sind. Sie bieten Unterkunft, Orientierung, Schutz und manchmal Arbeit für die, die nachkommen. Das gilt für Arbeitsmigranten genauso wie für politische Flüchtlinge. Fast immer ist schon jemand da. Strukturen und Netzwerke sozialer, ökonomischer, politischer Art entstehen. Migrantische Organisierung verläuft so üblicherweise entlang der Herkunft, mit starker Orientierung auf das Heimatland.

Frühere Flüchtlingskämpfe waren deshalb häufig das Projekt einzelner Exil-Communitys, die sich angesichts ihres je eigenen nationalen Verfolgungsschicksals zusammenschlossen. Sie übten Solidarität vor allem untereinander. Es waren oft Exilorganisationen, die sich für ein Bleiberecht einsetzten, wie kurdische Vereine, die togoische PDR (Parti pou la démocratie et le renouveau; Partei für die Demokratie und die Erneuerung) oder die Arbeiterkommunistische Partei des Iran.

Die neue Qualität der Flüchtlingsbewegung ab etwa 1994 bestand darin, diese ethnischen Trennlinien durchbrochen zu haben. Das bedeutete nicht, dass die Orientierung auf die Heimatländer aufgegeben wurde. Im Gegenteil: Die Aktivisten betrachteten die ethnische Grenzen überwindende Solidarität vielmehr auch als Mittel, um in Deutschland bleiben zu können und hier weiter exiloppositionell tätig zu sein (→ S. 27).

Dies änderte sich während des neuen Protestzyklus ab 2012. Zwar thematisierten die Lampedusas (→ S. 140), die Non-Citizens (→ S. 123) oder die Flüchtlinge am Oranienplatz (→ S. 117 f.) Fluchtursachen und sprachen von Rohstoffraub, Kriegen oder Klima-Ungerechtigkeit. Sie taten dies aber eher mit Blick auf den globalen Süden insgesamt als mit Blick auf einzelne Herkunftsländer. Es diente eher der Legitimierung der Forderungen nach einem Bleiberecht, als dass es Teil politischer Organisierung jenseits des Bleiberechtskampfs war.

Gleichzeitig änderten sich die Aktionsformen. Das The Voice Refugee Forum und andere hatten sich um langfristig stabile Strukturen in der Selbstorganisation bemüht. Jetzt verlor langfristige Organisierung an Bedeutung. Die neuen Kämpfe waren eruptiv, informell und auf die schnelle Erzwingung von Entscheidungen ausgerichtet. Hierzu dürfte die veränderte Abschiebepraxis beigetragen haben. Ein wachsender Anteil der Flüchtlinge wird heute auf Basis der Dublin-Verordnung nur innerhalb Europas zurückgeschoben. Das geht teils wesentlich schneller als Abschiebungen in die Heimatländer, die früher dominierten. 1997 etwa lag die durchschnittliche Verweildauer abgelehnter Asylbewerber in Nordrhein-Westfalen bei 23,6 Monaten.[225] Dublin-Rückschiebungen in andere EU-Staaten hingegen müssen im Normalfall innerhalb von sechs Monaten über die Bühne gehen. Die Fluktuation in den Heimen ist größer, die Aufenthaltsdauer in Deutschland kürzer, eine langfristige Organisierung schwieriger. Die Notwendigkeit, sich schnell gegen Abschiebungen zu wehren, wuchs dadurch – zumal Dublin-Fällen auch weniger Rechtsmittel zur Verfügung stehen. Das erklärt zum Teil die Radikalisierung der Proteste ab 2012. Den Hungerstreik gab es auch früher schon. Doch nie entschieden sich Flüchtlinge an so vielen Orten parallel dafür oder traten kollektiv in Durststreiks wie zwischen 2012 und 2014.

Das Bundesamt für Migration und Flüchtlinge

Es war ein bemerkenswerter Rekord, den der *Mediendienst Integration* am 15. Januar 2016 meldete:[226] Nie zuvor wurde ein größerer Anteil der Asylanträge positiv beschieden als 2015. Und das ausgerechnet in dem Jahr, in dem die Flüchtlingszahl hoch war wie noch nie. Die sogenannte Gesamtschutzquote lag bei 49,8 Prozent – zehn Mal so hoch wie 2003. Der Wert zeigt, wie viel Prozent aller Antragsteller vom Bundesamt für Migration und Flüchtlinge (BAMF) anerkannt werden oder Abschiebeschutz erhalten. Er variiert seit dem Asylkompromiss 1993 stark von Jahr zu Jahr.

Nach welchen Kriterien das BAMF Flüchtlinge anerkennen soll, ist genau festgelegt, etwa in Paragraf 3 des Asylgesetzes (AsylG).[227] Dennoch gibt es Ermessensspielraum der sogenannten Entscheider. Und natürlich schlagen sich in der Weise, wie dieser genutzt wird, politische Interessen und Konjunkturen der Bundesregierung nieder.

In den 1960er Jahren etwa wurden Ostblockflüchtlinge meist schnell anerkannt – als Beleg für die Unfreiheit im Kommunismus. Kurden hingegen hatten Schwierigkeiten, in Deutschland Asyl zu bekommen, obwohl an den Menschenrechtsverletzungen in der Türkei keine Zweifel herrschen konnten. Doch das Land galt als wichtiger Partner. Mit dem BAMF wird Politik gemacht.

In Bremen hat vor einigen Jahren ein Chinese Asyl bekommen, obwohl er sich geweigert hat, beim angesetzten Asyl-Anhörungstermin zu reden. Das BAMF hatte einen Dolmetscher bestellt, der chinesischer Staatsangehöriger war. Der Flüchtling, ein Falun-Gong-Praktizierender, verdächtigte diesen, für die chinesische Botschaft zu spitzeln, einfach weil der Mann Chinese war. Er verlangte deshalb einen deutschen Chinesisch-Dolmetscher. Flüchtlinge aus anderen Ländern hätten nach diesem Auftritt beim BAMF packen können, der Falun-Gong-Praktizierende bekam einen zweiten Anhörungstermin – wie gewünscht mit deutschem Sprachmittler. Danach bekam er sofort Asyl. Zu der Zeit war man in Berlin der Meinung, in Sachen Menschenrechte und China etwas mehr tun zu müssen – der Wille zur Anerkennung war da.

Weit über vier Millionen Asylanträge hat die Behörde seit ihrer Gründung 1953 – als Bundesamt für die Anerkennung ausländischer

Flüchtlinge – bearbeitet. Bis 1980 entschieden Anerkennungsausschüsse mit einem Vorsitzenden und zwei Beisitzern, dann stellte man wegen steigender Zahlen auf zunächst weisungsunabhängige Einzelentscheider um. Veränderung brachte das sogenannte Zuwanderungsgesetz, das 2005 in Kraft trat. »Interne Steuerungsmittel« sollten nun sicherstellen, dass Asylverfahren »einheitlich entschieden« werden. Die Entscheider hatten sich nun nach »einheitlichen Lageeinschätzungen«, »Dienstanweisungen«, »Arbeitsanleitungen« und »amtsinternen Orientierungshilfen« für wichtige Herkunftsländer zu richten.

Lange Zeit lehnten die BAMF-Entscheider etwa 90 Prozent der Anträge ab. Das hatte auch damit zu tun, dass seit dem Anwerbestopp in den 1970er Jahren der deutsche Arbeitsmarkt verschlossen war. Wer nicht aus der EU kam, hatte praktisch keine Chance, hereinzukommen – außer mit einem Asylantrag. Unter den Asylbewerbern waren fraglos viele Verfolgte, viele Kriegsflüchtlinge, aber auch viel versteckte Arbeitsmigration. Das Problem fehlender legaler Einwanderungsmöglichkeiten wurde in der Kohl-Ära jedoch ignoriert. Stattdessen klagte die Regierung, wie der damalige Außenminister Hans-Dietrich Genscher, über eine »dramatische Lage« durch »offenkundigen Asylmissbrauch«.[228]

Die rot-grüne Koalition im Bund ab 1998 hatte sich ein modernes Einwanderungsrecht vorgenommen (→ S. 249). Reformen beim Staatsbürgerschaftsrecht brachte sie auf den Weg, aber kein echtes Einwanderungsgesetz. Dennoch wollte man Aufbruchstimmung verbreiten, und dazu gehörte die Umbenennung in Bundesamt für Migration und Flüchtlinge. Auch dessen Auftrag änderte sich: Es sollte sich nun auch um Integrationsförderung kümmern, unter anderem durch die Integrationskurse, an denen seit 2005 über eine Million Menschen teilnahmen.

Die Linie der Migrationsverhinderung wurde langsam verlassen. In den folgenden Jahren stiegen die Anerkennungsquoten an: bis 2010 auf über 20 Prozent, 2015 dann waren es, wie erwähnt, 49,8 Prozent.

2013 präsentierte das BAMF Vorschläge, um »Ausländerbehörden zu Willkommensbehörden« zu machen. »Wir möchten, dass Zuwanderer in Deutschland willkommen sind«, sagte der damalige Chef Manfred Schmidt.[229] Er schickte Einwanderungsberater in die Herkunftsländer, und wer kam, sollte einen »Willkommenskoffer« und Orientierungs-Apps für das Smartphone bekommen. Die »Realität, dass Deutschland ein Einwanderungs- und Integrationsland ist, (soll) zur Normalität« werden, sagte Schmidt.

Lange war die rigide Entscheidungspraxis des BAMF politische Munition für die, die weniger Flüchtlinge wollten: Die hohe Ablehnungsquote galt konservativen Politikern als Beweis dafür, dass vor allem Asylbetrüger unterwegs waren. Heute ist es andersherum: Die immer höhere Anerkennungsquote wird von Linken wie der Bundestagsabgeordneten Ulla Jelpke gegen die Innenminister ins Feld geführt. Durch die hohe Schutzquote »verliert auch die verhetzende Parole vom angeblich massenhaften Asylmissbrauch jegliche Grundlage«, sagte Jelpke 2015.[230]

Gleichzeitig rutschte das BAMF in die Krise. Viele gaben der Behörde die Schuld an den viel zu geringen Aufnahmekapazitäten für Flüchtlinge, die zu katastrophalen Versorgungssituationen in vielen Kommunen führten. Die Behörde habe die Entwicklung nicht vorhergesehen, zudem arbeite sie die Anträge zu langsam ab, hieß es.

Im Mai 2015 kündigte die Bundesregierung an, das BAMF von 2800 auf 4800 Mitarbeiter aufstocken zu wollen. In der zweiten Hälfte des Jahres dann gab es einen regelrechten Aufnahmekollaps. Medien und Politik schossen sich vor allem auf das BAMF ein. Am 15. September 2015 trat Schmidt zurück. Seine Stelle übernahm der Chef der Bundesagentur für Arbeit, Frank-Jürgen Weise. Er konzipiert das Asylverfahren neu. Die meisten Verfahren sollen nun in den Erstaufnahmeeinrichtungen, »Ankunftszentren« genannt, beginnen. Pro Bundesland soll es ein solches Zentrum geben. Anträge sollen »in der Regel innerhalb von 48 Stunden abgeschlossen« sein. Flüchtlinge aus sicheren Herkunftsstaaten sollen in der sogenannten »Wartezone« des Ankunftszentrums bleiben – bis zur Abschiebung. Die übrigen Asylbewerber werden in eine Aufnahmeeinrichtung des Landes weitergeleitet. 350 000 Asylanträge sind unerledigt, mehrere Hunderttausend Menschen warteten Ende 2015 auf einen Termin, um Asyl beantragen zu können. Einen Anhörungstermin platzen zu lassen, weil der Dolmetscher suspekt ist – daran ist da kaum zu denken.

Die Gerichte

Wenn es um Asyl geht, haben die Verwaltungsgerichte eigentlich nur eine Aufgabe: Fehlerhafte Asylentscheidungen zu korrigieren. Doch es gab Zeiten, da gewährte das BAMF nicht einmal jedem 20. Flüchtling Asyl. Auf Schutz war überhaupt erst beim Verwaltungsgericht zu hoffen. Die Klage wurde gleichsam zum zweiten Asylverfahren. In manchen Städten gab es derartig viele solcher Prozesse, dass gewisse Richter auf bestimmte Länder spezialisiert waren und bisweilen beachtliche Expertise über die dortige oppositionelle Parteienlandschaft und Regime erlangten. Teils waren sie die Rettung für die Flüchtlinge, teils schickten sie sie auch geradewegs in den Abschiebeknast.

Die Politik erschwerte den Weg zum Gericht. 2005 wurde etwa die aufschiebende Wirkung bei bestimmten Klagen gegen Entscheidungen von BAMF oder Ausländerbehörde abgeschafft. Motto: Erst abschieben, dann verhandeln.

Teilweise wurde den Gerichten der Vorwurf gemacht, aussichtsreiche Klagen liegen zu lassen, bis sich die Lage in dem jeweiligen Land etwas beruhigt hatte, um dann die Klagen ablehnen zu können. So lagen beispielsweise beim Verwaltungsgericht Bremen 2010 seit fünf Jahren Asylklagen von Iranern. Der Anwalt Karim Popal vermutete, das Gericht wolle abwarten, bis die Repressionswelle nach den Protesten gegen die Wiederwahl des Präsidenten Mahmud Ahmadinedschad abgeebbt sei. Das Gericht wies dies allerdings zurück.[231]

Oft sind es Gerichte, die Änderungen in der gesellschaftlichen Debatte aufnehmen, zu Recht machen und so Forderungen sozialer Bewegungen zum Durchbruch verhelfen. Das gilt auch für die Flüchtlingsbewegung.

So entschied zum Beispiel das Verwaltungsgericht Halle im Februar 2010, dass die Ausländerbehörden zu Unrecht Gebühren für »Urlaubsscheine« kassiert hatten – Sondererlaubnisse für das Verlassen des Landkreises trotz Residenzpflicht. Damals kassierten elf der 16 Bundesländer für jeden Schein bis zu zehn Euro – von Flüchtlingen, die nur 80 Euro Taschengeld erhielten. Nach dem Urteil sprachen Ausländerbehörden wie die des Landkreises Schaumburg von einem »Versehen«[232]. Seither waren die Urlaubsscheine gebührenfrei.

Auch die Praxis der Bundespolizei, dubiose Einmalpässe für Flüchtlinge mit ungeklärter Identität bei zweifelhaften Botschaftsmitarbeitern zu kaufen, wurde von Verwaltungsgerichten, etwa in Bremen, gestoppt[233].

Weitreichende Wirkung hatte das Urteil des Bundesverfassungsgerichts vom Juli 2012. Es beendete die Praxis, Flüchtlingen nur Sozialleistungen deutlich unter dem Existenzminimum zu zahlen. Der damalige Bundesinnenminister Hans-Peter Friedrich (CSU) kündigte zwar an, das Urteil nicht umsetzen zu wollen[234], scheiterte damit aber.

2014 verboten gleich zwei Gerichte, Abschiebehäftlinge in regulären JVAs zu inhaftieren. Viele Bundesländer mussten danach die Abschiebehaft stark einschränken.

In diese Reihe gehören auch viele Entscheidungen zugunsten von Flüchtlingen, die bis 2010 nach Griechenland abgeschoben werden sollten. Weil sie dort in die EU eingereist waren, galten sie als sogenannte Dublin-Fälle. Sie sollten ihr Asylverfahren in Griechenland durchziehen. Doch das war da unmöglich – es gibt kein funktionierendes Asylsystem. Die Flüchtlinge wären unweigerlich auf der Straße oder im Gefängnis gelandet. So viele Klagen bei Verwaltungsgerichten und Oberverwaltungsgerichten hatten Erfolg, dass Deutschland 2011 Rückschiebungen nach Griechenland insgesamt stoppte.

»Manchmal«, hat der Pro-Asyl-Europareferent Karl Kopp dazu gesagt, »haben die Menschenrechte eben auch Zähne.« Und deswegen ist der Kampf gegen Rassismus in erster Linie der Kampf um festgeschriebene gleiche Rechte.

Die Polizei

Miloud Lahmar Cherif saß im Regionalexpress von Würzburg nach Stuttgart, als zwei Zivilbeamte der Kripo Heilbronn auf ihn zukamen. Sie wollten seinen Ausweis sehen. Sonst hatten sie niemand im Zug gefragt. »Warum kontrollieren Sie nur mich?«, fragte der 2009 aus Algerien geflohene Cherif. Die Polizisten, so berichtet er später, beantworteten seine Frage nicht.[235] Nachdem sie seine Personalien überprüft haben, muss der The-Voice-Aktivist aussteigen. »Während wir gingen, lief einer der beiden Polizisten neben mir, der andere hinter mir. Auf dem Weg dorthin behandelten sie mich [...] wie einen gefährlichen Kriminellen, den sie vom Weglaufen abhalten wollten, und führten mich schadenfroh vor«, so Cherif. Er muss eine Stunde auf der Wache warten, am Ende wird er wegen Verstoßes gegen die Residenzpflicht angezeigt. »Überall in diesem Land werden diejenigen, die nicht die ›richtige‹ Hautfarbe haben oder ›fremd‹ aussehen, aus der Menge abgesondert«, sagt Cherif, »an Bushaltestellen, Bahnhöfen, in Zügen, auf den Straßen etc. und werden von der Polizei aufgefordert, ihre Papiere zu zeigen. Wir werden tagtäglich öffentlich diskriminiert, erniedrigt.«

Es ist für Flüchtlinge schwer, in Deutschland nicht gegen Gesetze zu verstoßen. Das beginnt bei der Einreise, die legal kaum möglich ist. Danach gelten teils eine Reihe von Sonderregeln, die einen Gesetzesverstoß wahrscheinlicher machen als bei Deutschen: die Residenzpflicht, das teilweise Verbot von Erwerbstätigkeit, die bis 2012 extrem niedrigen Sozialleistungen bis hin zum Verlust des Aufenthaltsrechts. Flüchtlinge haben deshalb häufiger mit der Polizei zu tun als andere Bevölkerungsgruppen.

Neben Razzien an Orten informeller Beschäftigung gilt dies insbesondere für die sogenannten verdachtsunabhängigen Kontrollen auf öffentlichen Plätzen, in Verkehrsmitteln oder im sogenannten grenznahen Raum. Mit ihnen sollen Verstöße gegen das Aufenthaltsrecht festgestellt werden. Oft richten sich die stichprobenartigen Kontrollen gegen dunkelhäutige Menschen. Sie werden als Racial Profiling bezeichnet und sind rechtlich umstritten. Allein 2012 etwa kontrollierten Bundespolizisten 2,3 Millionen Mal Menschen im grenznahen Raum.[236] »Die Freiheit des Reisens ohne Personenkontrollen gilt für viele Menschen in Deutschland nicht«[237], sagte die Linken-Abgeordnete Ulla Jelpke, die die Zahl bei der Bundesregierung erfragt hatte. 2014 hat das Verwaltungsgericht Koblenz der Klage eines deutsch-afrikanischen Ehepaares stattgegeben, das von der Bundespolizei in einem Zug kontrolliert worden war. In dem Fall habe es keinen sachlichen Anlass für die Feststellung der Personalien gegeben, so das Gericht.[238] 2014 leitete die EU wegen der Kontrollen auch ein Vertragsverletzungsverfahren gegen Deutschland ein.[239] Gestoppt wurde die Praxis nicht.

Wer mit Flüchtlingen zu tun hat, hört oft, dass Begegnungen mit der Polizei eskalieren. Sie berichten von Schikanen, Beleidigungen und auch Gewalt. Es ist für Flüchtlinge schwierig, sich dagegen zu wehren. Das hat auch Amnesty International kritisiert.[240] »Diskriminierende Polizeikontrollen sind immer noch an der Tagesordnung und gehören abgeschafft«[241], sagt die AI-Generalsekretärin Selmin Caliskan. Und: »Im Zusammenhang mit Menschenrechtsverletzungen durch die Polizei ist es sehr schwer, Menschen zu finden, die bereit sind, darüber zu sprechen.« Denn Anzeigen gegen Polizisten scheuen Flüchtlinge oft aus Angst vor Problemen mit der Ausländerbehörde. Zeigen sie doch an, handeln sie sich meist ihrerseits Anzeigen wegen Beleidigung oder Widerstands ein.

Dies begünstigt, dass als nichtdeutsch wahrgenommene Menschen ein höheres Risiko haben, Opfer polizeilicher Gewalt zu werden, ohne dass diese angemessen verfolgt wird. Der spektakulärste Fall dieser Art ist der Tod Oury Jallohs 2005 in Dessau (→ S. 90). Es gibt aber noch eine Reihe ähnlicher Todesfälle.

Etwa Paul Nwabuisi, bekannt als »Achidi John«, 19, Nigerianer, gestorben am 9. Dezember 2001 in der Uniklinik Hamburg-Eppendorf. Fünf Polizisten fesseln ihn und setzen sich auf ihn. Eine Ärztin führt eine Sonde in seine Nase, lässt Wasser und einen Sirup namens Ipecacuanha hineinfließen, der Brechreiz auslöst. John soll Kokainkügelchen verschluckt haben, um nicht als Dealer überführt zu werden. Er stirbt.

Oder Laya Condé, 35, aus Sierra Leone, am 5. Januar 2005 im Polizeipräsidium Bremen-Vahr. Zwei Polizisten fixieren ihn auf einer Liege, ein Polizeiarzt flößt per Nasensonde Ipecacuanha und Wasser ein. Condé fällt ins Koma und stirbt. Immerhin hat die Polizei 2013 öffentlich ihr Bedauern über den Fall ausgedrückt und eine Gedenktafel für das Opfer erwogen.[242]

Oder Dominique Koumadio, 23, aus Kongo, am 14. April 2006 in Dortmund von der Polizei erschossen. Koumadio hatte ein Messer. Der Schuss ins Herz wäre nicht notwendig gewesen, sagt seine Familie. Der erste Schuss ins Bein hatte ihn schon außer Gefecht gesetzt.

Oder Christy Schwundeck[243], N'deye Mareame Sarr[244], Halim Dener[245] oder Ousman Sey:[246] alle dunkelhäutig, getötet von deutschen Polizisten oder gestorben in Polizeigewahrsam. Nie wurde jemand bestraft.

Bekommen diese Fälle nur mehr Aufmerksamkeit als die, bei denen die Opfer weiß sind? Sind Polizisten rassistischer als andere Menschen? Nein, sagt die Berliner Kampagne für die Opfer rassistischer Polizeigewalt (KOP). Sie hat Hunderte Berichte dunkelhäutiger Menschen dokumentiert, die über Gewalt durch die Polizei klagen. Der Rassismus werde »nicht einfach durch rassistische PolizistInnen in die Polizei hinein getragen«[247], glaubt die Initiative. Stattdessen werde Rassismus in Staat und Gesellschaft »durch die Polizei strukturell aufgegriffen, reproduziert und verstärkt«.

Martin Herrnkind sieht das ähnlich. Er ist Diplomkriminologe, Polizeiforscher, Beamter der Schutzpolizei und Mitglied in der Fachkommission Polizeirecherche von Amnesty International. Polizeikontrollen seien »in erster Linie auf Minderheiten fokussiert sind, egal welche es im Einzelfall jeweils sind«, erklärte er in einem Interview 2009. Auch ohne Residenzpflicht würde sich an dieser Art institutionalisierter Diskriminierung nicht viel verändern. Wer über Polizeirassismus spreche, habe »den rassistisch disponierten Beamten« im Kopf. Er könne sich aber bei der Ausübung von Kontrollen im ICE »auch einen nichtrassistischen Beamten vorstellen, der nur versucht, seinen Job erfolgreich zu machen, und sich in der Wahrnehmung der Betroffenen rassistisch verhält«, sagt Herrnkind. Es gebe wahrscheinlich Polizisten, die rassistisches Gedankengut in sich tragen, aber auch die, die das nicht tun und trotzdem durch die Anwendung dieses Gesetzes effektiv rassistisch handelten. »Und damit ist es dann eben nicht mehr ein individueller Rassismus, sondern es ist eine institutionalisierte Form des Rassismus.«[248]

Die Heimindustrie

»Traumhafte Renditen von bis zu 20 Prozent pro Jahr« winken in der »Flüchtlingsindustrie«, schätzt der fränkische Immobilienunternehmer Markus Gildner.[249] 2015 entdeckte er den Markt mit den Asylunterkünften, seither tourt er als Lobbyist in eigener Sache über die Podien der Republik und doziert über die Frage, »wie viel Geld darf man mit Flüchtlingen verdienen?«[250] Seine Antwort: eine Menge. Er stieg in das Geschäft ein und versprach, »menschenfreundliche« Flüchtlingsheime zu bauen. Auf der Immobilienmesse Expo Real im Oktober 2015 in München strömten die Zuschauer zu einer Veranstaltung mit dem Titel »Flüchtlingsunterkünfte – neue Asset-Klasse im Spannungsbogen zwischen Rendite und gesellschaftlicher Verantwortung?« Steffen Uttich, der Fondsmanager beim Berliner Immobilienunternehmen Beos, warnte davor, dass die »Immobilienbranche aufpassen muss, nicht am Ende als Kriegsgewinnler dazustehen«. Sie stehe in der Flüchtlingskrise »unter Generalverdacht, aus der Not der Menschen ein Geschäft zu machen«.[251]

Das, freilich, ist nichts Neues. Flüchtlingsheime sind schon lange ein Geschäft.

Nach der Ankunft in Deutschland kommt jeder Flüchtling in sogenannte Erstaufnahmeeinrichtungen. Diese betreiben die Länder. Danach werden sie anhand einer Quotenregelung einer kreisfreien Stadt oder einem Landkreis zugewiesen. Ausgenommen hiervon sind durch das Asylpaket II Menschen aus sicheren Herkunftsstaaten. Die Übrigen werden gemäß dem Asylgesetz in Kommunen »in der Regel in Gemeinschaftsunterkünften untergebracht«.[252] Die Kommunen und Ausländerbehörden haben also Ermessensspielraum.

Eine Möglichkeit ist: Sie zahlen den Flüchtlingen einen Mietzuschuss, so wie es das Sozialgesetzbuch auch für Hartz-IV-Empfänger vorsieht. Die Höhe variiert, je nach Wohnungsmarkt. 2015 lag die Mietobergrenze (ohne Heizkosten) für einen 4-Personen-Haushalt in Cottbus bei 416 Euro, in Berlin gab es 587 Euro, in Düsseldorf 790 Euro.

Die andere Möglichkeit ist: Die Flüchtlinge kommen in eine Sammelunterkunft. Die letzten offiziellen Zahlen hierzu stammen vom 31. Dezember 2014.[253] Da lebten in Deutschland 363 000 Menschen von Leistungen nach dem Asylbewerberleistungsgesetz. Rund 47 Prozent von ihnen wohnten in Wohnungen, die Übrigen in Erstaufnahmeeinrichtungen oder Sammelunterkünften. Diese Quote dürfte allerdings 2015 erheblich gefallen sein. In Berlin etwa hat sich der Anteil der Asylsuchenden, die in Wohnungen untergebracht sind, von 2013 bis Ende 2015 von 57,8 auf nur noch 15 Prozent verringert.

Die Städte und Kreise können diese Lager entweder selber betreiben oder an andere Dienstleister auslagern. Letzteres ist heute die Regel. Neben Wohlfahrtsverbänden haben seit den 1980er Jahren Firmen wie K&S (→ S. 87)[254] mit Sitz im niedersächsischen Sottrum Rundum-sorglos-Pakete für die Kommunen angeboten, oft inklusive Wachdiensten und Verpflegung zum Pauschalpreis. Die von K&S angestellten Heimleiter würden dabei »in vielen Lagern aufs Engste mit den Ausländer- und Sozialbehörden«[255] kooperieren, schreiben die Flüchtlingsräte über die Unternehmenspraxis, die keineswegs ein Sonderfall ist. »Da werden Versammlungen der Flüchtlinge verboten, Meldung gemacht über Kommen und Gehen der Bewohner und deren private postalische Kontakte.«[256]

Wer schon einmal ein Flüchtlingsheim von innen gesehen hat, könnte denken, der Staat wolle mit den Heimen Geld sparen. Oft sind die Heime in alten, baufälligen Kasernen, es ist beengt, die Ausstattung äußerst spartanisch. Doch nach allem, was man weiß, sind die Heime oft keineswegs die günstigste Unterbringungsform. Die Kommunen halten die Verträge nach Kräften geheim, nur hin und wieder werden Details bekannt. Dabei zeigte sich, dass die Kosten teils deutlich über denen der Mietzuschüsse liegen. »Wir haben als Stadt faktisch in 2007 für einen belegten Platz 683 Euro als Kosten gehabt. [...] Eine Gemeinschaftsunterkunft ist [...] ganz eindeutig die teuerste Lösung, die wir uns vorhalten können«, sagte etwa Rudolf Stummvoll, damals Sozialreferent der Landeshauptstadt München, 2009 bei einer Anhörung im Bayerischen Landtag.[257]

2014 hat Pro Asyl die Kosten von Wohnungen und Sammelunterkünften in 18 Landkreisen miteinander verglichen. Das Ergebnis: Die Kosten für Wohnungen waren für die Kommunen in 12 Landkreisen niedriger, teils waren sie nur halb so teuer wie ein Heimplatz. Auch aus Sicht des Landes als Erstattungsgeber seien Wohnungen im Durchschnitt billiger, weil keine Bewachungskosten anfallen.[258]

Warum hat man die Heime trotzdem eingerichtet?

Eine Erklärung lautet: Der Staat profitiert auf politische Weise von den Sammelunterkünften, in denen bis zu fünf einander fremde Erwachsene in einem Zimmer leben müssen. Die Isolation und die Unterdrückung sozialer Beziehungen sind ein Instrument der Asylpolitik. Die niedersächsische CDU-Abgeordnete Editha Lorberg begründet es so: Eine »Unterbringung in Wohnungen würde bei den Ausreisepflichtigen zu einer faktischen Verfestigung des Aufenthalts führen. Den Aufenthalt von ausreisepflichtigen Personen zu beenden, würde dadurch erschwert.« Die Zwangsunterbringung habe sich bewährt, denn durch sie habe »eine Vielzahl von Fällen unberechtigten Aufenthalts erheblich verkürzt werden können«, so Lorberg.[259]

In Bayern sah man die Sache ähnlich: Sammellager sollen »die Bereitschaft zur Rückkehr in das Heimatland fördern«, hieß es bis 2013 in der bayerischen »Durchführungsverordnung Asyl«.[260]

Lange Zeit wäre es kein Problem gewesen, jedem ankommenden Flüchtling von heute auf morgen eine Wohnung zu geben. Nun sind die Zahlen so hoch, dass zumindest in Ballungsgebieten nicht genug günstiger Wohnraum zur Verfügung steht. Wenn Flüchtlinge in eine Wohnung ziehen dürfen, wie das etwa theoretisch in Berlin der Fall ist, konkurrieren sie mit den deutschen Geringverdienern um den viel zu knappen erschwinglichen Wohnraum. Jahrelange Versäumnisse beim sozialen Wohnungsbau rächen sich. Die Heimindustrie wird wohl noch lange beste Geschäfte mit den Kommunen machen.

Die »besorgten Bürger«

Wenn normale Leute Unterschriften gegen eine Stromtrasse sammeln, die an ihrem Dorf vorbeiführen soll – wie wahrscheinlich ist es dann, dass sie nach kurzer Zeit öffentlich diskutieren, wie der für Energie zuständige Bundeswirtschaftsminister am besten umgebracht werden sollte?

Wenn Bürger eine neue Straße durch ihre Stadt verhindern wollen – wie wahrscheinlich ist es dann, dass sie bald anfangen, Brandsätze auf Büros des ADAC zu werfen?

Wenn es um ein Flüchtlingsheim geht, ist solcher Wahnsinn fast schon die Regel. Auf den Facebook-Seiten der »Nein zum Heim«-Initiativen lässt es sich bestens studieren: »Das Regime muss weg«[261] etwa hieß es Mitte Januar 2016 auf der Facebookseite von »Gera wehrt sich« – gemeint ist die Bundesregierung. Ende Dezember 2015 beispielsweise fanden sich unter einem einzigen Beitrag über den Grünen-Politiker Volker Beck auf der Facebook-Seite von Pegida 35 Morddrohungen, »ohne einen Versuch des Widerspruchs oder der Mäßigung durch die Verantwortlichen«[262], so Beck. Darunter waren Aufrufe, »mich zu kastrieren, zu beschneiden, mir Gewalt zuzufügen oder zu töten durch einen Schächtschnitt«. In Dresden hält ein Pegida-Demonstrant einen selbstgebauten Galgen hoch, auf den er die Namen von Sigmar Gabriel und Angela Merkel geschrieben hat. Morddrohungen bekamen nach einer unvollständigen Sammlung der *FAZ* vom Oktober 2015 »ein Bundestagsabgeordneter, der eine Flüchtlingsfamilie bei sich zu Hause aufgenommen hat, der Landrat des Main-Kinzig-Kreises, der Landrat des Burgenlandkreises, zwölf Konstanzer Stadträte, der Fraktionschef der Linkspartei im Freitaler Stadtrat, der Bürgermeister von Bernau, der Oberbürgermeister von Magdeburg, der Oberbürgermeister von Leipzig, der Ministerpräsident von Thüringen, die Bundestagsvizepräsidentin und eben die Bundeskanzlerin«[263].

Hinzu kommen, selbstverständlich, Mordfantasien gegen Flüchtlinge, in fast jeder vorstellbaren und unvorstellbaren Form.

Warum ist das so?

Es ist ja durchaus denkbar, dass manche Heime besser woanders gebaut werden sollten, als die Behörden es planen (oder gar nicht, weil die Heime keine guten Orte zum Leben sind). Aber darum geht es oft nicht. Bürger, die gegen eine Stromtrasse oder eine Umgehungsstraße protestieren, sind nicht gegen Strom oder Autoverkehr insgesamt. Viele der Heimgegner aber wollen keine Einwanderung, egal wo. Das ist das ausgemacht Rassistische an diesen Bewegungen. Und daraus speisen sich der Hass, die Grundsätzlichkeit und die Militanz.

In den letzten Jahren ist die Distanz zwischen vielen Bürgern und der radikalen Rechten verloren gegangen. Dieses neue Milieu hat sich institutionalisiert, zum einen in der AfD, die schon bald nach ihrer Gründung immer weniger vom Euro, aber immer mehr von Einwanderung sprach, und zum anderen in Pegida und ihren regionalen Ablegern, die, anders als viele zwischenzeitlich dachten, keineswegs von allein wieder verschwanden.

Wenn es in der großen Politik um Flüchtlinge geht, dann sitzen diese sogenannten besorgten Bürger immer mit am Tisch. Das Argument ist simpel: Wenn wir das jetzt nicht machen, werden nur die Rechten stärker. Dieser Schluss, vor allem bei Teilen der Union, ist umso beliebter, je stärker diese ohnehin schon sind. Doch wer glaubt, dass er den Aufstieg von AfD und Pegida bremsen kann, indem er ihre Forderungen zum eigenen Programm erhebt, irrt. In allen europäischen Staaten, in denen rechte Parteien Macht erlangt haben, waren etablierte Parteien ihnen zuvor politisch entgegengekommen.

Die Konrad-Adenauer-Stiftung hat 2013 in einer sehr lesenswerten Studie namens »Europa – nein danke?« analysiert, unter welchen Bedingungen rechtspopulistische und fremdenfeindliche Bewegungen in Europa an die Macht gekommen sind. Dies werde begünstigt, wenn Einwanderung und Europakritik »bestimmendes Thema öffentlicher Debatten«[264] seien und wichtige Medien »offen für extrem verkürzte und radikal zugespitzte Darstellungen« seien. Die Autoren haben auch untersucht, welche Strategien wirksam gegen die Rechtspopulisten sind: Hilfreich sei, so die Studie, »komplexe politische Zusammenhänge [...] fortwährend glaubwürdig und verständlich« zu erklären, »die »politischen Leerformeln der rechts- und nationalpopulistischen Parteien durch direkte thematische Auseinandersetzung [zu] ›entzaubern‹.« »Soziale Exklusion sollte wirksam bekämpft werden«. Davon, sich die Forderungen der Rechtsparteien zu eigen zu machen, steht in der Studie nichts.

Kein Flüchtlingsheim in der Nachbarschaft zu wollen, ist nicht unbedingt sympathisch. Aber es ist auch kein Gesinnungsverbrechen. Und aufs Ganze gesehen ist es sicher die dominierende Haltung im Land. Wie also ist damit umzugehen?

In der Debatte um Flüchtlingsunterkünfte gibt es keine Unschuld. Seit Hoyerswerda ist es in Deutschland eben nicht dasselbe, Einwände gegen ein Flüchtlingsheim zu haben und solche gegen eine Stromtrasse. Nirgendwo sonst ist der Grat zwischen Vorbehalt und Pogrom so schmal wie hier. Jeder, der sich in diesen Kontext stellt, muss das wissen – und weiß das in der Regel auch. Aus Hoyerswerda folgt vor allem ein Gebot zur Zurückhaltung. Was das heißt, muss jeder selber entscheiden. Am Ende aber ist es so, wie es die Demonstranten rufen, die die Kundgebungen von Heimgegnern blockieren: Wer mit der NPD marschiert, ist ein Nazi.

Nicht wieder!
Wie Deutschland und Europa
die Fehler der Vergangenheit
vermeiden können

Deutschland

Wer verstehen will, warum die deutsche Asylpolitik ist, wie sie ist, muss sich klarmachen, wie Migration in diesem Land lange Zeit gesehen wurde: als Unfall.

Ihre Wurzeln hat diese Haltung in der Geschichte der Arbeitsmigration in Westdeutschland ab den späten 1950er Jahren. Die Gewerkschaften konnten die wöchentliche Arbeitszeit nach und nach auf etwa 45 Stunden drücken. Der Mauerbau ließ dann den Übersiedlerstrom aus der DDR abreißen, die geburtenschwachen Kriegsjahrgänge traten ins Erwerbsleben ein. Die Ausbildungszeiten wurden länger, der Bildungsurlaub wurde eingeführt, das Renteneintrittsalter herabgesetzt. 1962 gab es aus diesen Gründen nur noch 154 000 Arbeitslose in Westdeutschland – eine Quote von weniger als einem Prozent.[265] Arbeitskraft war ein rares Gut.

Vor allem Türken kamen als sogenannte Gastarbeiter in die BRD. Ihr Aufenthalt, so hatte sich die Bundesregierung das gedacht, sollte nur vorübergehend sein. Bis 1973 stieg ihre Zahl auf knapp 700 000. Vielen war diese Zahl zu hoch. Man müsste »sehr sorgsam überlegen, wo die Aufnahmefähigkeit unserer Gesellschaft erschöpft ist«[266], warnte der Bundeskanzler Willy Brandt (SPD), und der damalige Arbeitsminister Walter Arendt (SPD) sorgte sich, die Gastarbeiterbeschäftigung könne in ein »Minusgeschäft«[267] umschlagen. Im Oktober 1973 befürchtete die Bundesregierung wegen der Ölkrise eine Rezession. Sie erließ einen Anwerbestopp.

Doch während in den 1960er Jahren Türken, die ihre Jobs verloren hatten, in die Türkei zurückgekehrt waren, blieben sie nun im Land. Sie glaubten zu Recht, keine abermalige Rückkehrerlaubnis in die Bundesrepublik zu erhalten, und holten ihre Familien nach. Fast eine Million Angehörige kamen bis zum Ende der 1970er Jahre.

Die DDR ließ derweil ihr 1966 gestartetes Vertragsarbeiter-Programm weiterlaufen. Bis zur Wende holte sie etwa 93 000 billige Arbeitskräfte aus Ländern wie Vietnam, Mosambik, Kuba, Angola und China ins Land. Westdeutschland hingegen war zum Einwanderungsland wider Willen geworden. Es schloss die Tore. Von Ehepartnern, Asylsuchenden und einigen Studierenden abgesehen, konnte nun praktisch niemand mehr ins Land kommen.

Zu Beginn der Kohl-Ära 1982 stand der Satz »Deutschland ist kein Einwanderungsland« im Koalitionsvertrag. Und die Politik richtete sich danach. Einzige Ausnahme waren die Maastrichter Verträge, die 1993 den Weg für EU-Bürger nach Deutschland öffneten. Doch davon machten nur wenige Gebrauch: Bis zur großen Osterweiterungsrunde 2004 kamen jährlich gerade mal 100 000 bis 170 000 EU-Bürger neu ins Land[268], der Wanderungssaldo war nicht der Rede wert. Die Leitlinie der Migrationspolitik blieb eingelöst. Auch 1998 wollte die CSU noch »Deutschland ist kein Einwanderungsland« ins gemeinsame Wahlprogramm der Union schreiben. Die CDU lehnte die Formulierung zwar ab, doch Fraktionschef Wolfgang Schäuble stellte klar: »Inhaltlich stimmen CDU und CSU voll überein«.[269]

Migrationspolitik war Migrationsverhinderungspolitik. Wenn doch jemand kam, war etwas schiefgelaufen und musste korrigiert werden. Die Ausländerbehörden waren vor allem dazu da, Ausländer aus Deutschland zu entfernen. So erklärt sich der größte Fehler, den die Asylpolitik in den letzten zwei Jahrzehnten begangen hat: die Integration der Ankommenden mit den Mitteln des Asylrechts zu verhindern.

Letztlich war es das Ziel, möglichst viele Menschen wieder abzuschieben. Deshalb sorgte der Staat dafür, dass Flüchtlinge mit laufendem Asylverfahren und Geduldete möglichst gar nicht Fuß fassten. Das Arbeits- und Studierverbot, die Verweigerung von Sprachkursen und die Unterbringung in den Sammellagern sollten jedes Sesshaftwerden, wirtschaftlicher und sozialer Art, verhindern.

Aber genau wie die einst nicht mehr erwünschten Gastarbeiter blieben viele dieser Menschen wie Ali Safianou Touré, Akubuo Chukwudi oder Salomon Wantchoucou (→ S. 55, → S. 69, → S. 80) trotzdem. Der Staat konnte sie nicht abschieben und verwies sie in einen Zustand hochgradiger rechtlicher Prekarität, in der trügerischen Hoffnung, sie würden irgendwann entnervt von allein verschwinden. Wider jeden Grundsatz sparsamer Haushaltsführung wurden so Hunderttausende arbeitswillige und -fähige Menschen in den reduzierten Sozialleistungsbezug gezwungen.

Eine der Folgen war Langzeitarbeitslosigkeit. Die wirklich hoffnungslosen Fälle bei den Arbeitsmarkt-Beratungsstellen für Migranten sind heute oft die, die lange Phasen der Duldung hinter sich haben. Wer über Jahre von Sprachkursen, Nachqualifizierung und Berufspraxis ausgeschlossen ist, bleibt irgendwann chancenlos.

Es ist zu hoffen, dass die schiere Masse der Flüchtlinge in der letzten Zeit die Ausländerpolitik jetzt zur Vernunft zwingt. Die dauerhafte Alimentierung vieler Hunderttausender dürfte so teuer werden, dass die Bundesregierung schon allein deshalb Interesse daran haben muss, ihnen so bald wie möglich zur eigenständigen Existenzsicherung zu verhelfen.

Viel ist jetzt von Grenzen der Belastbarkeit die Rede. Und zweifellos sind über eine Million Flüchtlinge eine hohe Zahl. Aber woran erinnert werden muss: Andere Länder tragen solche Belastungen seit langem. Deutschland dürfte seit 2013 etwa 1,5 Prozent der Gesamtbevölkerung an Flüchtlingen aufgenommen haben. Wenn man die Zahlen des jüngsten UNHCR-Jahresberichts 2015[270] als Vergleichsmaßstab zugrunde legt, wäre das weltweit Platz 6, nach dem Libanon (24 Prozent), Jordanien (10 Prozent), dem Tschad (3,5 Prozent), Schweden (2,4 Prozent) und der Türkei (2,1 Prozent); gefolgt vom Iran, von Kenia, Uganda, Pakistan und Äthiopien. Außer Schweden gewährt freilich keines dieser Länder eine auch nur annähernd vergleichbare Versorgung. Aber es hat auch kein Land ähnlich günstige Voraussetzungen wie Deutschland. Seit 2012 gab es jedes Jahr einen Rekord bei den Steuereinnahmen, 2015 machte der Bund zum ersten Mal keine neuen Schulden mehr. »Angesichts der Lage des Arbeitsmarktes und der Staatsfinanzen hätte es keinen günstigeren Zeitpunkt geben können«, sagt der Leiter des Instituts der Deutschen Wirtschaft, Michael Hüther. »Auch für unser demografisches Problem liegt eine Chance in der Zuwanderung. Wir können den Andrang bewältigen – an der Finanzierung kann es sicher nicht scheitern.«[271] Katja Rietzler, Referatsleiterin für Steuer- und Finanzpolitik des Instituts für Makroökonomie und Konjunkturforschung, schätzt, dass der Staat für die Flüchtlingsintegration und den Wohnungsbau über Jahre Ausgaben von »zeitweise durchaus in der Größenordnung von rund 1% des BIP« tätigen müsste. Rietzler plädiert für stärkere Besteuerung hoher Vermögen, sieht aber auch kein Problem in einer Kreditfinanzierung: »Wer jetzt mit dem Argument der Entlastung zukünftiger Generationen auf Kosten der Infrastruktur und der Integration die ›schwarze Null‹ priorisiert, erweist genau diesen zukünftigen Generationen einen Bärendienst.«[272]

Manche Makroökonomen preisen Elan und Unternehmergeist von Immigranten als Jobmaschine. Wirtschaftsverbände betonen immer wieder, dass Deutschlands stabiles Wirtschaftswachstum mehr Arbeitskräfte bestens vertragen kann. Und dennoch ist es illusorisch zu glauben, dass Hunderttausende Gering- oder Unqualifizierte umstandslos vom deutschen Arbeitsmarkt aufgenommen werden können. Für einen Teil der Menschen über 50, viele Mütter und auch einen Teil der Übrigen wird nichts anderes als Arbeitslosigkeit drin sein. Die Quote unter den Flüchtlingen wird auf Dauer höher sein als bei den Deutschen.

Nach Berechnungen des Instituts für Arbeitsmarkt- und Berufsforschung der Bundesanstalt für Arbeit war es in der Vergangenheit so: Im ersten Jahr nach Ankunft fanden weniger als zehn Prozent der Flüchtlinge einen Job, nach drei Jahren waren etwa 40 Prozent untergekommen, nach fünf Jahren die Hälfte, nach 13 Jahren 70 Prozent.[273] Das ist zu lang. Aber es lässt sich einiges dafür tun, diese Zeit zu verkürzen.

1. **Sprachkurse** müssen als Grundrecht und nicht länger als Sanktionsmittel begriffen werden. Egal, wie das Aufenthaltsverfahren oder die Kooperation mit der Ausländerbehörde läuft – sobald die Erstaufnahmeeinrichtung verlassen ist, muss die Möglichkeit zum Deutschunterricht Standard sein, nicht allein, wie seit Anfang 2016, nur für Menschen aus Syrien, Irak, Iran und Eritrea.

2. Für Menschen mit laufendem Asylverfahren gilt: Je früher die **Arbeitsmarktintegration** beginnt, desto besser. Bislang musste der Ausgang des Verfahrens abgewartet werden, was teils Jahre gedauert hat. Genau den richtigen Weg beschreitet das »Early Intervention«-Projekt, ein Pilotprogramm des BAMF und der Arbeitsagentur. Nach dem Start 2014 wurde es in zehn Städten erprobt. Das BAMF erfasst schon bei der Registrierung Flüchtlinge, die mit hoher Wahrscheinlichkeit in Deutschland bleiben dürfen, und leitet deren Daten an die Arbeitsagentur weiter. Die kümmert sich um berufsbezogene Deutschförderung, Bewerbungstrainings, die Anerkennung der ausländischen Qualifikation und die Suche nach einem Praktikumsplatz. Dies geschieht während des laufenden Verfahrens, noch vor einer möglichen Anerkennung als Flüchtling durch das BAMF. Nicht nur Akademiker kamen für Early Intervention in Frage. Auch Flüchtlingen ohne Ausbildung wurde eine solche teils finanziert – entscheidend waren »Ausbildungsfähigkeit und Motivation«, hieß es bei der Arbeitsagentur. Schon

bei Erreichen des Sprachkursniveaus B2 (»gute Mittelstufe«) hat die Arbeitsagentur teils mit der Vermittlung begonnen, der Deutschkurs lief in der Regel weiter bis zur C1-Prüfung (»fortgeschritten«).

Normalerweise setzen solche Fördermaßnahmen erst viel später ein, meist deutlich nach der Anerkennung. Würde Early Intervention zum Standard, könnten Flüchtlingen Jahre beruflichen Leerlaufs erspart werden, zudem zahlten sie länger in die Sozialkassen ein. Es scheint in diese Richtung zu gehen. Ab 2016 bittet die Bundesagentur für Arbeit Asylbewerber mit guter Bleibeperspektive bereits während der Antragstellung darum, einen Kurzlebenslauf auszufüllen. Dieser soll später als Grundlage für ein Erstgespräch mit einem Kundenberater des örtlichen Jobcenters dienen.

In diese Richtung geht auch das im September 2015 gestartete Hamburger Programm »W.I.R. – Work and Integration for Refugees«. Die Kommune erfasst in den Aufnahmeeinrichtungen die Qualifikationen der Asylbewerber und speist sie in die Datenbank der Arbeitsagentur ein. Sich anschließen sollen ein Beratungsgespräch, ein sogenanntes Profiling und Qualifizierungs- oder Eingliederungsmaßnahmen. »Die Erfahrungen der Vergangenheit, dass es viele Jahre dauerte, bis die Eingliederung in den Arbeitsmarkt erfolgt ist, wollen wir nicht erneut machen«, sagt Scholz. Da, freilich, kann sich Hamburg an die eigene Nase fassen: Das Bundesland hatte sich in der Vergangenheit immer besonders restriktiv gezeigt, wenn es um Aufenthaltsverfestigung ging.

Auch die Gewerkschaften haben gute Initiativen ergriffen: Die IG Metall in Niedersachsen beispielsweise hat mit dem Handwerk einen Pakt für die Ausbildung jugendlicher Flüchtlinge geschlossen[274], der Hamburger Landesverband von Ver.di hat eine Musterbetriebsvereinbarung entwickelt, um Flüchtlinge in das Berufsleben zu integrieren.[275]

3. **Duldungen** müssen eng befristet und danach in einen Aufenthaltstitel umgewandelt werden. Innenminister wie der Niedersachse Uwe Schünemann (CDU) hatten sich viele Jahre gegen eine Bleiberechtsregelung für langjährig Geduldete gewehrt. Ihre Begründung: Mit einer solchen würden diese auch noch dafür belohnt werden, dass sie ihrer Pflicht zur Ausreise nicht nachkommen. Aber wenn der Staat es aus welchen Gründen auch immer nicht schafft, die Ausreisepflicht durchzusetzen, hat niemand etwas davon, die Person gleichsam zur Strafe jahrelang im Zustand der Duldung zu halten. Für die Betroffenen – die

ihrer »Pflicht zur Ausreise« oft schlicht nicht nachkommen können – ist dies oft echter Horror, und den Steuerzahler kostet es Geld.

Die Einführung des Paragrafen 25b AufenthG (Aufenthaltsgesetz) im Sommer 2015 war ein Schritt in die richtige Richtung: Seither gibt es eine stichtagsunabhängige Perspektive für langjährig Geduldete. Doch die ist unzureichend. Es gibt zu viele Ausschlusskriterien.

Erstens müssen die Flüchtlinge acht (oder, wenn sie Kinder haben, sechs) Jahre im Land sein. Acht verlorene Jahre sind zu viel.

Zweitens müssen sie Deutsch sprechen und ihren Lebensunterhalt »überwiegend durch Erwerbstätigkeit sichern« oder bald sichern können. Wenn man bedenkt, dass sie oft genau das nicht dürfen – Deutsch lernen, eine Ausbildung machen, arbeiten –, dann ist das ein geradezu widersinniges Kriterium.

Drittens können Ausländerbehörden das Aufenthaltsrecht nach eigenem Ermessen verweigern, wenn die Geduldeten nicht an ihrer Abschiebung »mitgewirkt« haben – ein Vorwurf, den die Behörden wohl in den meisten Fällen erheben können.

Geduldete Jugendliche und Heranwachsende brauchen ein verbindliches Aufenthaltsrecht bis zum Ende einer Ausbildung. Wenn sie später abgeschoben werden sollten – was skandalös genug ist, weil viele von ihnen hier aufgewachsen sind –, stehen sie wenigstens nicht mit völlig leeren Händen da. Nach einer Novelle aus dem Jahr 2015 sieht Paragraf 60a AufenthG[276] derzeit nur vor, dass die Ausländerbehörden nach eigenem Ermessen ein Aufenthaltsrecht für eine Ausbildung erteilen können, dann aber auch nur für ein Jahr. Für die Ausbildungsbetriebe heißt das: Sie können nicht planen. Das senkt die Neigung, Geduldete auszubilden.

5. Das **Arbeitsverbot** ist zuletzt gelockert worden. Anders als früher können Asylbewerber jetzt schon nach drei Monaten in Deutschland arbeiten. Da sie in dieser Zeit ohnehin meist umverteilt werden, ist diese Beschränkung unproblematisch – eine Ausnahme bilden die Menschen aus sicheren Herkunftsstaaten, die länger in den Erstaufnahmeeinrichtungen bleiben sollen. Während des folgenden Jahres ihres Aufenthalts aber – also bis sie insgesamt 15 Monate im Land sind – gilt die sogenannte Nachrangigkeitsklausel. Sie besagt, dass sie nicht einfach irgendeine Arbeit annehmen können. Die Arbeitsagentur muss vorher prüfen, ob sich nicht ein Deutscher oder bevorrechtigter

Ausländer für die Stelle findet. Diese Prüfung kann wochenlang dauern und kompliziert sein, viele Arbeitgeber scheuen den Aufwand. Bei Geduldeten ist die Lage ähnlich, nur dass hier die Ausländerbehörde die Arbeitserlaubnis entziehen oder gar nicht erst erteilen kann, wenn die geduldete Person nicht an der Abschiebung mitwirkt – dies kann die Behörde fast immer behaupten. Die **Vorrangprüfung** ist eine echte Hürde, vor allem in strukturschwachen Gegenden.

6. Wer Ressentiments verhüten möchte, die auf der Feststellung gründen, Flüchtlinge würden Deutschen Jobs wegnehmen, der muss vielmehr verhindern, dass für diese ein separater **Billigarbeitsmarkt** entsteht. Sobald sich die Antragsrekorde im Sommer 2015 abzeichneten, kamen aus der Industrie die ersten Forderungen nach Mindestlohnausnahmen für Flüchtlinge. Einen besseren Weg, um Stimmung gegen diese zu machen, gibt es kaum. Es ist ein Segen, dass kurz vor dem starken Anstieg der Flüchtlingsankünfte der Mindestlohn eingeführt worden war. Die Verteilungskämpfe im Niedriglohnsektor werden ohnehin hart genug. Die Paketausfahrer, Frisöre, Wachleute und Kellner würden sich bedanken, wenn Hunderttausende auf den Jobmarkt drängende Flüchtlinge billiger beschäftigt werden dürften als sie.

7. **Ausländische Qualifikationen** müssen viel schneller anerkannt und gegebenenfalls ergänzt werden als bislang. Bereits Vorqualifizierte benötigen Sprachkurse mit berufsbezogenem Fachsprachanteil. Seit 2012 gewährt das Anerkennungsgesetz einen Rechtsanspruch auf die Prüfung im Ausland erworbener Qualifikationen. Diese Prüfung kann auch während des laufenden Asylverfahrens beantragt werden. Das Verfahren ist aber nach Meinung vieler Experten, darunter der Sachverständigenrat Migration[277], viel zu kompliziert, und vor allem gilt es nur für wenige Berufsgruppen.

Bei vielen Menschen aber gibt es nichts anzuerkennen. Sie haben keine Qualifikation, die ihnen auf dem deutschen Arbeitsmarkt nutzen würde. Für sie müssen Ausbildungsprogramme im großen Stil aufgelegt werden. Aufenthaltsverfestigung sollte auch durch die Teilnahme an Weiterbildungsmaßnahmen möglich sein, nicht nur durch die Aufnahme irgendwelcher prekärer Arbeit.

In den letzten Jahren wurde zunehmend erkannt, wie absurd die Verweigerung wirtschaftlicher und sozialer Rechte für Flüchtlinge war. Die Institutionen sind ein Stück weit von dieser Linie abgerückt. Manche der in diesem Abschnitt beschriebenen Entwicklungen zeigen das. Seit Herbst 2015 aber gibt es Anzeichen für ein erneutes Umschwenken – etwa die Praxis, Deutschkurse nicht für Somalis und Afghanen zu öffnen.

Wenn es eine Lehre aus der Vergangenheit gibt, dann die: Die Menschen gehen nicht zurück, nur weil man sie an der Integration hindert. Wer mit dieser Methode Migrationspolitik machen will, wird wieder nur Langzeitarbeitslose produzieren, diesmal aber in einer ganz anderen Dimension.

Vor dem Weg in den Arbeitsmarkt steht der Weg in die Kommunen. Am Ostersamstag 2015 zündeten Unbekannte ein Gebäude in der Gemeinde Tröglitz in Sachsen-Anhalt an. Etwas später hätten dort Flüchtlinge einziehen sollen. Anwohner, unter ihnen NPDler, hatten zuvor wochenlang gegen das Heim demonstriert. Der Dachstuhl des Hauses war noch nicht abgekühlt, da klagten die Gegner der Flüchtlingsunterkunft schon wieder: Für die Flüchtlinge sei Geld da, für die Einheimischen nicht. Kämen die Asylsuchenden, könne die Kommune deshalb etwa kein Jugendzentrum bezahlen. Das Argument ist oft zu hören – nicht nur von NPD-Anhängern, sondern auch aus der gesellschaftlichen Mitte. Tatsächlich müssen in Deutschland oft die Kommunen die Hauptlast für die Versorgung der Asylsuchenden tragen. Sie bekommen einen gewissen Anteil vom Land erstattet, die Länder wiederum erhalten dafür Geld vom Bund. Dieser Anteil variiert erheblich. Bayern beispielsweise erstattete 2015 fast alles, Nordrhein-Westfalen rund 20 Prozent. Die Folge ist eine faktische Verteilungskonkurrenz zwischen Bewohnern armer Kommunen und Flüchtlingen.

In Leverkusen etwa lebten Mitte vergangenen Jahres rund 2400 Asylbewerber. Die Stadt rechnete damit, 2014 etwa 13,6 Millionen Euro für sie ausgeben zu müssen. Die Landesregierung überwies magere 2,3 Millionen – so blieb ein Fehlbetrag von 11,3 Millionen Euro. In Anbetracht des Umstands, dass große Teile kommunaler Haushalte Pflichtausgaben sind, ist das eine empfindliche Einschränkung des Budgets.

Haben die Gegner der Flüchtlingsheime also recht?

Der Leverkusener Stadtkämmerer Frank Stein weist das entschieden zurück: »Wer so argumentiert, tut das in der Regel nicht aus der

Sorge um die Stadtfinanzen, sondern um die Ausgaben für politische Zwecke zu instrumentalisieren«, sagt er. Die humanitäre Verpflichtung den Flüchtlingen gegenüber stehe »nicht unter Finanzierungsvorbehalt«, so Stein. Für ihn sei es »gar keine Frage, dass wir uns dieser Verpflichtung stellen müssen«. Im Übrigen sei es nicht nötig, wegen der Ausgaben für die Asylbewerber »auf andere Dinge zu verzichten«, sagt Stein, »wenn sich Bund und Länder die Lasten endlich gerecht aufteilen«. Seit 2016 zahlt der Bund 670 Euro pro Monat für jeden Flüchtling während des Verfahrens an die Länder. Doch die geben es nicht automatisch an die Kommunen weiter. Die ungleiche und unzureichende Erstattung bleibt deshalb bestehen. Der beste Weg zu einer sinnvollen Lastenteilung zwischen den öffentlichen Haushalten wäre die Abschaffung des Asylbewerberleistungsgesetzes. Flüchtlinge könnten Leistungen nach dem Sozialgesetzbuch (SGB II) bekommen. Die Grundleistungen trüge der Bund über die Bundesagentur für Arbeit, die Kosten für die Unterkünfte könnten sich Land und Kommune teilen. Die Belastung aller Kommunen bundesweit wäre erstens gleich und nicht vom Geschick bei den Verhandlungen mit den Landesregierungen abhängig. Zweitens wäre sie für viele Kommunen geringer. Diese Lösung hätte noch einen weiteren Vorteil: Die eingeschränkte Gesundheitsversorgung für Flüchtlinge, die im Asylbewerberleistungsgesetz festgeschrieben ist (nur Anspruch auf Behandlung »akuter Erkrankungen und Schmerzzustände«), hätte damit ein Ende.

Spätestens seit dem vergangenen Jahr beschäftigt viele die Frage, wo die Hunderttausenden Flüchtlinge leben sollen. Anfang Januar 2016 präsentierte der Deutsche Städte- und Gemeindebund seine Vorstellungen: Sie sollten gezielt in bevölkerungsarmen Gegenden mit viel Wohnungsleerstand angesiedelt werden. Dabei dürfe auch die »Beschränkung der Freizügigkeit kein Tabu sein«, berichtete die *Welt.*[278] Der Verbandsgeschäftsführer Gerd Landsberg wollte »diskutieren, ob es auch für anerkannte Asylbewerber eine Residenzpflicht geben sollte, um sie da anzusiedeln, wo wir sie haben wollen«. Bei den »Vertriebenen und den Russlanddeutschen« sei es auch so gelaufen, sagte Landsberg. Einhergehen müsse eine solche Maßnahme mit einer gezielten und regional angepassten Beschäftigungsförderung, um in solchen »entleerten Räumen« auch wieder Arbeitsplätze zu schaffen. Auch Vizekanzler Sigmar Gabriel sagte, er glaube, »wir brauchen eine

Wohnsitzauflage«[279], ähnlich äußerte sich Nordrhein-Westfalens Ministerpräsidentin Hannelore Kraft.

Auf die Idee, die Flüchtlinge selber zu fragen, wo sie leben wollen, kamen Kraft, Gabriel und Landsberg nicht.

Tatsächlich steht die Unterbringungsfrage in einem Spannungsverhältnis zwischen dem Wunsch vieler Migranten nach einem Leben in Großstädten, in denen es schon viele Migranten gibt, und dem Mangel an billigem Wohnraum in den meisten Ballungsgebieten. Der lässt sich nicht ohne Weiteres wegfordern. Es bräuchte massive Anstrengungen bei der Schaffung günstigen Wohnraums und der Mietbegrenzung – für alle, jetzt mehr denn je. In dieser Hinsicht allerdings ist der Staat in der Vergangenheit gänzlich untätig gewesen. Und selbst wenn der politische Wille jetzt plötzlich da sein sollte, wird sich der Wohnungsmarkt vieler Großstädte nicht dieses und auch nicht nächstes Jahr entspannen.

Es muss deshalb nach Wegen gesucht werden, Flüchtlinge in einer für sie akzeptablen Weise in ländlichen Gebieten, etwa in Ostdeutschland, unterzubringen. Nicht nur weil Zwangsmaßnahmen ohnehin unterlaufen würden, sollte man es genau andersherum versuchen, als Landsberg und Gabriel das vorhaben: ein Mitspracherecht bei der Wohnortzuweisung einführen.

Denn wer sagt, dass es nicht gemeinsame Interessen von Flüchtlingen und Gebietskörperschaften geben könnte? Manche Flüchtlinge mögen keine großen Städte und leben gern auf dem Land. Nicht alle haben Familie im Ruhrgebiet, manche haben vielleicht Verwandte in Kleinstädten. Manche sind froh, an Orten zu wohnen, an denen es keine Menschen aus ihrem Herkunftsland oder nur wenige Migranten gibt. Und wenn sie auf dem Land eine Wohnung oder ein Haus bekommen können, in der Stadt aber nur einen Platz in der Sammelunterkunft – warum sollte es dann für Flüchtlinge nicht in Frage kommen, in der Provinz zu leben?

Das Problem aber ist: Sie fragt niemand. Eine Mitspracherecht oder eine Anhörung bei der Verteilung in bestimmte Kommunen gibt es nicht. Die Flüchtlinge sind bloße Objekte der Verwaltung.

Sich von dieser Praxis zu lösen würde dem BAMF viel Arbeit machen. Es bräuchte ein mehrstufiges, mit Beratung und echter Eingliederungshilfe verbundenes System der Mitsprache bei der Wohnortzuweisung. Doch die Arbeit würde sich lohnen. So könnten Flüchtlinge

mitentscheiden, ob, wie und wo sie in bevölkerungsarmen Gegenden angesiedelt werden wollen – ohne Zwang.
Die Antragszahlen 2015 haben zu einer regelrechten Beschäftigungsexplosion im Integrationsbereich geführt. Einschlägig qualifizierte Sozialarbeiter waren Ende des Jahres kaum noch zu finden. Eine Beratungsstelle für syrische Flüchtlinge in Berlin hatte so viele Stellen bewilligt bekommen, dass sie Probleme hatte, für die neuen Mitarbeiter Büroräume anzumieten. Der Bedarf an Arbeitskräften in dem Bereich hat dazu geführt, dass immer mehr Menschen eingestellt worden sind, die sich mit allen möglichen Dingen auskennen, aber nicht mit Flüchtlingen. In Berlin etwa wurde ein Mann Leiter eines Flüchtlingsheims, der zuvor eine Bäckerei geführt hatte, in Bremen übertrug man einer Frau ein Heim, die davor eine Abteilung bei Karstadt geleitet hatte. Ähnlich wie bei den erschwinglichen Wohnungen in vielen Großstädten ist der Mangel an qualifizierten Sozialarbeitern nicht von heute auf morgen zu beheben, auch nicht bei entsprechendem politischen Willen. Die Ausbildung dauert mit Masterabschluss mindestens fünf Jahre. Unterhalb dessen gibt es kaum Qualifizierungsangebote. Die Folge ist: Die Arbeit machen jetzt häufig Menschen, die überhaupt nicht auf diese Tätigkeiten vorbereitet sind. Da aber sofort – und sicher auch in den nächsten Jahren – eine große Zahl an Arbeitskräften für die Integrations- und Aufnahmearbeit gebraucht wird, müsste es Bildungsmaßnahmen unterhalb eines Studiums geben: eine Zusatzqualifikation Flüchtlingssozialarbeit etwa.

Doch es sind nicht alle Flüchtlinge, die kommen. Das war so, und das wird in Zukunft so sein. Die Absurdität, dass es in einem Land von der Größe Deutschlands, in dem Einwanderung immer stattgefunden hat, kein Einwanderungsrecht gibt, drängte viele Arbeitsmigranten in Asylverfahren, die niemand wollte. Das Einwanderungsgesetz wäre im letzten Jahr fällig gewesen. Die Asylzahlen des Jahres 2015 haben dies hinausgezögert. Aber mittelfristig wird die CSU es nicht verhindern können, dass legale Zuwanderungsmöglichkeiten für Drittstaatsangehörige (Drittstaat, → S. 246) geschaffen werden, genauso wenig, wie sie die Modernisierung des Staatsbürgerschaftsrechts verhindern konnte.

Europa

Als im Herbst 2014 mal wieder 500 Menschen vor Libyen ertrunken waren, meldete sich der Weltverband der Seenotretter zu Wort. »Wir tun unser Möglichstes«[280], schrieb die International Maritime Rescue Federation (IMRF), in der neben NGOs wie der Deutschen Gesellschaft zur Rettung Schiffbrüchiger (DGzRS) auch die Küstenwachen organisiert sind. »Aber das zugrunde liegende Problem kann nicht auf See gelöst werden.«

Lange hatten die Länder Europas auf Abschreckung gesetzt. Die Gefahr des Ertrinkens war Teil der Migrationspolitik. Das Risiko für Flüchtlinge, nicht aus Seenot gerettet zu werden, blieb hoch. Diese Gefahr sollte sie abschrecken.

Dies änderte sich erst, als nach dem spektakulären Schiffsunglück am 3. Oktober 2013 vor Lampedusa der politische Druck aus der europäischen Zivilgesellschaft – auch von organisierten Flüchtlingen – immer größer geworden war. Gleichzeitig waren die sozialdemokratischen italienischen Ministerpräsidenten Enrico Letta und Matteo Renzi – anders als ihr Amtsvorgänger Silvio Berlusconi – nicht bereit, dem Sterben einfach zuzusehen. Italien startete die Marinemission Mare Nostrum. Ein neuer Marineverband wurde eingerichtet, die 29. Grupo Navale, ausgerüstet mit Kriegsschiffen, Hubschraubern, Patrouillenbooten mit Hubschauber-Landeplätzen, Transportschiffen, Aufklärungsflugzeugen mit Wärmebildkameras, Seeaufklärern und Drohnen. Bis in libysche Gewässer patrouillierte der Verband. Es war ein Novum – und ein substanzieller Beitrag zur Lebensrettung. Über 170 000 Menschen erreichten 2014 Italien, offiziell ertranken im selben Zeitraum etwa 3600. Eine erschreckende Zahl, doch ohne Mare Nostrum hätte es weit mehr Opfer gegeben.

Auf 9,3 Millionen Euro im Monat bezifferte Italien die Kosten für das Programm. Die EU, die nach dem Lampedusa-Unglück versprochen hatte, alles zu tun, um weitere Unglücke dieser Art zu verhindern, beteiligte sich nur mit rund einem Zehntel der Kosten. Italien war das zu wenig, vor allem, weil das Land sich gemäß der sogenannten Dublin-Regel um alle geretteten Flüchtlinge allein kümmern musste. Es verlangte eine Weiterverteilung der Ankommenden. Der Rest der EU, auch Deutschland, lehnte das ab. Der Streit eskalierte. Nach einem

Gipfel von Italien, Frontex und der EU-Kommission im August 2014 in Brüssel wurde Mare Nostrum offiziell eingestellt. Rom wies seine Marine an, trotzdem weiter zu retten, auch außerhalb der eigenen Gewässer.

Doch für Italien allein war die Aufgabe zu groß. Im April 2015 ertranken in wenigen Tagen über 1000 Menschen vor Libyen. Der Druck auf die EU wuchs. »Der Status quo ist keine Option«, sagte EU-Kommissionschef Jean-Claude Juncker. Merkel sagte, Europa müsse »alles tun«, um weitere Opfer zu verhindern. Kurz zuvor hatte der Verband deutscher Reeder Hilfe von Merkel gefordert: »Unsere Besatzungen sehen die Menschen sterben, sie ertrinken vor unseren Augen oder erfrieren an Bord«,[281] schrieben sie der Kanzlerin.

Die EU-Kommission präsentierte einen 10-Punkte-Plan, der neben Maßnahmen zur militärischen Schlepperbekämpfung vorsah, die Grenzschutzagentur Frontex zur Seenotrettung einzusetzen. An dem Beschluss gab es viel Kritik, denn Frontex selbst wies immer wieder darauf hin, dass es für Seenotrettung weder ausgerüstet war, noch Kompetenzen auf diesem Gebiet hatte. Ergänzend schickten mehrere EU-Länder deshalb Marineeinheiten, darunter war auch die Bundeswehr, die bis Jahresende über 9800 Menschen aus Seenot rettete.

Anfang Januar 2016 präsentierte der Sprecher der Internationalen Organisation für Migration (IOM), Joel Millman, in Genf die Bilanz des vergangenen Jahres: 3771 Menschen starben 2015 vor Libyen, 492 mehr als im Vorjahr. »2015 war das tödlichste Jahr für Migranten und Flüchtlinge, die versucht haben, über das Mittelmeer nach Europa zu gelangen«,[282] sagte Millman. Zwar flohen 2015 mit rund einer Million Menschen beinahe fünfmal so viele wie im Jahr zuvor über das Mittelmeer, trotzdem ist die EU daran gescheitert, »weitere Opfer« zu verhindern. Und wäre nicht eine Vielzahl privater Initiativen in Sachen Seenotrettung auf den Plan getreten – Ärzte ohne Grenzen, SeaWatch, das Watch The Med Alarmphone, SOS Mediterranee, Greenpeace und MOAS –, wären es zweifellos viel mehr geworden.

Die IMRF hat deshalb vollkommen Recht, wenn sie sagt, dass das Problem nicht auf dem Meer liegt. Es liegt im Europäischen Recht. Eine legale Möglichkeit, nach Europa zu kommen, um hier einen Asylantrag zu stellen, etwa durch humanitäre Visa, existiert nicht. Deshalb kommen die Menschen auf den kleinen Booten der Schlepper und ertrinken. Das ist Problem Nummer eins.

Problem Nummer zwei war zum Beispiel im September 2015 an der kroatisch-ungarischen Grenze in Röske zu besichtigen. Ungarische Grenzsoldaten führten Tausende Flüchtlinge zum Bahnhof der kleinen Stadt und setzten sie in Sonderzüge der ungarischen Staatsbahn. Die brachten die Flüchtlinge dahin, wo sie hinwollten: nach Spielfeld an der Grenze zwischen Österreich und Ungarn. Die ungarischen Soldaten taten nun erstmals in aller Offenheit, was andere Staaten in der Vergangenheit immer nur unter der Hand gewagt hatten: Sie setzten sich über das europäische Asylrecht hinweg und missachteten die Dublin-Bestimmungen. Ungarn erreichten damit, was die anderen Staaten an den Außengrenzen immer versucht, aber nie geschafft hatten: das Ende des Dublin-Systems.

Drei Monate zuvor, im Juni 2015, hatte die Regierung in Budapest schon einmal angekündigt, das Abkommen »auf unbestimmte Zeit« auszusetzen. Das Land werde bis auf Weiteres keine Flüchtlinge aus anderen EU-Staaten zurücknehmen. Die EU forderte eine »sofortige Klarstellung«, das Auswärtige Amt bestellte den ungarischen Botschafter ein. Doch die Disziplinierung währte nur kurz. Als immer mehr Flüchtlinge über Ungarn in die EU einreisten, war es in Budapest mit dem Respekt für das EU-Recht vorbei.

Den ganzen Sommer 2015 über hatte die EU versucht, sich auf einen neuen Verteilungsmodus zu einigen – und scheiterte krachend. Der belgische Ministerpräsident Charles Michel sagte nach den Verhandlungen, er habe »ein für Europa unwürdiges Spektakel erlebt«.[283] Vor allem osteuropäische und baltische Staaten, aber auch Großbritannien hatten sich gegen eine für alle verbindliche Quote, die das Dublin-System ergänzen oder ablösen könnte, gewehrt. Litauens Präsidentin Dalia Grybauskaitė sagte, ihr Land wolle »die Möglichkeit haben, unsere Solidarität selbst zu zeigen, ohne dazu gezwungen zu werden«.[284]

Den Sommer über heizte sich die Lage wie in einer Kettenreaktion immer weiter auf – von Syrien bis nach Nordnorwegen: flüchtlingspolitische Krisenherde überall. Der Druck auf die EU wuchs. Nach monatelangen Verhandlungen entschied der Rat im September, 160 000 Flüchtlinge per Quote über die ganze EU zu verteilen – keine Zahl, die geeignet wäre, Griechenland, Ungarn und Italien nennenswert zu entlasten. Der slowakische Regierungschef Robert Fico kündigte noch am Abend des Beschlusses an, er wolle sich nicht an »dieses Diktat« halten. »Es ist noch nie vorgekommen, dass Meinungen, für die

Länder rationale Argumente hatten, [...] von einer Mehrheit einfach niedergewalzt wurden, nur weil sie nicht fähig war, einen Konsens zu finden«[285], sagte er vor dem Parlament in Bratislava. Die Slowakei zog vor Gericht.

Die Verhandlungen um die Verteilungsquoten und die sogenannten Relocation-Maßnahmen haben gezeigt, was Zwangsmaßnahmen beim Asylrecht in Europa bringen: gar nichts. Eine Quotenregelung für alle Ankommenden, wie sie als Post-Dublin-Szenario immer wieder im Gespräch war, wird sich nicht durchsetzen lassen. Manche Staaten würden wohl eher aus der EU austreten, als ihr zuzustimmen. Gleichzeitig ist es so, dass auch die Flüchtlinge nichts davon gehabt hätten, in Länder gesteckt zu werden, die sie partout nicht wollen. Was also tun? Soll man den rechtsnationalen Regierungen einfach nachgeben?

Als Zwischenlösung ist denkbar, nach einem schnellen Asylverfahren in den Dublin-Ankunftsländern direkt ein Freizügigkeitsrecht für ganz Europa zu erteilen. Sie sollten behandelt werden wie EU-Bürger: Arbeitserlaubnis, Sozialleistungsanspruch durch Erwerbstätigkeit.

Der langfristige Ausweg könnte sein, die Kosten für die Aufnahme von Asylsuchenden durch die EU zu finanzieren. Die Wahl des Antragslandes wird den Flüchtlingen freigestellt, jedes Land, das einen Flüchtling aufnimmt erhält für diesen 10 000 Euro pro Jahr aus Brüssel. Einer solchen Regelung könnten sich auch die osteuropäischen Hardliner schwerer versperren, denn niemand würde ihnen mehr Flüchtlinge aufzwingen. Sie würde zu einer fairen Lastenteilung zwischen den Ländern und einer echten Entlastung der Aufnahmeländer führen, die im Gegenzug verpflichtet wären, die EU-Standards zur Aufnahme einzuhalten, an die sich heute praktisch kein Land hält. Ist das bezahlbar?

Nimmt man an, dass in den nächsten zehn Jahren jeweils 500 000 Flüchtlinge in die EU kämen – ein vergleichsweise hohes Niveau – und dass von jeder Kohorte jedes Jahr nach ihrer Ankunft je weitere zwölf Prozent auf dem Arbeitsmarkt unterkommen, dann wären zu jedem Zeitpunkt etwa zwei Millionen Menschen aus Transferleistungen zu versorgen. Dies ergäbe Aufwendungen von etwa 20 Milliarden Euro jährlich, die über Brüssel umverteilt werden müssten. Dazu müssten die EU-Mitgliedstaaten statt bisher 1,23 Prozent ihres Bruttonationaleinkommens bei derzeitiger Wirtschaftslage 1,39 Prozent an die EU abführen. Das entspräche einer Anhebung des EU-Haushaltes von 2015 von 145,3 Milliarden Euro auf circa 165 Milliarden Euro. Das klingt nach einer enormen Summe. Aber es ist nicht einmal etwa halb so viel wie die jährlichen EU-Agrarsubventionen von rund 55 Milliarden Euro,[286] und je EU-Bürger wären es knapp 40 Euro im Jahr. Was sich für Raps und Rüben lohnt, wäre ein Schnäppchen für etwas, das helfen könnte, die EU zu retten. Denn Europa stehe »nahe« an einem Scheitern Schengens, sagte Bundesfinanzminister Wolfgang Schäuble (CDU) im Januar. »Das ist nicht eine Frage von Jahren.« Würde Deutschland Grenzkontrollen einführen, wäre dies »eine gewaltige, eine enorme Gefährdung Europas«.[287] Und es wäre teuer: Die Folgekosten der Wiedereinführung von Grenzkontrollen gehen in die Milliarden, warnte Kommissionspräsident Jean-Claude Juncker.[288]

Je mehr Flüchtlinge kamen, desto größer wurden die Zugeständnisse an die Türkei. Eine Summe von bis zu drei Milliarden Euro stand Ende Januar 2016 im Raum – unverblümt gedacht als Bezahlung für das Aufhalten der Syrer. Mit der Summe hätte der UNHCR die Flüchtlinge in der gesamten Region ein Jahr versorgen können. Dass die Hilfsorganisationen nicht ausreichend finanziert wurden, hat den Flüchtlingstreck im Sommer 2015 erst richtig in Gang gebracht (→ S. 170). Stattdessen soll Geld in die Kassen der kriegführenden türkischen AKP-Regierung wandern. Erst im Februar 2016 entschieden die Geberstaaten, bis 2018 etwa neun Milliarden Euro Hilfe bereitzustellen. Das ist fraglos ein Fortschritt. Aber wenn man die Jahreskalkulation der UN zugrunde legt – 5,5 Milliarden für Flüchtlinge außerhalb und 2,9 Milliarden für die innerhalb Syriens – ist das zu wenig für drei Jahre.

Genauso wie Deutschland hatte auch die EU lange Zeit gedacht, sie könne sich gegen Einwanderung sperren. Für den Fall, dass dies nicht gelingt, hatte sie deshalb keine Lösung. Das Ergebnis dieses Versäumnisses sind ein jahrelanges Massensterben im Mittelmeer und Schäden für die EU, deren Folgen noch gar nicht absehbar sind. Für die Zukunft dürfte die EU in Sachen Asylpolitik deshalb am besten beraten sein, wenn sie auf den ehemaligen UN-Generalsekretär Kofi Annan hörte. Als die Situation am Budapester Bahnhof Keleti im September 2015 eskalierte, twitterte er: »Any effort to block #migration is bound to fail« – jeder Versuch, Migration zu verhindern, ist zum Scheitern verurteilt.

Das ist wahr. Und je eher daraus Konsequenzen gezogen werden, desto besser.

Schluss: Was sich nicht rückgängig machen lässt

Als der EU-Kommissar Pierre Moscovici im November 2015 verkündete, dass die EU für die nächste Zeit mit weiteren zwei Millionen Flüchtlingen rechnet, da sagte er noch etwas anderes: dass die Millionen Ankömmlinge »schwachen, aber positiven«[289] Einfluss auf die Wirtschaftslage haben werden. Die »besorgten Bürger« hat dies nicht beruhigt; genauso wenig wie all die anderen, eher optimistischen Prognosen von Volkswirtschaftlern oder Sozialversicherungsexperten sie beruhigt hätten.

Denn es geht hier nicht ums Geld. Und auch nicht um die Verteidigung von Christentum, »abendländischer Kultur« und Werten, die Pegida und die AfD sich auf die Fahnen schreiben. Dies ist genauso vorgeschoben wie ihr Eintreten gegen Antisemitismus. Die Rechte von Frauen oder Juden interessieren sie nur, wenn sie diese politisch instrumentalisieren können.

Es geht ihnen um das Projekt eines weißen Deutschlands. Niemand sagt das so, weil es genauso klingt wie das, was es ist: eine hässliche, gefährliche Idee aus einer dunklen Zeit. Deshalb ist von »Islamisierung«, von »Armutszuwanderung« und »Werten« die Rede. Aber das sind nur Verschleierungen. Was viele noch immer umtreibt, ist der Wunsch nach einer geschlossenen nationalen Identität, nach einem homogenen Volk.

Migration ist ein Angriff auf diese anachronistische Vorstellung. Deshalb ist die Frage, wer dazugehören darf, so umkämpft. Die Migranten haben ihre Antwort auf diese Frage gegeben. Sie lautet: Viele dürfen dazugehören.

Die Migranten sollten wieder gehen, aber sie sind geblieben. Sie bestanden auf das Recht, hier ein besseres Leben zu suchen. Sie mussten dazu Kontrolle und Marginalisierung durchbrechen und eine jahrzehntelange gesellschaftliche Auseinandersetzung führen. Aber sie haben die Zeit beendet, in der nur deutsch sein konnte, wer »deutschstämmig« ist. Die gesellschaftlichen Koordinaten haben sich verschoben. Vieles, was noch in den 1990er Jahren offen vertreten wurde, ruft heute Widerspruch, Widerstand oder auch Sanktionen hervor.

Hat die Silvesternacht in Köln das alles wieder ins Rutschen gebracht? Kaum. Die Verwerfungen waren vorher schon da. Köln wäre nicht so groß geworden, wenn es nicht ein Ventil für sie gebraucht hätte.

Wer es ernst meint mit der offenen Gesellschaft, wird aushalten müssen, dass die Spannungen weiter zunehmen. Es wird schwerste Konflikte in der Migrationsfrage geben. Diese durchzustehen und beizulegen wird enorme Ressourcen und Beharrungsvermögen erfordern, von Staat und Zivilgesellschaft.

Die Hektik, die Atemlosigkeit, mit der jetzt neue Instrumente der Migrationsverhinderung vorgeschlagen werden, die Bereitschaft vieler konservativer Politiker, die eigene Regierung zu demontieren, lässt vermuten, dass auch ihnen klar ist: Die Migration wird auch weiterhin ihrer Einhegung voraus bleiben. Vielleicht haben AfD und Pegida ja in einem Punkt recht: Wenn es so weitergeht, dann ist von dem Deutschland, das immer für sich bleiben wollte, bald nichts mehr übrig. Und das wäre auch gut so.

Die Flüchtlinge und MigrantInnen haben dieses Land verändert, zum Besseren. Und egal, was jetzt geschieht: Dieser Wandel ist irreversibel. Er wird bleiben.

Anhang

Anmerkungen

Alle nicht belegten Zitate im Text beruhen auf Interviews und Gesprächen des Autors bzw. fielen auf von ihm besuchten Veranstaltungen.
Letzter Zugriff auf alle zitierten Internetlinks: 1. Februar 2016.

1 Jakob, Christian: Schuss in den Hals. In: tageszeitung, 13.4.2015. www.taz.de/!5012828/
2 Frankfurter Rundschau: Keine Spur nach Schüssen auf Asylheim. Meldung vom 13.4.2015. www.fr-online.de/main-taunus/hofheim-keine-spur-nach-schuessen-auf-asylheim,1472862,30416260.html
3 Spiegel Online: Böhlen in Sachsen: Unbekannte schießen mehrfach auf Flüchtlingsheim. Meldung vom 15.7.2015. www.spiegel.de/politik/deutschland/sachsen-schuesse-auf-fluechtlingsheim-boehlen-bei-leipzig-a-1043832.html
4 Stange, Jennifer: Sachsen-Anhalt: Unbekannte beschießen Flüchtling aus Somalia. In: Spiegel Online, 5.10.2015. www.spiegel.de/panorama/justiz/merseburg-fluechtling-aus-somalia-beschossen-a-1056279.html
5 Kather, Timo: Schüsse auf Flüchtlingsheim. Hitlergruß vor SPD-Büro. In: Der Tagesspiegel, 10.11.2015. www.tagesspiegel.de/berlin/berlin-koepenick-schuesse-auf-fluechtlingsheim-hitlergruss-vor-spd-buero/12565236.html
6 Stern-Aktion Mut gegen rechte Gewalt, Chronik flüchtlingsfeindlicher Vorfälle von Amadeu Antonio Stiftung und PRO ASYL. https://mut-gegen-rechte-gewalt.de/service/chronik-vorfaelle
7 Diehl, Jörg: Gewaltwelle: BKA zählt mehr als tausend Attacken auf Flüchtlingsheime. In: Spiegel Online, 28.1.2016. www.spiegel.de/politik/deutschland/fluechtlingsheime-bundeskriminalamt-zaehlt-mehr-als-1000-attacken-a-1074448.html
8 CSU-Parteiwebsite: Seehofer: »Die Ergebnisse sind sehr, sehr gut.« Eintrag vom 6.11.2015. www.csu.de/aktuell/meldungen/november-2015/schaerfstes-asylrecht-aller-zeiten/
9 Die Zeit: Erstochen, erschlagen, verbrannt. 22 Verdachtsfälle. www.zeit.de/gesellschaft/zeitgeschehen/2010-09/verdachtsfaelle-toetungsdelikt-rechter-hintergrund/seite-4. Wikipedia: Todesopfer rechtsextremer Gewalt in Deutschland. https://de.wikipedia.org/wiki/Todesopfer_rechtsextremer_Gewalt_in_Deutschland#1992. Der Tagesspiegel: Rechte Gewalt: 1992–1993. www.tagesspiegel.de/politik/rechte-gewalt-1992-1993/165714.html

10 Deutscher Bundestag, Drucksache 12/4045, 28.12.1992. dip21.bundestag.de/dip21/btd/12/040/1204045.pdf
11 Bild: Sieben Vorurteile gegenüber Flüchtlingen. Meldung vom 26.08.2014. www.bild.de/politik/inland/fluechtling/bild-entlarvt-7-vorurteile-ueber-fluechtlinge-42340012.bild.html
12 Schröder, Ilka: Fluchthelfer subventionieren. In: Denkpause, 17.4.2000. www.ilka.org/material/denkpause/denkpause6e.html
13 Bundesschiedsgericht von Bündnis 90/Die Grünen, Protokoll der Sitzung am 9.7.2000. docserv.uni-duesseldorf.de/servlets/DerivateServlet/Derivate-34350
14 Peng!-Kollektiv: Werde Fluchthelfer. Kampagnenwebsite. www.fluchthelfer.in
15 Seibert, Frank: Peng Collective sucht Fluchthelfer. In: Bayerischer Rundfunk, Puls, 2.8.2015. www.br.de/puls/themen/welt/fluchthelfer-peng-collective-kampagne-100.html
16 Münchner Kammerspiele: 2. Internationale Schlepper- & Schleusertagung 2015. www.muenchner-kammerspiele.de/2-internationale-schlepper-schleusertagung-2015
17 Pau, Petra; Schubert, Katina: Bundesgrenzschutz – eine omnipräsente und omnipotente Bundespolizei? In: Bürgerrechte & Polizei/CILIP 62, 2/1999. www.cilip.de/1999/02/20bundesgrenzschutz-eine-omnipraesente-und-omnipotente-bundespolizei
18 Diehl, Jörg: Flüchtlinge: Kripogewerkschaft will illegale Einreise entkriminalisieren. In: Spiegel Online, 27.8.2015. www.spiegel.de/politik/deutschland/fluechtlinge-kripogewerkschaft-will-illegale-einreise-entkriminalisieren-a-1050152.html
19 Jost, Sebastian: Flüchtlinge sind eine Riesenchance für Deutschland. In: Die Welt, 4.12.2015. welt.de/wirtschaft/article149914423/Fluechtlinge-sind-eine-Riesenchance-fuer-Deutschland.html
20 Deutscher Arbeitgebertag 2015: Rede von Arbeitgeberpräsident Ingo Kramer, 24.11.2015
21 Kanak Attak: Manifest, 1998. www.kanak-attak.de/ka/about/manif_deu.html
22 Verordnung zur Durchführung des Asylverfahrensgesetzes, des Asylbewerberleistungsgesetzes und des Aufnahmegesetzes Bayern, 4.6.2002. www.verkuendung-bayern.de/files/gvbl/2002/13/gvbl-2002-13.pdf
23 Elsässer, Jürgen: Gegen den totalitären Asyl-Jubel: Über 10.000 bei Pegida in Dresden. In: Elsässer-Blog, 8.9.2015. https://juergenelsaesser.wordpress.com/2015/09/08/gegen-den-totalitaeren-asyl-jubel-ueber-10-000-bei-pegida-in-dresden/
24 Haverkamp, Lutz: Ein Nazivergleich. In: Der Tagesspiegel, 26.11.15.

www.tagesspiegel.de/politik/bjoern-hoecke-und-die-afd-ein-nazivergleich/12645220.html

25 Karawane für die Rechte der Flüchtlinge und MigrantInnen: Über koloniale Ungerechtigkeit und die Fortsetzung von Barbarei, Juni 2010. www.karawane-festival.org/de/hintergrund/ueber-koloniales-unrecht/

26 Bade, Klaus J. : Flucht und Asyl seit 1990. In: Grundlagendossier Migration. Bundeszentrale für politische Bildung, 15.3.2005. www.bpb.de/gesellschaft/migration/dossier-migration/56443/flucht-und-asyl-seit-1990

27 Karawane für die Rechte der Flüchtlinge, Über koloniale Ungerechtigkeit und die Fortsetzung von Barbarei. Juni 2010. www.karawane-festival.org/de/hintergrund/ueber-koloniales-unrecht/

28 Max-Planck-Institut für ausländisches öffentliches Recht und Völkerrecht: Deutsches Reich: Staats- und Verwaltungsrecht. Ausländerpolizeiverordnung. www.zaoerv.de/08_1938/8_1938_1_b_793_799_1.pdf

29 Amnesty International: Amnesty International Report 1995 – Nigeria. 1.1.1995. www.refworld.org/docid/3ae6aa0134.html

30 Deutscher Bundestag, Drucksache 13/5693, 4.10.1996. dip21.bundestag.de/dip21/btd/13/056/1305693.pdf

31 Ebd.

32 Karawane für die Rechte der Flüchtlinge und MigrantInnen: Deklaration Flüchtlingskongress vom 21. April – 1. Mai 2000 in Jena. www.nadir.org/nadir/initiativ/isku/erklaerungen/2000/04/15.htm

33 Murphy, Cait et al: The Edge of the Web Less than a decade after the Internet began to move. In: Fortune Magazine, 10.7.2000, eigene Übersetzung. archive.fortune.com/magazines/fortune/fortune_archive/2000/07/10/283756/index.htm

34 Bernau, Olaf: Wir brauchen solidarische Communities. In: analyse & kritik Nr. 548, 5.8.2010. thecaravan.org/node/2424

35 EXPO 2000: Die Teilnehmer. Togo – Gewässer und Ufer. Datum unbekannt. site.expo2000.de/expo2000/tn/index.php?lang=2&tn_ktn_id=1001&tn_do_id=100239&detail=1

36 Auswärtiges Amt: Lagebericht Togo. Zitiert nach: Hessischer Verwaltungsgerichtshof, Beschluss vom 31. August 1998, Az. 3 UE 303/98.A. https://openjur.de/u/292189.html

37 Amnesty International: Länderbericht Togo, 31.12.2014. www.amnesty.de/laenderbericht/togo

38 Deutscher Bundestag: Drucksache 14/5883, 2.4.2001. dip21.bundestag.de/dip21/btd/14/058/1405883.pdf

39 Wirtschafts- und Sozialrat der Vereinten Nationen: Begleitschreiben der Hochkommissarin für Menschenrechte der Vereinten Nationen

zum Bericht der internationalen Untersuchungskommission für Togo, 22.2.2001. www.ecoi.net/file_upload/mk5.doc

40 Expo-2000-Zeitung: Demonstranten fordern Menschenrechte ein, 26.10.2000. www.humanrights.de/doc_de/archiv/t/togo/expo_zeitung_2a.jpg

41 Expo-2000-Zeitung: Trouble bei Togo, 26.10.2000. http://humanrights.de/doc_de/archiv/t/togo/expo_zeiting_1a.jpg

42 Wirtschafts- und Sozialrat der Vereinten Nationen: Begleitschreiben der Hochkommissarin für Menschenrechte der Vereinten Nationen zum Bericht der internationalen Untersuchungskommission für Togo. 22.2.2001. www.ecoi.net/file_upload/mk5.doc

43 Auswärtiges Amt, Auskunft vom 4.1.2001, zitiert nach: Verwaltungsgerichtshof Baden-Württemberg, Urteil vom 25.3.2003, Az. A 9 S 1089/01. http://judicialis.de/Verwaltungsgerichtshof-Baden-W%C3%BCrttemberg_A-9-S-1089-01_Urteil_25.03.2003.html

44 www.geblieben.net/aktuellpresse/2007/07_01_02c.html

45 Schöneberg, Kai: Böse wird böse. In: tageszeitung, 2.6.2001. www.taz.de/1/archiv/?dig=2001/06/02/a0279

46 Thüringer Ministerium für Inneres und Kommunales: Frühjahreskonferenz der Innenminister und -senatoren der Länder (IMK) in Garmisch-Partenkirchen. Pressemitteilung vom 5.5.2006. www.thueringen.de/th3/tmik/aktuell/veranstaltungen/21999/

47 AP: Innenminister verständigen sich auf Bleiberechtsregelung. Meldung vom 17.11.2006.

48 Dienelt, Klaus: EGMR: Räumliche Beschränkung des Aufenthalts von Asylbewerbern mit EMRK vereinbar. In: migrationsrecht.net. Datum unbekannt. www.migrationsrecht.net/nachrichten-rechtsprechung/1088-egmr-asylbewerber-residenzpflicht-4429404.html

49 Dienelt, Klaus: Mecklenburg-Vorpommern verzichtet auf Abschiebungen nach Togo. In: migrationsrecht.net. Datum unbekannt. www.migrationsrecht.net/nachrichten-asylrecht/441-anwalt-togo-asylbewerber-abschiebestopp-mecklenburg-vorpommern-alassane-mousbaou-gnassingby.html

50 Antirassistische Initiative Berlin: Noch gerade der Folter davongelaufen. Pressemitteilung vom 28.5.2004. de.indymedia.org/2004/05/84442.shtml

51 Auswärtiges Amt, Lagebericht Togo vom 15.11.2000, zitiert nach Verwaltungsgerichtshof Baden-Württemberg, Urteil vom 22.11.2000, Az. A 13 S. https://openjur.de/u/605960.html

52 Auswärtiges Amt, Lagebericht Togo vom 2.10.2002. Zitiert nach Verwaltungsgerichtshof Baden-Württemberg, Urteil vom 25.03.2003, Az. A 9 S 1089/01. www.asyl.net/index.php?id=185&tx_ttnews[tt_news]=18658&cHash=9912085a3669988fb9945ae8267923d1

53 Auswärtiges Amt, Lagebericht Togo vom 2.10.2002 oder 15.8.2003, zitiert nach VG Minden, Urteil vom 05.06.2004, Az. 10 K 2722/01.A. https://openjur.de/u/99150.html
54 Auswärtiges Amt, zitiert nach: Verwaltungsgerichtshof Baden-Württemberg, Urteil vom 22.11.2000, Az. A 13 S 1205/97. https://openjur.de/u/605960.html
55 Deutscher Bundestag, Drucksache 16/745 vom 22.2.2006. petrapau.de/16_bundestag/dok/down/1600745.pdf
56 Ebd.
57 Deutscher Bundestag, Stenografischer Bericht, 10. Sitzung, 18.1.2006. www.petrapau.de/16_bundestag/dok/down/16010_togo_060118.pdf
58 Auswärtiges Amt, Lagebericht vom 30.11.2006, zitiert nach BAMF, Bescheid vom 16.8.2007, Geschäftszeichen 5207367- 283
59 Flüchtlingsinitiative Brandenburg: The Foundation of the Refugee Initiative Group of Brandenburg. 19.10.2000, eigene Übersetzung. https://fibb.wordpress.com/uber-uns/
60 Bild Mecklenburg-Vorpommern, zitiert nach: The Voice: All Rights for all! 26.11.2004. www.thevoiceforum.org/allright
61 Offener Brief der Bewohner: »Wir wollen in normalen Häusern wohnen und nicht in Baracken!«, 24.2.2008. http://thecaravan.org/node/1489
62 MDR-Beitrag in der Sendung »Hier ab vier«. www.youtube.com/watch?v=t9x6pwq4xB4
63 MDR-Beitrag in der Sendung »Hier ab vier«. www.youtube.com/watch?v=VkeHN9lI3e4
64 Landkreis Saalfeld-Rudolstadt: Umsetzung von Protestierern zum Schutz der Mitarbeiter, 14.5.2008. www.sa-ru.de/%28S%28lux0wuigcn2nhprwgi1bsx4c%29%29/info.aspx?idr=9DE06969-F118-4D88-91DC-94A4541D27F0&th=la.0.2.g
65 Ebd.
66 Ebd.
67 Initiative Oury Jalloh: Dessauer Oberbürgermeister Karl Gröger empfängt Mutter Oury Jallohs im Rathaus, 26.3.2007. https://ouryjalloh.wordpress.com/newspressemitteilungen/
68 Kaul, Martin: Polizisten sollen sich ans Gesetz halten. In: tageszeitung, 16.1.2012. www.taz.de/!5103041/
69 Wallraff, Günter: Unsere unerklärte Apartheid. In: Ossietzky 1/2010. www.sopos.org/aufsaetze/4b4c9c4fbc1f6/1.phtml
70 Weiss, Marlene: Ein Skandal und seine Folgen. In: Süddeutsche Zeitung, 12.1.2011. www.sueddeutsche.de/politik/zweiter-strafprozess-um-oury-jalloh-ein-skandal-und-seine-folgen-1.1045136
71 Spiegel Online: Feuertod eines Asylbewerbers: Freispruch für Polizisten löst Tumulte aus. Meldung vom 8.12.2008. www.spiegel.de/pan-

orama/justiz/feuertod-eines-asylbewerbers-freispruch-fuer-polizisten-loest-tumulte-aus-a-595184.html

72 Weiss, Marlene: Ein Skandal und seine Folgen. In: Süddeutsche Zeitung, 12.1.2011. www.sueddeutsche.de/politik/zweiter-strafprozess-um-oury-jalloh-ein-skandal-und-seine-folgen-1.1045136

73 NDR info: Westerwelle besorgt über Flüchtlingswelle. Meldung vom 14.2.2011. www.ndr.de/info/nachrichten313_con-11x02x14x10y15.html

74 Antirassistische Initiative Berlin: Bundesdeutsche Flüchtlingspolitik und ihre tödlichen Folgen 1993 bis 2014. www.ari-berlin.org/doku/titel.htm

75 Jungbauer, Andreas: Suizid im Asyl. In: Mainpost, 5.2.2012. www.mainpost.de/regional/franken/Asylbewerber-Interviews-Selbstmord;art1727,6599808

76 InFranken. de: Das tragische Ende einer Flucht, 30.1.2012 www.infranken.de/regional/kitzingen/Das-tragische-Ende-einer-Flucht;art218,246390

77 Hosinzadeh, Masoud; Morattab, Shahnaz: Pressemitteilung seitens iranischer Asylbewerber der Stadt Würzburg, 19.3.2012. http://de.scribd.com/doc/86962320/Pressemitteilung-seitens-iranischer-Asylbewerber-der-Stadt-Wurzburg-Bayern-Deutschland-19-03-2012

78 Bundesamt für Migration und Flüchtlinge: Das deutsche Asylverfahren – ausführlich erklärt, November 2015, Nürnberg, S. 42

79 Bundesamt für Migration und Flüchtlinge: Bevorzugte Bearbeitung von Asylanträgen der HKL Serbien und Mazedonien. In: Entscheiderbrief 9/2012. S. 2

80 Przybilla, Olaf: Iraner brechen Hungerstreik ab. In: Süddeutsche Zeitung, 4.4.2012. www.sueddeutsche.de/bayern/neue-hoffnung-fuer-asylbewerber-in-wuerzburg-iraner-brechen-hungerstreik-ab-1.1326493

81 Evangelischer Pressedienst: Iranische Flüchtlinge in Würzburg setzen Hungerstreik aus. Meldung vom 4.4.2012

82 Beyss, Regine: Iraner beenden ihren Hungerstreik. In: Mainpost, 4.4.2012.www.mainpost.de/regional/franken/Asylantraege-Asylbewerber-Fluechtlinge-Hungerstreiks;art1727,6715052

83 Czygan, Michael: Asyl für vier Iraner in Würzburg. In: Mainpost, 4.5.2012. www.mainpost.de/regional/franken/Asylantraege-Asylbewerber-Fluechtlinge-Hungerstreiks-Migration-Verfolgte;art1727,6769155

84 Dosthossein, Arash: Rede am 12.5.2012. In: Eintrag Facebook-Gruppe »Solidarität mit den hungerstreikenden iranischen Asylbewerbern in Würzburg« vom 13.5.2012. www.facebook.com/GUStreik/posts/230680900375741

85 Political Prisoners: 23. Pressemitteilung der hungerstreikenden iranischen Flüchtlinge in Würzburg. 4.6.2012.political-prisoners.net/item/

1511-23-pressemitteilung-der-hungerstreikenden-iranischen-fluechtlingen-in-wuerzburg.html?pop=1&print=1&tmpl=component

86 Deutsche Presse-Agentur: Münder zugenäht: Iraner verschärfen Hungerstreik. In: Merkur, 4.6.2012. www.merkur.de/bayern/iraner-wuerzburg-protestieren-drastischen-mitteln-2343294.html

87 Koch, Max: Asylbewerber nähen sich die Lippen zu. In: Mainpost, 4.6.2012. www.mainpost.de/regional/franken/Asylbewerber-Fluechtlinge-Hungerstreiks%3Bart1727,6824959

88 Die Welt: Iraner nähen sich aus Protest den Mund zu. Meldung vom 6.6.2012. www.welt.de/politik/deutschland/article106423984/Iraner-naehen-sich-aus-Protest-den-Mund-zu.html

89 Bayerischer Verwaltungsgerichtshof: Wichtige Entscheidungen des Bayerischen Verwaltungsgerichtshofs von Juli 2012 bis Juni 2013. www.vgh.bayern.de/media/bayvgh/presse/entscheidungen_rueckschau.pdf

90 Przybilla, Olaf: Lauter Streit über zugenähte Lippen. In: Süddeutsche Zeitung, 20.6.2012. www.sueddeutsche.de/bayern/protestaktion-in-wuerzburg-lauter-streit-ueber-zugenaehte-lippen-1.1388681

91 Bayerischer Verwaltungsgerichtshof: Wichtige Entscheidungen des Bayerischen Verwaltungsgerichtshofs von Juli 2012 bis Juni 2013. www.vgh.bayern.de/media/bayvgh/presse/entscheidungen_rueckschau.pdf

92 Mainpost: Iraner Kalali trinkt wieder. Meldung vom 29.6.2012. www.mainpost.de/regional/franken/Asylrecht-Fluechtlinge-Hungerstreiks-Podiumsdiskussionen-Verfolgte;art1727,6871722

93 Gruppe Solidarität mit den hungerstreikenden iranischen Asylbewerbern in Würzburg: 34. Pressemitteilung seitens der hungerstreikenden iranischen Flüchtlinge. 6.7.2012. www.facebook.com/GUStreik/posts/343328309080028

94 Ebd.

95 Düpertal, Gitta: Auflagen. Ein Gespräch mit Marcel Keienborg. In: Junge Welt, 11.7.12. Zitiert nach http://thecaravan.org/node/3296

96 Bundesverfassungsgericht: Leitsätze zum Urteil des Ersten Senats vom 18. Juli 2012. www.bundesverfassungsgericht.de/SharedDocs/Entscheidungen/DE/2012/07/ls20120718_1bvl001010.html

97 Portal Inflation Deutschland. www.inflation-deutschland.de

98 Bundesverfassungsgericht: Leitsätze zum Urteil des Ersten Senats vom 18. Juli 2012. www.bundesverfassungsgericht.de/SharedDocs/Entscheidungen/DE/2012/07/ls20120718_1bvl001010.html

99 Jakob, Christian: Wenn die Asyllobby zuschlägt. In: tageszeitung, 20.6.2011. www.taz.de/!5118262/

100 Spiegel Online: Ausländerpolitik: Experten kritisieren Abschiebepraxis als zu lasch. Meldung vom 21.5.11. www.spiegel.de/politik/deutschland/

auslaenderpolitik-experten-kritisieren-abschiebepraxis-als-zu-lasch-a-764088.html

101 Im Jahr 2000 kamen auf rund 117 000 Asylanträge 35 000 Abschiebungen, siehe hierzu http://de.statista.com/statistik/daten/studie/76095/umfrage/asylantraege-insgesamt-in-deutschland-seit-1995/ und http://de.statista.com/statistik/daten/studie/451861/umfrage/abschiebungen-aus-deutschland/. 2012 gab es rund 78 000 Asylanträge und knapp 8000 Abschiebungen. Hinzu kommen aber noch etwa 3000 Überstellungen (Bundestagsdrucksache 17/12242 vom 22.2.2013, S. 10), ca. 3800 Zurückweisungen (ebd., S. 24) und ca. 4400 Zurückschiebungen (ebd., S. 25) nach der Dublin-Verordnung. Dies summiert sich auf 19 200.

102 Statistisches Bundesamt: Gesamtschutzquote: Anteil der als Flüchtling oder asylberechtigt anerkannten Asylbewerber in Deutschland. de.statista.com/statistik/daten/studie/452067/umfrage/gesamtschutzquote-der-asylbewerber-in-deutschland/

103 Karawane für die Rechte der Flüchtlinge und MigrantInnen: Aufruf Refugee Summer Camp 2012. http://thecaravan.org/refugeecamp2012

104 The Voice Refugee Forum: Aufruf für Unterstützung und Spenden Refugee Summer Camp 2012. http://thevoiceforum.org/node/2677

105 Schmude, Magdalena: Zelten fürs Aufenthaltsrecht. In: taz Berlin, 9.8.2012, www.taz.de/!5086854/

106 Ebd.

107 Glodzinski, Alexander: Marsch auf Berlin. Flüchtlinge protestieren gegen deutsche Asylpolitik. In: 3sat Kulturzeit, 18.9.2012. www.3sat.de/page/?source=/kulturzeit/themen/164812/index.html

108 Ebd.

109 NDP Landesverband Niedersachsen: NPD führt Aktionen gegen »Asylbewerber-Tour« durch, 14.9.2012. www.npd-niedersachsen.de/index.php/menue/58/thema/69/id/3315/anzeigemonat/09/akat/1/anzeigejahr/2012/infotext/NPD_fuehrt_Aktionen_gegen_Asylbewerber_Tour_durch/Bundesweite_Nachrichten.html

110 Im August 2015 etwa waren 89 Prozent der Asylantragsteller aus Serbien und 58 Prozent der Antragsteller aus Mazedonien Roma: Deutscher Bundestag, Drucksache 18/6860 vom 30.11.2015

111 Die Welt: Friedrich plant Sofortmaßnahmen gegen Asylmissbrauch. Meldung vom 13.10.2012. www.welt.de/newsticker/news2/article109810137/Friedrich-plant-Sofortmassnahmen-gegen-Asylmissbrauch.html

112 Jakob, Christian: An der Grenze zurückgeschickt. In: tageszeitung, 9.4.2013. www.taz.de/!5069827/

113 Die Welt: Seehofer nennt Obergrenze von 200.000 Flüchtlingen. Meldung vom 3.1.2016. www.welt.de/politik/deutschland/article150543635/Seehofer-nennt-Obergrenze-von-200-000-Fluechtlingen.html

114 Jakob, Christian; Schreiter, Niko: Das war Berlin, jetzt kommt Europa. In: tageszeitung, 14.10.2012. www.taz.de/!5081849/

115 The Voice Refugee Forum: Press Information: Nigeria Embassy Occupation in Berlin, 15.10.2012. http://thevoiceforum.org/node/2826

116 Dernbach, Andrea: Protest am Brandenburger Tor. Verwaltungsgericht verbietet Schlafsäcke bei Mahnwache. In: Der Tagesspiegel, 2.11.2012. www.tagesspiegel.de/berlin/protest-am-brandenburger-tor-verwaltungsgericht-verbietet-schlafsaecke-bei-mahnwache-hungerstreik-beendet/7334284.html

117 Jakob, Christian: CDU und Flüchtlinge sprechen nicht dieselbe Sprache. In: tageszeitung, 24.11.2012. www.taz.de/1/archiv/?dig=2012/11/24/a0151

118 Loschert, Sebastian: Ein Hungerstreik ist kein Scherz. In: Jungle World, 11.7.2013. http://jungle-world.com/artikel/2013/28/48051.html

119 Klasse gegen Klasse: Der Kampf der Non-Citizens, 6.9.2013. http://klassegegenklasse.org/der-kampf-der-non-citizens

120 Jugendliche ohne Grenzen: Erklärung von JOG zum Refugee Congress, 31.7.2013. de.indymedia.org/2013/07/347292.shtml

121 Aktionskreis unabhängiger Non-Citizen Kämpfe: Antwort auf »Kritiken« bezüglich des Refugee Kongresses in München, 25.5.2013. www.refugeetentaction.net/index.php?limitstart=24&lang=de#sdfootnote3anc

122 Martens, Daniela: Der Protest rollt weiter. In: Der Tagesspiegel, 27.2.2013. www.tagesspiegel.de/berlin/fluechtlinge-kaempfen-gegen-residenzpflicht-was-geschieht-mit-den-kindern-der-bewohner-des-protestcamps/7844062-2.html

123 Refugee Tent Action: Die Erklärung der Hungerstreikenden Asylsuchenden, Juni 2013. www.refugeetentaction.net/index.php?option=com_content&view=article&id=248:die-erklaerung-der-hungerstreikenden-asylsuchenden&catid=2&Itemid=117&lang=fa

124 Jochum, Hanna. »Wir sterben hier einen langsamen Tod«. In: Sonntagsblatt, 30.6.2013. www.sonntagsblatt.de/news/aktuell/2013_27_muc_15_01.htm.

125 Bock, Willi: Asylbewerber: Ude befürchtet Tote. In: Abendzeitung, 28.6.2013. www.abendzeitung-muenchen.de/inhalt.hungerstreik-drama-auf-dem-rindermarkt-asylbewerber-ude-befuerchtet-tote.ec87644e-665e-4051-89dd-ebc0c98360d6.html

126 Jochum, Hanna: Münchner Oberbürgermeister Ude befürchtet »humanitäre Katastrophe«. In: evangelisch.de, 28.6.2013. www.glauben.evangelisch.de/inhalte/85755/28-06-2013/muenchner-oberbuergermeister-ude-befuerchtet-humanitaere-katastrophe

127 Aktionskreis unabhängiger Non-Citizen Kämpfe: Fifth Statement fo the

hunger striking asylum seekers in Munich, 28.6.2013. www.refugeetentaction.net/index.php?option=com_content&view=article&id=256:-fifth-statement-fo-the-hunger-striking-asylum-seekers-in-munich&catid=2&Itemid=117&lang=fa

128 Die Welt: Vogel und Glück vermitteln. Meldung vom 29.6.2013. www.welt.de/newsticker/dpa_nt/infoline_nt/brennpunkte_nt/article117567758/Vogel-und-Glueck-vermitteln.html

129 Bender, Justus: Hungern, bis der Antrag durch ist. In: Frankfurter Allgemeine Zeitung, 31.7.2013. www.faz.net/aktuell/politik/inland/demonstrierende-asylbewerber-hungern-bis-der-antrag-durch-ist-12312580-p2.html?printPagedArticle=true#pageIndex_2

130 Bender, Justus: Maximalprotest im Partykeller. In: Frankfurter Allgemeine Zeitung, 11.9.2013. www.faz.net/aktuell/politik/inland/asylbewerber-maximalprotest-im-partykeller-12569339-p2.html

131 Deutsche Welle: Polizei räumt Protestcamp in München. Meldung vom 30.6.2013. www.dw.com/de/polizei-räumt-protestcamp-in-münchen/a-16916413

132 Aktionskreis unabhängiger Non-Citizen Kämpfe: Siebte Pressemitteilung der streikenden Asylsuchenden in München. Datum unbekannt. www.refugeetentaction.net/index.php?option=com_content&view=article&id=259:siebte-pressemitteilung-der-streikenden-asylsuchenden-in-muenchen&catid=2&lang=fa

133 Rost, Christian: Räumung des Protest-Camps war rechtswidrig. In: Süddeutsche Zeitung, 24.2.2015. www.sueddeutsche.de/muenchen/hungerstreik-am-rindermarkt-raeumung-des-protest-camps-war-rechtswidrig-1.2365512

134 Siemens, Ansgar: Abschiebungen mit Nachdruck. In: Focus, 29.6.2013. www.focus.de/politik/deutschland/tid-32118/abschiebungen-mit-nachdruck-umsetzen-bayerns-innenminister-moechte-migranten-abschrecken_aid_1029882.html

135 Die Früchte des Zorns: Texte und Materialien zur Geschichte der Revolutionären Zellen und der Roten Zora. Anschlag gegen das Ausländerzentralregister, Köln. September 1986. www.freilassung.de/div/texte/rz/zorn/Zorn47c.htm

136 Schwarzer, Anke: Nach Krieg und Vertreibung kommen Flüchtlinge nicht zur Ruhe. EPD vom 29.7.2013. www.nordkirche.de/nachrichten/nachrichten/detail/nach-krieg-und-vertreibung-kommen-fluechtlinge-nicht-zur-ruhe.html

137 Baeck, Jean-Philipp: Im Herzen von Bitterfeld. In: tageszeitung, 8.8.2013. www.taz.de/1/archiv/digitaz/artikel/?ressort=sw&dig=2013%2F08%2F08%2Fa0090&cHash=61f4c4bb45c402f1dd8eeaa4992fb9a0

138 Unbekannte Autor/in (Pseudonym »fidicin«): »Rape« @ Refugee-Camp. Indymedia-Eintrag vom 24.5.2013. http://de.indymedia.org/2013/05/345257.shtml

139 Biewald, Nicole: Vergewaltigungen im Kreuzberger Flüchtlingscamp? In: Bild.de, 24.7.2013. www.bild.de/regional/berlin/berlin/vergewaltigung-im-fluechtlingscamp-31510958.bild.html

140 Ebd.

141 oplatz.net: Pressekonferenz am 29.7.2013 auf dem Oranienplatz. http://oplatz.net/tag/sexismus/

142 Schupelius, Gunnar: Der Oranienplatz muss geräumt werden. In: BZ, 9.7.2013. www.bz-berlin.de/artikel-archiv/der-oranienplatz-muss-geraeumt-werden

143 Aktionskreis Unabhängiger Non-Citizen Kämpfe: Ankündigung der Auflösung, 9.9.2013. www.refugeetentaction.net/index.php?limitstart=0&lang=de

144 Refugee Struggle for Freedom: Zweites Statement des Protestmarschs am zweiten Tag nach der Ankunft in München. https://refugeestruggle.org/en/node/336

145 Jakob, Christian: Bilder wie aus einem Horrorfilm. In: tageszeitung, 5.10.2013. www.taz.de/1/archiv/print-archiv/printressorts/digi-artikel/?ressort=a2&dig=2013%2F10%2F05%2Fa0174&cHash=e0a0c8c943bc67e93325d712ebf36d37/

146 Jakob, Christian: Ein verlorenes Jahr. In: tageszeitung,10.12.2013. www.taz.de/1/archiv/print-archiv/printressorts/digi-artikel/?ressort=sw&dig=2013%2F12%2F10%2Fa0084&cHash=75350c12ea509d5ee2d4bd955e69cd7d

147 Refugee Struggle for Freedom: 3. Statement im Hungerstreik. https://refugeestruggle.org/de/node/588

148 Stern.de: »Wer nicht zufrieden ist, kann jederzeit zurück«. Meldung vom 3.12.2010. www.stern.de/politik/deutschland/debatte-um-asylbewerber--wer-nicht-zufrieden-ist--kann-jederzeit-zurueck--3873546.html

149 Issig, Peter: Bayerns Kehrtwende in der Flüchtlingspolitik. In: Die Welt, 4.11.2013. www.welt.de/regionales/muenchen/article121513860/Bayerns-Kehrtwende-in-der-Fluechtlingspolitik.html

150 Verordnung zur Durchführung des Asylverfahrensgesetzes, des Asylbewerberleistungsgesetzes und des Aufnahmegesetzes Bayern, 4.6.2002. www.verkuendung-bayern.de/files/gvbl/2002/13/gvbl-2002-13.pdf

151 Kaiser, Lena; von Appen, Kai: Hamburger Demo bricht alle Rekorde. In: tageszeitung, 3.11.2013. www.taz.de/!5055748/

152 Frontex: Annual Risk Analysis 2014, Warschau 2014

153 Bohne, Julian: Lampedusa ist auch in Hamburg. In: Deutsche Welle, 28.10.2013. www.dw.com/de/lampedusa-ist-auch-in-hamburg/a-17179617

154 Altona Info: Bischöfin Fehrs gegen Instrumentalisierung der Flüchtlinge. Ohne Datum. www.altona.info/2013/10/23/bischfin-fehrs-gegen-instrumentalisierung-der-flchtlinge/

155 Mikuteit, Hanna-Lotte et al.: Flüchtlinge der Lampedusa-Gruppe stellen Forderungen. In: Hamburger Abendblatt, 30.10.2013. www.abendblatt.de/hamburg/article121347283/Fluechtlinge-der-Lampedusa-Gruppe-stellen-Forderungen.html

156 Stollowsky, Christoph; Herrmann, Moritz: SEK stürmt besetzte Schule in Kreuzberg. In: Der Tagesspiegel, 14.11.2013. www.tagesspiegel.de/berlin/polizei-justiz/messerstecherei-unter-fluechtlingen-sek-stuermt-besetzte-schule-in-kreuzberg/9073688.html

157 Die Welt: »Wer betrügt, der fliegt« – die CSU im Faktencheck. In: Die Welt, 31.12.2013. www.welt.de/politik/deutschland/article123419505/Wer-betruegt-der-fliegt-die-CSU-im-Faktencheck.html

158 FAZ: Kaum Belege für Missbrauch durch Einwanderer. Meldung vom 10.4.2014. www.faz.net/aktuell/politik/deutsche-sozialleistungen-kaum-belege-fuer-missbrauch-durch-einwanderer-12889360.html

159 Jakob, Christian: EU-Recht verlangt Grenzkontrollen. In: tageszeitung, 1.4.2014. www.taz.de/!5045316/

160 Müssigmann, Lena: Freiheit statt Frontex. In: tageszeitung, 24.5.2014. www.taz.de/1/archiv/digitaz/artikel/?ressort=hi&dig=2014%2F05%2F24%2Fa0173&cHash=ef56cc15550dd0625141388532b77cf3

161 Ebd.

162 reclaim society!: Positionspapier, 22.8.2012. https://reclaimsociety.wordpress.com. Zur Kritik siehe etwa Kien Nghi Ha: Mittelweg. Zur Kritik am People of Color- und Critical Whiteness-Ansatz, 29.1.2014. Zur Auflösung siehe reclaim society!: (Auch) wir wollten mal was schreiben … Zur Einstellung der Arbeit von reclaim society!, 16.4.2013. https://reclaimsociety.wordpress.com/2013/04/16/auch-wir-wollten-mal-was-schreiben-zur-einstellung-der-arbeit-von-reclaim-society/ https://heimatkunde.boell.de/2014/01/29/mittelweg-zur-kritik-am-people-color-und-critical-whiteness-ansatz

163 Unbekannter Autor: München: Dringender Aufruf. Indymedia-Eintrag vom 28.6.2013. https://linksunten.indymedia.org/de/node/89875

164 Jung, Wolfgang: Flüchtlinge im Hungerstreik. In: Mainpost, 23.6.2014. www.mainpost.de/regional/wuerzburg/Asylantraege-Aufenthaltsstatus-Christen-Christentum-Fluechtlinge-Hungerstreiks;art735,8195867

165 Bundesamt für Migration und Flüchtlinge: Pressemeldung 0018/2014 vom 4.7.2014. www.bamf.de/SharedDocs/Pressemitteilungen/DE/2014/20140704-0018-pressemitteilung-bamf-demonstration.html

166 Mermarnia, Susanne; Alberti, Stefan: Ärzte kritisieren Senat. In: tageszeitung, 5.9.2014. www.taz.de/!5033845
167 Patzelt, Martin: Presseerklärung zur Situation von Bürgerkriegsflüchtlingen in Deutschland, 22.8.2014. www.martin-patzelt.de/lokal_1_1_124_Presseerklaerung-zur-Situation-von-Buergerkriegsfluechtlingen-in-Deutschland.html
168 Staatsministerium Baden-Württemberg: Rede von Ministerpräsident Kretschmann zur Asylrechtsreform, 19.9.2014. www.baden-wuerttemberg.de/de/service/presse/pressemitteilung/pid/rede-von-ministerpraesident-kretschmann-zu-sichere-herkunftsstaaten/
169 Dosthossein, Arash: Sind die Kämpfe um gleiche Rechte kriminell? 13.1.2015. http://klassegegenklasse.org/arash-dosthossein-sind-die-kampfe-um-gleiche-rechte-kriminell/
170 Gruppe Angehört. Selbstdarstellung auf Webseite: www.angehoert.org
171 Süddeutsche Zeitung: UN befürchten schlimmste Flüchtlingskatastrophe im Mittelmeer. Meldung vom 19.4.2015. www.sueddeutsche.de/panorama/schiffsunglueck-un-befuerchtet-schlimmste-fluechtlingskatastrophe-im-mittelmeer-1.2441624
172 Ernst & Young: Deutscher Mittelstand boomt und sucht nach Mitarbeitern – aber Umsatzeinbußen durch Fachkräftemangel von 31 Milliarden Euro. 4.2.2014. www.ey.com/DE/de/Newsroom/News-releases/20140204-EY-News-Deutscher-Mittelstand-boomt-und-sucht-nach-Mitarbeitern
173 Bußmann, Sebastian: Fachkräfteengpässe in Unternehmen. Geschlechterunterschiede in Engpassberufen. Institut der deutschen Wirtschaft Köln e.V., 13.7.2015. www.iwkoeln.de/studien/gutachten/beitrag/sebastian-bussmann-fachkraefteengpaesse-in-unternehmen-geschlechterunterschiede-in-engpassberufen-235132
174 Greive, Martin: Fachkräftemangel ist jetzt schon dramatisch. In: Die Welt, 1.10.2015. www.welt.de/wirtschaft/article135924717/Fachkraeftemangel-ist-jetzt-schon-dramatisch.html
175 Reuters: Mittelstand zuversichtlich für 2016. Besorgt um Fachkräftemangel. Meldung vom 29.12.2015. de.reuters.com/article/economicsNews/idDEKBN0UC0RG20151229
176 Spiegel Online: Fachkräftemangel: Konzernboss will abgelehnte Asylbewerber in Deutschland halten. Meldung vom 23.8.2015. www.spiegel.de/wirtschaft/soziales/fluechtlinge-evonik-chef-fordert-einwanderungsgesetz-a-1049433.html
177 Muschel, Roland: Flüchtlingsunterkünfte des Landes völlig überfüllt. In: Südwest Presse, 19.6.2015. www.swp.de/ulm/nachrichten/suedwestumschau/Fluechtlingsunterkuenfte-des-Landes-voellig-ueberfuellt;art4319,3284277

178 RBB: Katastrophale Situation vor Erstaufnahmestelle in Moabit. Meldung vom 7.8.2015. www.rbb-online.de/politik/thema/fluechtlinge/berlin/erstaufnahmestelle-moabit-campieren-vorlageso.html
179 Asmuth, Gereon: Ein Tag am Lageso. In: tageszeitung, 21.8.2015. www.taz.de/!5225360/
180 Bild.de: Refugees welcome! Warum wir uns auf euch freuen, 1.9.2015. www.bild.de/byou/2015/fluechtling/12-gruende-warum-wir-uns-auf-euch-freuen-42397998.bild.html
181 Kiyak, Meli: Brot dringend, Wasser sehr dringend!. In: Gorki Theater Kolumne Nr. 39. kolumne.gorki.de/kolumne-39
182 Gruppe Gegenstandpunkt: Weltflüchtlingsmacht Deutschland, 10.11.2015. www.gegenstandpunkt.de/jourfixe/jf_weltfluechtlingsmacht.html
183 Nabert, Alexander: Flüchtlingskrise – Ich war dabei. In: Jungle World, 17.9.2015. jungle-world.com/artikel/2015/38/52702.html
184 Bayerische Staatsregierung: Sozialministerin Haderthauer: »Grüne instrumentalisieren Asylbewerber eiskalt für ihren Wahlkampf!« – Besuch GU Würzburg mit Bischof Hofmann, 15.0.2013. www.bayern.de/sozialministerin-haderthauer-gruene-instrumentalisieren-asylbewerber-eiskalt-fuer-ihren-wahlkampf-besuch-gu-wuerzburg-mit-bischof-hofmann/
185 Camrath, Jörgen: Tweet vom 26.8.2015, @uniwave. https://twitter.com/uniwave/status/636547503484239872
186 Diehl, Jörg: Gewaltwelle: BKA zählt mehr als tausend Attacken auf Flüchtlingsheime. In: Spiegel Online, 28.1.2016. www.spiegel.de/politik/deutschland/fluechtlingsheime-bundeskriminalamt-zaehlt-mehr-als-1000-attacken-a-1074448.html
187 Lindner, Nadine: Vorhersehbare Katastrophe. Deutschlandfunk, 22.8.2015. www.deutschlandfunk.de/krawalle-in-heidenau-vorhersehbare-katastrophe.1766.de.html?dram:article_id=329013
188 Bündnis Dresden Nazifrei: Heute die Pogrome von morgen verhindern. 26.8.2015. webcache.googleusercontent.com/search?q=cache:1A0uu4lrOGgJ:www.dresden-nazifrei.com/58-news/aktuell/711-heute-die-pogrome-von-morgen-verhindern+&cd=1&hl=de&ct=clnk&gl=in
189 n-tv: Merkel: »Dann ist das nicht mein Land.« Meldung vom 17.9.2015. www.n-tv.de/politik/Merkel-Dann-ist-das-nicht-mein-Land-article15938301.html
190 Schmitz, Gregor Peter: Merkels humanitärer Imperativ. In: Wirtschaftswoche, 14.12.2015. www.wiwo.de/politik/deutschland/cdu-parteitag-merkels-humanitaerer-imperativ/12720940.htmlimperativ/12720940.html
191 Munzinger, Paul: Wie die Kanzlerin ein Flüchtlingsmädchen zum Weinen bringt. In: Süddeutsche Zeitung, 16.7.2015. www.sueddeutsche.de/politik/kanzlerin-im-buergerdialog-wie-merkel-ein-fluechtlingsmaedchen-zum-weinen-bringt-1.2568813

192 UNHCR: Syria Regional Refugee & Resilience Plan 2015-2016, Genf, Dezember 2014. www.unhcr.org/54918efa9.html

193 Deutschlandfunk: Deutschland sagt 255 Millionen Euro zu. Meldung vom 31.3.2015. www.deutschlandfunk.de/syrien-geberkonferenz-deutschland-sagt-255-millionen-euro-zu.1818.de.html?dram:article_id=315777

194 UNHCR: Syria Regional Refugee Response. Inter-agency Information Sharing Portal. data.unhcr.org/syrianrefugees/regional.php

195 UNHCR: Warum Flüchtlinge nach Europa kommen. 25.9.2015. www.unhcr.de/home/artikel/be170c36ad381019e5f0f71941cd9543/warum-fluechtlinge-nach-europa-kommen.html

196 Macchiavelli, Niccolo: Gesammelte Werke, Eggolsheim 2011. http://buch.archinform.net/isbn/3-89555-702-1.htm

197 Jung, Irene: Flüchtlinge: Stadtteil organisiert Hilfen / Update. In: St. Pauli News, 17.8.2015. www.st.pauli-news.de/schlaglicht/fluechtlinge-stadtteil-organisiert-hilfen/

198 N24: Unionspolitiker wagen Rebellion gegen Angela Merkel. Meldung vom 19.10.2015. www.n24.de/n24/Nachrichten/Politik/d/7475334/unionspolitiker-wagen-rebellion-gegen-angela-merkel.html

199 Schmidt-Mattern, Barbara: Kretschmann warnt vor »Rückfall in den Nationalismus«. In: Deutschlandfunk, 22.11.2015. www.deutschlandfunk.de/fluechtlingspolitik-kretschmann-warnt-vor-rueckfall-in-den.868.de.html?dram:article_id=337573

200 Ebd.

201 Alt, Franz: Fluchtursachen bekämpfen und nicht die Flüchtlinge. www.heise.de/tp/artikel/47/47191/1.html

202 Lachmann, Günther: Aufstand in der Linken gegen Sahra Wagenknecht. In: Die Welt, 13.1.2016. www.welt.de/politik/deutschland/article150968255/Aufstand-in-der-Linken-gegen-Sahra-Wagenknecht.html

203 YouTube-Video: 19. Kundgebung von DASS am 21.1.2016 mit Tatjana Festerling, 21.1.2016. www.youtube.com/watch?v=tmT_80z-tGI&feature=youtu.be&t=29m15sm

204 Mannheimer Morgen: »Notfalls auch von der Schusswaffe Gebrauch machen«. Meldung vom 29.1.2016. https://t.co/OotleiNKX4

205 Spiegel Online: Berliner AfD-Chefin würde auch auf Kinder schießen lassen. Meldung vom 31.1.2016. www.spiegel.de/politik/deutschland/afd-beatrix-von-storch-schliesst-waffeneinsatz-gegen-kinder-nicht-aus-a-1074933.html

206 Euractiv: Moscovici: 3 million migrants won't harm EU economy. Meldung vom 6.11.2015. www.euractiv.com/sections/euro-finance/moscovici-3-million-migrants-wont-harm-eu-economy-319234

207 Andrea F. Tahir: DDR und Flüchtlinge – Kein Asyl nirgends?. In: telegraph #100 www.telegraph.ostbuero.de/100/asyl.html
208 Ebd.
209 Bade, Klaus. J.: Flucht und Asyl 1950–1989. In: Grundlagendossier Migration. Bundeszentrale für politische Bildung, 15.3.2005. www.bpb.de/gesellschaft/migration/dossier-migration/56435/flucht-und-asyl-1950-1989
210 Pieper, Tobias: Das Lager als Struktur bundesdeutscher Flüchtlingspolitik. Flüchtlingsrat Niedersachsen. Ohne Datum. www.nds-fluerat.org/infomaterial/leben-in-lagern/das-lager-als-struktur-bundesdeutscher-fluechtlingspolitik/
211 Hampel, Torsten: Die Heilig-Kreuz-Kirche – ein moralischer Multifunktionsraum. In: Der Tagesspiegel, 19.11.2013. www.tagesspiegel.de/berlin/kirchenasyl-in-berlin-kreuzberg-die-heilig-kreuz-kirche-ein-moralischer-multifunktionsraum/9093742.html
212 Unbekannter Autor: Offen durchgemogelt. In: Der Spiegel/1986, S. 53 f. www.spiegel.de/spiegel/print/d-13521406.html
213 Ebd.
214 RZ/rote zora: Doe Flüchtlingskampagne. In: Rauchzeichen. Ein Rückblick auf 20 Jahre RZ. www.freilassung.de/div/texte/rz/rauchz/rauchz6.htm
215 Revolutionäre Zellen: Knieschüsse auf den Vorsitzenden Richter des Bundesverwaltungsgerichts Korbmacher, Berlin (September 87). www.freilassung.de/div/texte/rz/zorn/Zorn47g.htm
216 Redaktion interim: Runder Tisch militanter AktivistInnen zur Vergangenheit und Zukunft der linksradikalen Bewegung – »Militanz ist ein Mittel, kein Programm«. In: Interim 498, 30.3.2000. www.freilassung.de/div/texte/rz/int498_300300.htm
217 Che2001: Konjunkturen der Solidarität oder vom Mitgefühl zum Miteinander. In: arranca Nr. 40. www.arranca.org/ausgabe/40/konjunkturen-der-solidaritaet-oder-vom-mitgefuehl-zum-miteinander
218 Diederichs, Otto: Das Polizeidebakel von Rostock. Versuch einer analytischen Würdigung. In: Bürgerrechte & Polizei/CILIP 44, 1/1993. https://archiv.cilip.de/alt/ausgabe/44/rostock.htm
219 Zitiert nach: www.pengland.de/wiki/doku.php?id=kein_mensch_ist_illegal
220 Ministerium für Inneres und Kommunales des Landes Nordrhein-Westfalen: Verfassungsschutz zu Antirassismus. Ohne Datum. www.mik.nrw.de/verfassungsschutz/linksextremismus/themenfelder/antirassismus.html
221 Samsa, Gregor (Pseudonym): Linker Antirassimus im Spannungsfeld von Differenz und Gemeinsamkeit. In: Interface (Hg.): WiderstandsBewegungen. Antirassismus zwischen Alltag & Aktion, Berlin 2005

222 Ebd.

223 Ebd.

224 Projekt Moving Europe. Auftaktstatement, 30.10.2015. http://moving-europe.org

225 Städte- und Gemeindebund Nordrhein-Westfalen: Aufenthaltsdauer abgelehnter Asylbewerber. In: StGB NRW-Mitteilung 263/1997, 20.5.1997. www.kommunen-in-nrw.de/mitgliederbereich/mitteilungen/detailansicht/dokument/aufenthaltsdauer-abgelehnter-asylbewerber.html?cHash=b5b118e35471d9a0bcc770d95aa4677a

226 Mediendienst Integration: Mehr Menschen als je zuvor erhalten Schutz, 13.1.2016. http://mediendienst-integration.de/artikel/asyl-asylzahlen-bamf-schutzquote-antraege.html

227 www.gesetze-im-internet.de/asylvfg_1992/__3.html

228 Der Spiegel: Die Lage ist dramatisch. Interview mit Hans-Dietrich Genscher. In: Der Spiegel 45/1992, S. 26 ff.

229 Bundesamt für Migration und Flüchtlinge: Pressemitteilung 008/2013 vom 25.3.2013. www.bamf.de/SharedDocs/Pressemitteilungen/DE/2013/20130325-0008-pressemitteilung-runder-tisch-aufnahmegesellschaft.html

230 Jelpke, Ulla: Realistische Schutzquoten veröffentlichen. Pressemitteilung vom 19.8.2015. linksfraktion.de/pressemitteilungen/realistische-schutzquoten-veroeffentlichen

231 Jakob, Christian: Durchs Raster gefallen. In: tageszeitung, 15.6.2010. www.taz.de/!5140930/

232 Jakob, Christian: Wegezoll ohne Rechtsgrundlage. In: tageszeitung, 9.8.2010. www.taz.de/!5137650/

233 Jakob, Christian: Bremer Praxis illegal. In: tageszeitung, 1.11.2010. www.taz.de/!5149615/

234 Südwest Presse: Innenminister ignoriert Karlsruher Urteil. Meldung vom 1.8.2012. www.swp.de/ulm/nachrichten/politik/Innenminister-ignoriert-Karlsruher-Urteil;art4306,1575193

235 Cherif, Miloud: Warum kontrollieren Sie nur mich?!! In: Karawane Webseite. 28.1.2012. http://thecaravan.org/node/3142

236 Deutscher Bundestag: Drucksache 17/1101517, 17.10.2012

237 Die Linke NRW: 20 Jahre Offene Grenzen in Europa – aber nicht für Flüchtlinge, 26.3.2015. www.dielinke-nrw.de/index.php?id=3629&no_cache=1&tx_ttnews[tt_news]=169939&tx_ttnews[backPid]=3627

238 Verwaltungsgericht Koblenz: Az. 1 K 294/14.KO. www.anwaltskanzlei-adam.de/index.php?id=106,1010,0,0,1,0

239 http://ec.europa.eu/dgs/home-affairs/what-is-new/eu-law-and-monitoring/infringements_by_country_germany_en.htm

240 Deutsche Welle: Amnesty fordert von Bundesregierung Konzept gegen Rassismus. Meldung vom 23.5.2015. www.dw.com/de/amnesty-fordert-von-bundesregierung-konzept-gegen-rassismus/a-18472208
241 Die Zeit: Amnesty fordert von Bundesregierung Konzept gegen Rassismus. Meldung vom 23.5.2015. www.zeit.de/politik/deutschland/2015-05/amnesty-international-anti-rassismus
242 Bleyl, Henning: Die Polizei denkt um. In: tageszeitung, 7.6.2013. www.taz.de/!5065731/
243 Jüttner, Julia: Tod im Jobcenter: »Bevor ich etwas sagen konnte, hat sie geschossen.« In: Spiegel Online, 22.3.2012. www.spiegel.de/panorama/justiz/verfahren-gegen-polizistin-eingestellt-die-frau-in-jobcenter-erschoss-a-823155.html
244 Odoi, Nana: Die Farbe der Gerechtigkeit ist weiß. In: Dossier Bundeszentrale für politische Bildung, 10.8.2004. www.bpb.de/gesellschaft/migration/afrikanische-diaspora/59470/rassismus-im-strafrechtssystem?p=0
245 Unbekannter Autor: Richtig zugepackt. In: Der Spiegel 28/1994, S. 78 f. www.spiegel.de/spiegel/print/d-13683239.html
246 Koelle, Gaby: Woran starb der Afrikaner Ousman Sey? In: Ruhr Nachrichten, 9.7.2012. www.ruhrnachrichten.de/staedte/dortmund/Woran-starb-der-Afrikaner-Ousman-Sey;art930,1699848
247 Arbeitskreis Polizeigewalt: polizeilicher Rassismus. http://akpolizeigewalt.blogsport.de/gegen-polizeigewalt-und-staatliche-repression/polizeilicher-rassismus
248 Selders, Beate: Institutioneller Rassismus. Interview mit Martin Herrnkind. In: residenzpflicht.info, 2.9.2009. www.residenzpflicht.info/keine_bewegung_report_beate_selders/institutioneller-rassismus-interview-mit-martin-herrnkind
249 Gildner, Markus: Immobiliengeschäft mit Flüchtlingsunterkünften. OTS Presseportal, 17.08.2015. www.presseportal.de/pm/117634/3098696
250 Gildner, Markus: »Wie viel Geld darf man mit Flüchtlingen verdienen?« In: Hochrhein-Zeitung, 2.10.2015. www.hochrhein-zeitung.de/themen/gesellschaft/14675-wie-viel-geld-darf-man-mit-fluechtlingen-verdienen
251 Hunziker, Christian: Zwischen Rendite und Verantwortung. In: Der Tagesspiegel, 12.10.2015. www.tagesspiegel.de/wirtschaft/immobilien/unterkuenfte-zwischen-rendite-und-verantwortung/12429338.html
252 Asylgesetz. § 53 Unterbringung in Gemeinschaftsunterkünften. https://www.gesetze-im-internet.de/asylvfg_1992/__53.html
253 Statistisches Bundesamt: Asylbewerberleistungen – Empfängerinnen und Empfänger nach Bundesländern. www.destatis.de/DE/ZahlenFak-

ten/GesellschaftStaat/Soziales/Sozialleistungen/Asylbewerberleistungen/Tabellen/Tabellen_EmfaengerBL.html

254 Selders, Beate: Brandenburg. In: Ausgelagert. Sonderheft der Flüchtlingsräte. #133/2011, S. 56. www.frnrw.de/index.php/inhaltliche-themen/unterbringung/item/584-sonderheft-der-fluechtlingsraete-ausgelagert

255 Rueben, Imken: Verdienen an Flüchtlingen – Das Geschäft der Wohnheimbetreiber am Beispiel von K & S. In: Ausgelagert. Sonderheft der Flüchtlingsräte. #133/2011. www.frnrw.de/index.php/inhaltliche-themen/unterbringung/item/584-sonderheft-der-fluechtlingsraete-ausgelagert

256 Ebd.

257 Wendel, Kay: Unterbringung von Flüchtlingen in Deutschland. Regelungen und Praxis der Bundesländer im Vergleich. Frankfurt, August 2014, S. 21

258 Ebd. S. 33

259 Jakob, Christian: Bloß nicht an Schikanen sparen. In: Jungle World, 16.12.2015. http://jungle-world.com/artikel/2010/50/42283.html

260 Mattheis, Phillip: Jugend als Asylbewerber: Lernen nur mit Kopfhörern. In: Spiegel Online, 10.6.2009. www.spiegel.de/schulspiegel/leben/jugend-als-asylbewerber-lernen-nur-mit-kopfhoerern-a-620704.html

261 »Gera wehrt sich«. Eintrag auf Facebook-Seite vom 6.1.2015. www.facebook.com/Gerawehrtsich/photos/a.402524066604627.1073741828.402523076604726/ 418489078341459/ ?type= 3&theater

262 Spiegel Online: Morddrohungen auf Facebook-Seite. Meldung vom 29.12.2015. www.spiegel.de/politik/deutschland/pegida-volker-beck-erstattet-anzeige-wegen-morddrohungen-a-1069903.html

263 Haupt, Friederike: »Du stinkende Ratte«. In: FAZ, 25.10.2015. www.faz.net/aktuell/politik/inland/drohungen-gegen-politiker-du-stinkende-ratte-13874653.html

264 Grabow, Karsten; Hartleb, Florian: Europa – nein danke? Studie zum Aufstieg rechts- und nationalpopulistischer Parteien in Europa. Dezember 2013. St. Augustin: Konrad Adenauer Stiftung. www.kas.de/wf/doc/kas_36200-544-1-30.pdf

265 Hinrichs, Jutta; Giebel-Felten, Elvira: Die Entwicklung des Arbeitsmarktes 1962–2001. Arbeitspapier Nr. 82J der Konrad-Adenauer-Stiftung e.V. Juli 2002. Sankt Augustin. www.kas.de/wf/doc/kas_467-544-1-30.pdf?030610110803

266 Herbert, Ulrich: Geschichte der Ausländerpolitik in Deutschland: Saisonarbeiter, Zwangsarbeiter, Gastarbeiter, Flüchtlinge, München 2001

267 Schildt, Axel et al.: Dynamische Zeiten. Die 60er Jahre in den beiden deutschen Gesellschaften, München 2000

268 Bundesamt für Migration und Flüchtlinge: Migrationsbericht 2012. www.bamf.de/SharedDocs/Anlagen/DE/Publikationen/Migrationsberichte/migrationsbericht-2012.html
269 Ihlau, Olaf; Pörtner, Rainer: Wir kriegen Schröder. In: Der Spiegel 23/1998. www.spiegel.de/spiegel/print/d-7897449.html
270 UNHCR: The World at War. Global Trends 2015, Genf 2015
271 »Einen günstigeren Zeitpunkt gibt es nicht«. Interview mit Michael Hüther. In Stuttgarter Zeitung, 22.1.2016. www.stuttgarter-zeitung.de/inhalt.iw-chef-huether-zum-fluechtlingsandrang-einen-guenstigeren-zeitpunkt-gibt-es-nicht-page1.13c3637e-444c-4f3f-b71e-a55cf08e7f41.html
272 Rietzler, Katja: Die Integration der Flüchtlinge müssen wir uns leisten. In: Forum Migration 2/2016.
273 Brücker, Herbert et al.: Flüchtlinge und andere Migranten am deutschen Arbeitsmarkt: Der Stand im September 2015. Institut für Arbeitsmarkt- und Berufsforschung. Aktuelle Berichte 14/15. doku.iab.de/aktuell/2015/aktueller_bericht_1514.pdf
274 IG Metall: Niedersächsischer Handwerkspakt Integration gegründet: IG Metall und Handwerk unterstützen Geflüchtete bei Ausbildung und Beruf, 4.1.2016. www.igmetall-nieder-sachsen-anhalt.de/home-aktuelles/news-details/niedersaechsischer-handwerkspakt-integration-gegruendet-ig-metall-und-handwerk-unterstuetzen-gefluechtete-bei-ausbildung-und-beruf/
275 Ver.di: Hamburg: Integration von Flüchtlingen in das Arbeits- und Berufsleben, Dezember 2015. https://hamburg.verdi.de/themen/nachrichten/++co++7baea566-83aa-11e5-8b66-525400ed87ba
276 https://dejure.org/gesetze/AufenthG/60a.html
277 Sachverständigenrat Migration: Erste Bilanz nach einem Jahr Anerkennungsgesetz, 29.3.2013. www.svr-migration.de/presse/presse-svr/erste-bilanz-nach-einem-jahr-anerkennungsgesetz/
278 Menkens, Sabine: Flüchtlinge da ansiedeln, »wo wir sie haben wollen«. In: Die Welt, 5.1.2016. www.welt.de/politik/deutschland/article150662231/Fluechtlinge-da-ansiedeln-wo-wir-sie-haben-wollen.html
279 Spiegel Online: Warnung vor »Gettoproblemen«: Vizekanzler Gabriel will Flüchtlingen Wohnort vorschreiben. Meldung vom 11.1.2016. www.spiegel.de/politik/deutschland/fluechtlinge-sigmar-gabriel-will-asylbewerbern-wohnort-vorschreiben-a-1071356.html
280 International Maritime Rescue Federation: Disaster in the Mediterranean, 1.10.2014, eigene Übersetzung. international-maritime-rescue.org/newslettersaprc/71-lifeline-october-2014-english/897-disaster-in-the-mediterranean
281 FAZ-Online: »Unsere Besatzungen sehen die Menschen sterben«.

Meldung vom 20.4.2015. www.faz.net/aktuell/wirtschaft/unternehmen/hilfe-fuer-fluechtlinge-die-besatzungen-sehen-die-menschen-sterben-13549037.html

282 Deutsche Presse-Agentur: Meldung vom 6.1.2016

283 Die Welt: EU-Staaten verteilen Flüchtlinge. Meldung vom 26.6.2015. www.welt.de/newsticker/dpa_nt/infoline_nt/brennpunkte_nt/article143117713/EU-Staaten-verteilen-Fluechtlinge.html

284 Ebd.

285 Unbekannter Autor: »Rationale Argumente wurden einfach niedergewalzt«. In: Die Welt, 23.9.2015

286 NDR: Das Milliardenspiel. Brüssel und die Bauern, 11.5.2015. www.ndr.de/fernsehen/sendungen/45_min/Das-Milliardenspiel-Bruessel-und-die-Bauern,sendung367646.html

287 n-tv: Juncker: Schengen und Euro sind in Gefahr. Meldung vom 15.1.2016. www.n-tv.de/politik/Juncker-Schengen-und-Euro-sind-in-Gefahr-article16779181.html

288 Die Welt: Juncker warnt vor Scheitern des EU-Binnenmarktes in Flüchtlingskrise. Meldung vom 15.1.2016. www.welt.de/newsticker/news1/article151065007/Juncker-warnt-vor-Scheitern-des-EU-Binnenmarktes-in-Fluechtlingskrise.html

289 Euractiv: Moscovici: 3 million migrants won't harm EU economy. Meldung vom 6.11.2015, eigene Übersetzung. www.euractiv.com/sections/euro-finance/moscovici-3-million-migrants-wont-harm-eu-economy-319234

Lektüreempfehlungen

BÜCHER/TEXTE

Afrique-Europe-Interact: Grenzbewegungen. Transnationale Organisierung für Bewegungsfreiheit & gerechte Entwicklung. Dokumentation zur Bamako-Dakar-Karawane (Selbstverlag), Bremen 2011

Antirassistische Initiative Berlin: Bundesdeutsche Flüchtlingspolitik und ihre tödlichen Folgen, seit 1993 aktualisiert, Berlin (online zu beziehen oder Bestellung der Druckausgabe: www.ari-berlin.org/doku/titel.htm)

Bartels, Alexandra et al. (Hg.): Antiziganistische Zustände 2. Kritische Positionen gegen gewaltvolle Verhältnisse, Münster 2013

Cissé, Madjiguène: Papiere für alle. Die Bewegung der Sans Papiers in Frankreich, Berlin 2002

Gottschlich, Jürgen; am Orde, Sabine (Hg.): Europa macht dicht. Wer zahlt den Preis für unseren Wohlstand?, Frankfurt am Main 2015

Grenz, Wolfgang; Lehmann, Julia; Keßler, Stefan: Schiffbruch. Das Versagen der europäischen Flüchtlingspolitik, München 2015

Gruppe interface (Hg.): WiderstandsBewegungen. Antirassismus zwischen Alltag & Aktion, Berlin 2005

Gruppe transact!: Wie ist deine Freiheit mit meiner verbunden? Stichworte zu Gemischter Organisierung, Definitionsmacht und Critical Whiteness, Berlin 2014. http://transact.noblogs.org/publikationen/

International Refugee Center: Movement. A Heroes Magazine, Berlin 2015. http://cargocollective.com/Movementmagazine/

International Women Space (Hg.): In Our Own Words. Geflüchtete Frauen erzählen von ihren Erfahrungen, Berlin 2015 (online zu beziehen oder Bestellung der Druckausgabe: iwspace.wordpress.com/in-our-own-words)

Jakob, Christian: Gegenhalten – Flüchtlinge Willkommen – Immer noch! Reihe Luxemburg Argumente, Rosa Luxemburg Stiftung, Berlin 2016

Kanak Attak: Manifest, 1998. www.kanak-attak.de/ka/about/manif_deu.html

Klepp, Silja: Europa zwischen Grenzkontrolle und Flüchtlingsrecht. Eine Ethnographie der Seegrenze auf dem Mittelmeer, Bielefeld 2011

Mbolela, Emmanuel: Mein Weg vom Kongo nach Europa. Zwischen Widerstand, Flucht und Exil, Wien 2014. www.afrique-europe-interact.net/1329-0-Das-Buch.html

Oulios, Miltiadis: Blackbox Abschiebung. Geschichte, Theorie und Praxis der deutschen Migrationspolitik, Berlin 2015

Seibert, Niels: Vergessene Proteste. Internationalismus und Antirassismus 1964–1983, Münster 2008

ZEITSCHRIFTEN/PERIODIKA

Antira-Kompass
Newsletter aus der antirassistischen Bewegung
http://kompass.antira.info

Forum Migration
Monatlicher Newsletter des DGB Bildungswerks zu Migration und Arbeitswelt
http://migration-online.de/

Hinterland
Magazin des bayerischen Flüchtlingsrats aus München
http://www.hinterland-magazin.de

Migazin
Online-Zeitschrift rund um die Themen Zuwanderung und Integration
www.*migazin*.de

ZAG
Zeitschrift für Antirassismus aus Berlin
http://www.zag-berlin.de

LINKS

Afrique Europe Interact
Bewegungsfreiheit und gerechte Entwicklung
http://afrique-europe-interact.net

Bewegungsstiftung
Anstöße für soziale Bewegungen
bewegungsstiftung.de

Borderline Europe
Informationen und Kampagnen zu den EU-Außengrenzen
www.borderline-europe.de

Bordermonitoring Europe
Politiken, Praktiken, Ereignisse an den Grenzen Europas
http://bordermonitoring.eu

Forschungsgesellschaft Flucht & Migration
Der wohl aktuellste und umfassendste Blog mit Analysen zu Grenzpolitik und migrantischen Kämpfen
http://ffm-online.org

Initiative in Gedenken an Oury Jalloh
https://initiativeouryjalloh.wordpress.com

Jugendliche ohne Grenzen
www.jugendliche-ohne-grenzen.de
Karawane für die Rechte der Flüchtlinge und MigrantInnen &
The Voice Refugee Forum
Aktuelle Informationen und Kampagnen aus der Flüchtlingsselbstorganisation
www.thevoiceforum.org
www.thecaravan.org
kritnet
Netzwerk kritische Grenzregimeforschung
http://kritnet.org/
Moving Europe
Aktuelle Informationen zur Balkanroute
http://moving-europe.org
Ökumenisches Netzwerk Asyl in der Kirche
www.kirchenasyl.de
Pro Asyl
Arbeitsgemeinschaft der Flüchtlingsräte in Deutschland
www.proasyl.de
Roma Center Göttingen
Selbstorganisation von Roma in Deutschland
www.roma-center.de
Watch The Med Alamphone
Hotline zur Seenotrettung im Mittelmeer
http://alarmphone.org/en/
Women in Exile
Informationen und Kampagnen zu Frauen und Flucht
www.women-in-exile.net

Glossar

Anerkennung: Im Asylverfahren prüft das Bundesamt für Migration und Flüchtlinge, ob die Flüchtlingseigenschaft vorliegt. Stellt das Amt politische Verfolgung fest, wird der Antragsteller als asylberechtigt in Sinne von Artikel 16a des Grundgesetzes *anerkannt*. Ist er nicht Asylberechtigter im Sinne des Grundgesetzes, sondern Flüchtling im Sinne der UN-Flüchtlingskonvention (Verfolgung wegen Rasse, Religion, Nationalität, politischer Überzeugung oder Zugehörigkeit zu einer bestimmten sozialen Gruppe), wird ihm die Flüchtlingseigenschaft *zuerkannt*. Liegen nur die Voraussetzungen für sogenannten subsidiären, humanitären Schutz vor (drohende Todesstrafe, Folter, unmenschliche Behandlung, individuelle Bedrohung des Lebens), wird ihm der subsidiäre Schutz *zuerkannt*. Danach sind teils freie Wohnortwahl, Sozialleistungsbezug, Arbeitsaufnahme und unter gewissen Voraussetzungen Familiennachzug möglich. Die Aufenthaltserlaubnis kann wieder entzogen werden, etwa wenn sich die Lage im Heimatland ändert oder wenn Straftaten begangen werden.

Asylbewerber: Person, die einen Asylantrag gestellt hat, über den noch nicht entschieden wurde.

Asylbewerberleistungsgesetz (AsylbLG): Regelt seit 1993 die Höhe und Form von Leistungen für Asylbewerber und Geduldete. Unter anderem ist darin bestimmt, dass Flüchtlinge Sozialleistungen nur zu geringen Anteilen in Form von Geld ausgezahlt bekommen müssen, die Gesundheitsversorgung ist eingeschränkt.

Asylkompromiss: Von CDU/CSU, SPD und FDP 1992 vereinbarte Änderung des Grundgesetzes, nach der ein Asylantrag nicht mehr möglich ist, wenn Asylsuchende auf dem Weg nach Deutschland durch einen sogenannten → sicheren Drittstaat gereist sind. Weil alle Nachbarstaaten Deutschlands als sichere Drittstaaten gelten, ist es seither schwierig, in Deutschland einen Asylantrag zu stellen. In den folgenden 15 Jahren sanken die jährlichen Asylanträge unter anderem deshalb um über 90 Prozent.

Asylsuchender: Person, die zum Zwecke der Asyl-Antragstellung einreist.

Aufenthaltstitel: Dokumente, mit denen Nicht-EU-Bürgern der Aufenthalt in Deutschland erlaubt wird. Diese können befristet und an Bedingungen gebunden sein. Wer keinen A. hat, ist entweder → geduldet oder → illegalisiert.

Drittstaat: In der Regel sind damit alle Staaten außerhalb der EU gemeint, seltener wird der Begriff auch synonym mit → »sicherer Drittstaat« verwendet.

Dublin I/II/III: EU-Verordnung, die regelt, welcher Mitgliedstaat für einen Asylantrag zuständig ist. In der Regel ist das der EU-Staat, der die Einreise eines Flüchtlings »nicht verhindert hat«* – meist die Staaten an den südlichen EU-Außengrenzen. Zweck der Regel war es, dass Asylsuchende EU-weit nur noch ein Asylverfahren betreiben können. Zur Durchsetzung der Regelung werden allen Asylsuchenden Fingerabdrücke abgenommen und EU-weit zentral gespeichert.

Duldung/geduldet: Eine Duldung ist kein → Aufenthaltstitel, sondern lediglich eine »vorübergehende Aussetzung der Abschiebung« (§ 60a AufenthG) von Ausländern. Ausländerbehörden stellen Duldungen aus, wenn es ihnen praktisch unmöglich ist, jemanden abzuschieben. Gründe hierfür können sein, dass kein Passpapier existiert, die Person krank oder staatenlos ist oder ihr Herkunftsland sie nicht einreisen lässt. Geduldete werden in vielen Bereichen behandelt wie Asylsuchende während der Prüfung ihres Asylantrags: Sie dürfen nicht ohne Weiteres arbeiten, erhalten reduzierte Sozialleistungen, müssen in Sammelunterkünften leben und unterliegen der Residenzpflicht.

Frontex: 2005 gegründete EU-Behörde zum Schutz der europäischen Außengrenzen mit Sitz in Warschau. F. ist bislang keine supranationale Grenzpolizei, sondern koordiniert und plant Grenzschutzmissionen, an denen sich die Grenzpolizeien der EU-Staaten beteiligen.

Illegalisierter: Angehöriger eines anderen Landes, der sich ohne Erlaubnis und ohne Duldung in einem Land aufhält. Der Begriff versteht sich in Abgrenzung zum Gebrauch des Wortes »Illegaler«, das als abwertend eingestuft wird.

Nachrangigkeitsvorbehalt/Vorrangprüfung: Bestimmung, die vorsieht, dass Menschen aus Nicht-EU-Staaten, die eine Arbeitserlaubnis haben, eine bestimmte Stelle nur dann annehmen dürfen, wenn für die Beschäftigung keine deutsche oder EU-Arbeitskraft gefunden werden kann. Die Ausländerbehörde erlaubt die Beschäftigung nur, wenn die Bundesagentur für Arbeit zustimmt. In Regionen mit hoher Arbeitslosigkeit bedeutet diese Klausel oft ein faktisches Arbeitsverbot.

Racial Profiling: Kontrolle vermeintlich nichtdeutsch aussehender, meist dunkelhäutiger Personen durch Polizei- oder Zollbeamte, oft ohne konkreten Verdacht.

Residenzpflicht: Für Asylsuchende und Geduldete geltendes Verbot, frei innerhalb Deutschlands zu reisen oder sich an einem anderen Ort anzusiedeln. Die Bestimmung hat diese Gruppen lange gezwungen, selbst für Reisen von nur wenigen Stunden außerhalb des Bezirks der Auslän-

* www.eufis.eu/eu-glossar.html?&type=0&uid=315

derbehörde eine Genehmigung bei dieser Behörde zu beantragen, die verweigert werden kann.

Rücknahmeabkommen: Völkerrechtlicher Vertrag zwischen zwei Ländern, der die Abschiebung oder Ausweisung von illegalisierten Einwanderern oder abgelehnten Asylbewerbern regelt. Ein R. verpflichtet Länder normalerweise nur zur Rücknahme eigener Bürger, teils aber auch zur Rücknahme anderer Staatsangehöriger, die durch das eigene Territorium migriert sind (Transitmigranten). Vor allem letztere Variante kann Abschiebungen erheblich erleichtern.

Sachleistungsprinzip: Bestimmung aus dem Asylrecht. Es sieht vor, dass die Sozialleistungen für Asylsuchende und Geduldete nicht als Geldleistungen ausgezahlt werden wie etwa das Arbeitslosengeld II. Stattdessen bekommen Flüchtlinge mit Ausnahme eines Taschengeldes etwa Gutscheine, die sie nur in bestimmten Geschäften einlösen können. Viele Bundesländer haben allerdings das Gutscheinsystem abgeschafft und zahlen Bargeld aus – was auch Verwaltungskosten spart. Das Sachleistungsprinzip wurde als Teil des Asylkompromisses von 1993 eingeführt, um den Aufenthalt in Deutschland für Flüchtlinge möglichst unattraktiv zu machen.

Sicherer Drittstaat: Jedes Land mit einem funktionierenden Asylsystem, durch das ein Flüchtling auf seinem Weg nach Deutschland gereist ist. Die Einreise durch s. D.en führt theoretisch dazu, dass Flüchtlinge nicht nach Artikel 16a des Grundgesetzes anerkannt werden. Nicht zu verwechseln mit sicherer Herkunftsstaat.

Sicherer Herkunftsstaat: Katalog von Ländern, die als so stabil und demokratisch gelten, dass Asylanträge ihrer Bürger in Deutschland leichter und schneller als offensichtlich unbegründet abgelehnt werden können. Neben den EU-Staaten umfasste die Liste lange nur Senegal und Ghana. Zuletzt sind Bosnien-Herzegowina, Mazedonien, Serbien, Montenegro, Albanien, Kosovo, Algerien, Tunesien und Marokko dazugekommen. Nicht zu verwechseln mit sicherem Drittstaat.

Schlepper/Schleuser: Helfer beim illegalen Grenzübertritt, häufig mafiös organisiert. Die Reisen finden teils unter lebensgefährlichen Umständen statt. Ohne Fluchthelfer ist es für viele Migranten jedoch unmöglich, in Länder zu kommen, die ihnen Schutz bieten könnten. Nicht immer arbeiten S. gegen Bezahlung, immer aber ist Schleuserei verboten und wird oft hart bestraft.

Vertragsarbeiter: Ausländische Arbeitskräfte und Auszubildende, die unter anderem in der DDR ab den 1960er Jahren zeitlich befristet und ohne Integrationsabsicht angeworben wurden.

Visum: Vom Gastland erteilte Erlaubnis zur Einreise.

Chronik des Asylrechts

In der Entwicklung des deutschen und europäischen Asylrechts spiegeln sich die gesellschaftlichen Auseinandersetzungen um Migration und Menschenrechte, um Abschottung und Aufnahme. Vor allem in den letzten Jahren gab es dabei eine große Dynamik.

1949: Grundgesetz. Es enthält den Artikel 16a, der politisch Verfolgten ein individuelles, einklagbares Grundrecht auf Asyl einräumt. Ein solcher Verfassungsrang ist weltweit einzigartig.

1993: Asylkompromiss. Nachdem die Zahl der Asylanträge 1992 auf rund 430 000 gestiegen ist, beschließen CDU, CSU und SPD das Prinzip der sicheren Herkunftsstaaten (→ S. 248) (deren Liste allerdings lange sehr kurz bleibt) und die Drittstaatenregelung (→ S. 248). Einreise mit Asylberechtigung ist nur noch per Schiff und Flugzeug möglich. Im Transitbereich des Frankfurter Flughafens wird ein Schnellverfahren eingerichtet, damit Asylsuchende nach einer Ablehnung direkt zurückgeschickt werden können. Ein eigenständiges Leistungsgesetz für Asylbewerber (→ S. 246) wird eingeführt, außerhalb der Sozialhilfe. Es sieht deutliche Leistungsabsenkung, Sachleistungsprinzip und Einweisung in Gemeinschaftsunterkünfte vor. Alle Asylbewerber werden nun erkennungsdienstlich behandelt, Verwaltungsgerichtliche Verfahren beschleunigt, die Klagefrist von einem Monat auf zwei Wochen verkürzt. Asylklagen haben nur noch begrenzt aufschiebende Wirkung. Die Asylsuchenden werden mittels eines Computersystems namens EASY gleichmäßig nach Quoten in Erstaufnahmeeinrichtungen der Bundesländer verteilt. Um »erreichbar« zu sein, wird das Aufenthaltsrecht auf den Bezirk der Ausländerbehörde beschränkt (Residenzpflicht).

1997/2003: Dublin-Verordnung der EU. Der Staat, in den ein Asylbewerber nachweislich zuerst eingereist ist, muss nun das Asylverfahren durchführen. So sollen mehrfache Antragstellungen verhindert werden. Gleichzeitig wird fast die ganze Last den Außengrenzen-Staaten aufgebürdet.

2004: Zuwanderungsgesetz: Exilpolitische Aktivitäten (Nachfluchtgründe, → S. 28) können beim Asylantrag kaum noch geltend gemacht werden. Gleichzeitig werden Verfolgung durch nichtstaatliche Akteure und geschlechtsspezifische Verfolgung als Asylgrund anerkannt. Die Bundesländer richten Härtefallkommissionen für abgelehnte Antragsteller ein. Der Familienabschiebungsschutz wird verbessert.

2006: Frontex. Die EU richtet eine Behörde zur Sicherung der Außengrenzen mit Sitz in Warschau ein. Ihre Aufgabe ist es, durch gemeinsame Maßnahmen der Mitgliedstaaten irreguläre Grenzübertritte zu verhindern.

2007: Richtlinienumsetzungsgesetz für EU-Recht. Um subsidiären Schutz (→ S. 246) zu erhalten, kann nun auch die Gefahr unmenschlicher, erniedrigender Behandlung oder Bestrafung geltend gemacht werden.

2012: Urteil AsylbLG. Das Verfassungsgericht entscheidet, dass Flüchtlingen bei den Sozialleistungen das Existenzminimum nicht vorenthalten werden darf. Ihre Bezüge werden auf rund 350 Euro im Monat erhöht.

2012: Dublin III. Die Richtlinie wird reformiert, das Prinzip der Zuständigkeit des Landes, in das ein Flüchtling einreist, bleibt aber erhalten. Die Internierung von Flüchtlingen, die viele EU-Staaten ohnehin schon praktizieren, wird legalisiert.

2014: Neues AsylbLG. Asylbewerber bekommen deutlich höhere Regelleistungen. Das Urteil des Bundesverfassungsgerichts von 2012 wird damit umgesetzt. Nach 15 Monaten anstatt wie bisher nach vier Jahren wird reguläre Sozialhilfe ausgezahlt. Kinder, Jugendliche und junge Erwachsene haben früher Anspruch auf Bildungs- und Teilhabeleistungen. Die Beschränkung der Gesundheitsversorgung auf die Behandlung »akuter Erkrankungen und Schmerzzustände« bleibt.

2014: Sichere Herkunftsstaaten. Um die Einstufung von Serbien, Bosnien-Heregowina und Mazedonien als sichere Herkunftsstaaten durchzusetzen, stimmt die Union einer Lockerung der Residenzpflicht zu. Allerdings war diese auf Landesebene bereits weitgehend liberalisiert worden. Das Arbeitsverbot wird von neun auf drei Monate verkürzt, die anschließende Vorrangprüfung wird auf die ersten 15 Monate befristet. Vielen Geduldeten kann das Arbeiten weiterhin verboten bleiben. Das Sachleistungsprinzip wird generell aufgehoben, die Länder können es aber auf Wunsch beibehalten.

2015: De-Maizière-Reform: Geduldete sollen eine Aufenthaltsgenehmigung erhalten, wenn sie seit mindestens acht Jahren ununterbrochen in Deutschland leben, für Eltern reichen sechs Jahre. Allerdings müssen sie ihren Lebensunterhalt »überwiegend durch Erwerbstätigkeit« sichern. Sie müssen Deutsch können und dürfen nicht versucht haben, die Behörden zu täuschen. Gut integrierte Jugendliche dürfen unter bestimmten Voraussetzungen nach vier Jahren im Land bleiben. Ausländer können schneller als bisher ausgewiesen werden. Die Abschiebehaft wird ausgeweitet und erleichtert. Sie kann unter anderem verhängt werden, wenn Flüchtlinge aus anderen EU-Ländern zur Antragstellung nach Deutschland kommen.

2015: Asylpaket I. Albanien, Kosovo und Montenegro werden auf die Liste sicherer Herkunftsstaaten gesetzt. Anträge von Asylbewerbern aus diesen Ländern können in schnelleren Verfahren abgelehnt werden. Asylbewerber sollen künftig bis zu sechs statt drei Monate in der Erstaufnahmeeinrichtung bleiben. Verfahren sollen bereits abgeschlossen werden, bevor die Antragsteller auf die Kommunen verteilt werden. Abschiebungen dürfen künftig nicht mehr vorher angekündigt werden, um ein Untertauchen zu verhindern. In Erstaufnahmeeinrichtungen sollen wieder vorrangig Sachleistungen statt Bargeld ausgegeben werden. Wer die Frist zur Ausreise verstreichen lässt, dem sollen die Leistungen auf das »unabdingbar Notwendige« gekürzt werden. Länder können eine Gesundheitskarte einführen, die Flüchtlingen einen Arztbesuch ohne vorherige Bürokratie ermöglicht. Die Integrationskurse werden für Flüchtlinge mit guter Bleibeperspektive geöffnet. Jobcenter sollen sich frühzeitig um die Eingliederung von Flüchtlingen in den Arbeitsmarkt bemühen. Unter den Migranten aus Balkan-Staaten, die nicht als Flüchtlinge anerkannt werden, kann trotzdem einreisen, wer einen Arbeits- oder Ausbildungsvertrag zu tarifvertraglichen Bedingungen hat. Unbegleitete Minderjährige: Sie werden künftig genauso wie Erwachsene gleichmäßig auf die Bundesländer verteilt. Das Alter, ab dem Flüchtlinge als verfahrensmündig gelten, steigt von 16 auf 18 Jahre an.

2016: Asylpaket II. Auch Algerien, Tunesien und Marokko werden als sichere Herkunftsstaaten eingestuft. Bestimmte Flüchtlingsgruppen – unter anderem Asylbewerber aus sicheren Herkunftsstaaten oder Folgeantragsteller – sollen künftig in neuen Aufnahmeeinrichtungen untergebracht werden, wo ihre Asylanträge im Schnellverfahren abgearbeitet werden. Während des Aufenthalts dort gilt strikte Residenzpflicht (→ S. 247). Auch viele Flüchtlingskinder könnten zeitlich unbefristet in den großen Aufnahmeeinrichtungen ohne Integrationschancen isoliert bleiben – und könnten ihre Eltern jahrelang nicht wiedersehen. Flüchtlinge, die subsidiären Schutz erhalten, können zwei Jahre lang ihre Familie nicht nachholen. Sowohl der Elternnachzug zu unbegleiteten minderjährigen Flüchtlingen als auch der Nachzug von Kindern zu ihren Eltern soll für zwei Jahre ausgesetzt werden. Ausnahme sollen Angehörige sein, die noch in Flüchtlingscamps in der Türkei, in Jordanien und dem Libanon leben. Nötige Vereinbarungen hierzu fehlen aber noch. Abschiebungen sollen erleichtert werden – auch bei Krankheit der Betroffenen. Nur schwere Erkrankungen sollen ein Hinderungsgrund sein.

Protestaktionen von Flüchtlingen in Deutschland 2012 bis 2013
Märsche oder Bustouren
① »We will rise« – Bustour, 8.9. – 27.9.2012
② »We will rise« – Marsch, 12.9. – 26.9.2012
③ Refugee Revolution – Bustour, 26.2. – 23.3.2013
④ Refugee Struggle for Freedom – Marsch A, 20.8. – 3.9.2013
⑤ Refugee Struggle for Freedom – Marsch B, 20.8. – 3.9.2013
2012 2013 Dauerkundgebungen/Camps
Einzelne Aktionen
Kiel
Neumünster
Rostock
Hamburg
Horst
Oldenburg
Bremen
Elbe
Oder
Hesepe
Bramsche
Gifhorn
Osnabrück
Hannover
Braunschweig
Berlin
Potsdam
Michendorf
Hildesheim
Magdeburg
Buchholz
Eisenhüttenstadt
Münster
Bielefeld
Vockerode
Dessau
Marzahna
Wittenberg
Halberstadt
Bochum
Büren/Paderborn
Lubast
Essen
Bitterfeld
Gräfenhainichen
Duisburg
Dortmund
Heiligenhaus
Breitenworbis
Halle
Wuppertal
Kassel
Markranstädt
Leipzig
Düsseldorf
Remscheid
Witzenhausen
Balgstädt
Brösen
Gispersleben
Berlstedt
Köln
Weißenfels
Teutleben
Erfurt
Freiberg
Cobstädt
Eisenberg
Kleinschmalkalden
Jena
Wahlwinkel
Bonn
Wasungen
Meiningen
Eußenhausen
Main
Wiesbaden
Frankfurt
Bamberg
Mainz
Bayreuth
Würzburg
Münster-schwarzach
Creußen
Markt Bibart
Auerbach
Neustadt
Mannheim
Aub
Nürnberg
Sulzbach-Rosenbach
Cadolzburg
Amberg
Rhein
Zirndorf
Roth
Schmid-mühlen
Teublitz
Karlsruhe
Regens-burg
Schwäbisch Gmünd
Weißenburg
Böbrach
Monheim
Schierling
Stuttgart
Donauwörth
Ergoldsbach
Moosburg
Landshut
Passau
Meitingen
Freising
Augsburg
Dachau
Egenhofen
Donau
Freiburg
München
Mindelheim
Konstanz
Aufzählung möglicherweise unvollständig.
Quellen: The Voice, Die Karawane für die Rechte der Flüchtlinge und MigrantInnen, die tageszeitung, Refugee Tent Action, Refugee Struggle for Freedom, Oplatz.net
0 50 100 km

Protestaktionen von Flüchtlingen in Deutschland 2014 bis 2015

Märsche oder Bustouren

—— ⑥ *»Freedom not Frontex«* – Marsch, 20.5. – 27.6.2014

- - - ⑦ *»Refugee Movement«* – Bustour, 20.4. – 13.5.2015

2014 2015 Dauerkundgebungen/Camps

Einzelne Aktionen

Aufzählung möglicherweise unvollständig.

Quellen: The Voice, Die Karawane für die Rechte der Flüchtlinge und MigrantInnen, die tageszeitung, Refugee Tent Action, Refugee Struggle for Freedom, Oplatz.net

Dank

Markus Saxinger, Mema Omwenyeke, Sunny Omwenyeke, Akubuo Chukwudi, Leonard Attoh, Moses Botunde, Mike Adebayo, Rebekka Lohkamp, Debjani Das, Ursula Henschel (†), Cornelius Hertz, Hosein Schahede, Seyed, Nasser, Jamile (Karawane für die Rechte der Flüchtlinge und MigrantInnen); Osaren Igbinoba, Salomon Wantchoucou, Ali Safianou Touré, Rex Osa (The Voice Refugee Forum); Riadh Ben Ammar, Olaf Bernau, Bruno Watara (Afrique Europe Interact); Meryem Kaymaz (Jugendliche ohne Grenzen); Mouctar Bah (Initiative in Gedenken an Oury Jalloh); Dzoni Sichelschmidt (Hamburg); Elizabeth Ngari (Women in Exile); Mohammad Kalali, Omid Moradian (Refugee Struggle for Freedom); Fritz Schorb (Universität Bremen); Alexander Thal (Bayerischer Flüchtlingsrat); Hagen Kopp, Marion Beyer (Welcome2Europe); Harald Glöde (Borderline Europe e.V.); Helmut Dietrich (Forschungsgesellschaft Flucht und Migration); Bernd Mesovic, Karl Kopp (Pro Asyl); Anne Maya (Internationales Frauencafé Nürnberg); Friday Emitola (Lampedusa in Hamburg); Sebastian Muy (kritnet); Michael Ruf, Leonie Jeismann (Bühne für Menschenrechte); Mediendienst Integration; Thomas Hohlfeld (Die Linke Bundestagsfraktion); Marko Knudsen (Europäisches Zentrum für Antiziganismusfoschung); Erkan Zünbül (Leipzig); August Stich (Missio Klinik Würzburg); Eva Steffen (Köln); Martin Neumeyer (Abensberg); Stefan Thimmel (Rosa Luxemburg Stiftung); Roma Center Göttingen/Alle Bleiben e. V.; Recherchegruppe Kentrail-Verschwörung; BAG Asyl in der Kirche e. V.; Antirassistische Initiative Berlin; Turgay Ulu, Napuli Langa, Denise Garcia Berg (Oranienplatz); Christoph Arndt, Charlotte Bomy, Miriam Edding, Leona Goldstein, Conni Gunsser, Laura Maikowski, Matthias Monroy, Thorsten Winsel (B4P); der Redaktion der *Jungle World;* den Kolleginnen und Kollegen bei der *taz* in Berlin, in Hamburg und in Bremen. Und Liv.

Über den Autor

Christian Jakob, Jahrgang 1979, stammt aus Niedersachsen. Seit 2006 ist er Redakteur der *tageszeitung*, zuerst bei der *taz Nord* in Bremen, seit 2012 in Berlin. Er studierte Soziologie und Volkswirtschaft in Bremen und Mailand und Global Studies in Berlin, Buenos Aires und Delhi. Seit 1999 war er viele Jahre in flüchtlingspolitischen Initiativen aktiv. 2008 beschrieb er in dem Buch »Soziale Säuberung« die Vertreibung der afroamerikanischen Unterschicht aus New Orleans nach dem Hurrikan Katrina (gemeinsam mit Fritz Schorb). 2011 schrieb er mit an dem Band »Europa macht dicht. Wer zahlt den Preis für unseren Wohlstand?« (hg. von Jürgen Gottschlich und Sabine am Orde). Der Autor auf Twitter: @c_jkb.